为读者提供有价值的阅读

典·藏·版

文明的盛宴

[英] 约翰·亚历山大·汉默顿 著
刘洋 编译

新世界出版社
NEW WORLD PRESS

图书在版编目（CIP）数据

文明的盛宴 : 典藏版 / (英) 约翰 · 亚历山大 · 汉默顿著 ; 刘洋编译 . -- 北京 : 新世界出版社 , 2020.12

ISBN 978-7-5104-7126-1

Ⅰ . ①文… Ⅱ . ①约… ②刘… Ⅲ . ①社会科学—著作—介绍—西方国家 Ⅳ . ① Z835

中国版本图书馆 CIP 数据核字 (2020) 第 171962 号

文明的盛宴（典藏版）

作　　者 :［英］约翰 · 亚历山大 · 汉默顿
译　　者 : 刘　洋
责任编辑 : 李梦娟
责任校对 : 宣　慧
责任印制 : 王宝根　苏爱玲
出版发行 : 新世界出版社
社　　址 : 北京西城区百万庄大街 24 号(100037)
发 行 部 :（ 010 ）6899 5968 （ 010 ）6899 8705（ 传真 ）
总 编 室 :（ 010 ）6899 5424 （ 010 ）6832 6679（ 传真 ）
http://www.nwp.cn
http://www.nwp.com.cn
版 权 部 : +8610 6899 6306
版权部电子信箱 : nwpcd@sina.com
印　　刷 : 北京亚通印刷有限责任公司
经　　销 : 新华书店
开　　本 : 880mm × 1230mm　1/32
字　　数 : 300 千字　　印　　张 : 12.875
版　　次 : 2020 年 12 月第 1 版　2020 年 12 月第 1 次印刷
书　　号 : ISBN 978-7-5104-7126-1
定　　价 : 58.00 元

前　言

21 世纪是世界文明交流互鉴的时代。我们珍视、热爱中华民族的文明成果，同时也要理解其他文明的成果。只有这样，才能在理解的基础上与其他文明交流，让古老的中华文明在兼收并蓄中历久弥新。《文明的盛宴》一书秉承的就是这样的理念。

《文明的盛宴》选译自英国学者约翰·亚历山大·汉默顿（John Alexander Hammerton）的《伟大之书精要》（*Outline of Great Books*）一书。

汉默顿（1871—1949），英国著名的学者、编辑家，一生编著了多部大型图书，如 6 卷本的《大战流行史》，14 卷本的《万国民族：今天的生活和过去的故事》，等等。他还主编过规模庞大的《双日百科全书》等大型工具书。英国出版的《国家传记辞典》称他是“英国所知的大型参考作品中最成功的创作者”。由于他在出版方面的巨大成就，英国王室授予他“爵士”头衔。

《伟大之书精要》是一部介绍西方经典梗概的普及性巨著。汉默顿声称，编纂此书的宗旨是希望读者用一二十分钟的时间，就能了解一部经典名著的要点。全书共介绍了250种西方经典名著，分为历史、哲学、科学、宗教、诗歌、传记、游记、杂著八个部分，所介绍经典名著的时间范围，上至古希腊、下到20世纪初。这些经典名著都是西方文明各个领域最有影响力的作品。可以说，这些作品就像一片片砖瓦，构筑成西方文明的大厦。

作为一部介绍西方经典著作梗概的书，其特色之一就是它是汉默顿对原著精要的摘录。在每一篇的开头，都有汉默顿撰写的一篇简短的关于原著或作者的介绍。汉默顿善于把握原著的精髓，进行精确的摘录，使本书能够在最大限度上与原著保持一致。

当然，由于是对原著内容的摘编，因此对原著思想的介绍不可能做到面面俱到。但是这样已经足以让读者能够在尽量短的时间内，把握一部名著的精华之处。读者如果通过阅读该书，对其中介绍的某部原著产生了兴趣，可以再去阅读原著，收到事半功倍的效果。

由于汉默顿的这部巨著卷帙浩繁，涉及的领域众多，而且其中有些原著现在看来已经失去了经典的价值，因此我们只是选译了其中的一部分公认的社会科学经典著作和少量自然科学经典著作。需要说明的是，由于时代的局限，汉默顿在编纂《伟大之书精要》时，西方国家对东方的认识尚不清晰，所以本书所选的经典名著，仅限于西方文明。对于东方各国的文明的经典，没有涉及，因此本书仅是一部了解西方文明的著作。这一点尚请读者注意。

刘　洋

目　录

一、希罗多德：《历史》

西塞罗尊称希罗多德为“历史之父”，他的意思是说，这位希腊人是在历史著作中将艺术性和戏剧性结合起来的第一人。希罗多德进行了大量古代文物和民族方面的研究，他的《历史》把我们带回到公元前478年。这部著作中叙述的戏剧性的转机是，波斯的势力被少数希腊人在温泉关、萨拉米斯和米卡列摧毁；它的教训是，一旦因为拥有实力，就开始傲慢得醉生梦死，忘记了死亡的命运迟早会到来，那么复仇女神将会降临在他们身上。

01. 波斯势力向西扩张

古时候，有很多关于伊娥、海伦等等的民间传说。据说，其中的一个或另一个传说，还成为挑起希腊人与亚洲蛮族之间一场战争的原因。在这里，我并不想对这些传说到底是真是假做出任何的评判。我只是想先说一说我自己所知道的几件不义的事情。在国王萨杜阿铁斯和他的儿子阿律阿铁斯统治时期，吕底亚王国都曾与米利都之间发生过战争。后来，阿律阿铁斯的儿子克洛伊索斯继承了吕底亚的王位，并且将吕底亚的领土扩张到了哈律司河沿岸，拥有了无与伦比的巨大财富与权力。有一次雅典政治家梭伦到克洛伊索斯那里去拜访，梭伦并不称赞他是世界上最幸福快乐的人，而是指出一个人生前是否幸福快乐，只有等他去世后才能盖棺论定。

后来，克洛伊索斯果然遭遇了一系列的不幸灾难，先是他的儿子在打猎时不幸死去；接着，波斯人居鲁士的势力崛起，逐渐成为米堤亚人与波斯人共同的君主，这使得克洛伊索斯感到恐惧。然而，他遵照神的谶语，决心和居鲁士对抗到底。首先，克洛伊索斯想设法与希腊各城邦的首领们建立稳固的同盟。当时，统治雅典的是僭主庇西特拉图；而斯巴达则由于实行吕库尔戈斯的律法而国势强盛。于是，他派遣使节去往斯巴达，双方很顺利地订好了盟约。然而，克洛伊索斯在向居鲁士发起进攻的战争中，以失败告终。居鲁士先是将他围困在撒尔迪斯城，后来又攻破城池，俘虏了他。居鲁士宣布自己接管吕底亚的统治，原本还打算处死克洛伊索斯。但是，居鲁士发现了克洛伊索斯的诚笃与智慧，最终将他留在了自己身边担任顾问。

在这之前，居鲁士还推翻了米堤亚的国王阿司杜阿该斯——他的女儿，就是居鲁士的母亲。阿司杜阿该斯曾做过一个噩梦，因为恐惧这个梦，他就把女儿嫁给了一位地位较低的波斯王子。当他得知女儿生下一个婴儿后，立即下令处死这个孩子。但是，这个婴儿却传奇般地逃过一死，被送到山区，由那里的一个牧人养育成人。这个婴儿就是居鲁士，他长大后，成为波斯的国王。后来，阿司杜阿该斯和奉命杀死居鲁士的那位哈尔帕哥斯，都知道了这件事情的真相。哈尔帕哥斯由于害怕阿司杜阿该斯因自己没有完成杀死婴儿的任务而责罚自己，于是就怂恿居鲁士召集波斯军队，攻打米堤亚。最终，兼具智慧与勇气的居鲁士征服了他的外祖父阿司杜阿该斯的王国，成为米堤亚的新统治者。

居鲁士打败了克洛伊索斯后，小亚细亚的爱奥尼亚人建立的各个城邦，都争先恐后地要和他结盟。然而，居鲁士根本不把这些城邦放在眼里，对于这些人的请求，他非但没有认真对待，反而借机威胁他们。拉凯戴孟人派遣使者到波斯，告诫居鲁士不要觊觎爱奥尼亚，但他根本不屑一顾，并立刻派遣哈尔帕哥斯去攻打爱奥尼亚各城邦。在这些城邦中，一些波凯亚人、提奥斯人为了免于遭受野蛮的奴役，分别乘船逃到了洛伊提昂和阿布戴拉。但是，留下来的那些人，尽管进行了奋勇的抵抗，最后还是全部被哈尔帕哥斯征服了。

当哈尔帕哥斯完成对西方的征服的时候，居鲁士也正在上亚细亚攻城略地。在那里，他征服了亚述王国。亚述最著名的城市，就是美丽而富足的巴比伦，曾有两位声名远播的女王——谢米拉米司和尼托克里斯——统治过这里。一位女王用大量能工巧匠，把这里的城墙建筑得十分牢固。但居鲁士却巧妙地排干了河水，开辟出一条进攻的道路，就这样把巴比伦纳入了波斯的版图。然而，当兵锋正盛的居鲁士挥师攻打马萨革泰的女王托米丽司时，发生了一场激烈的鏖战，居鲁士在战斗中阵亡，他的军队也折损过半。此后，居鲁士的儿子冈比西斯继位，继续着波斯扩张的步伐。

02. 冈比西斯征服埃及

冈比西斯出征埃及时，他的军队中有一些希腊人。但是，我所谈到的关于埃及的一些史料，大都是从孟斐斯、底比斯和黑里欧波里斯等地的祭司那里听来的。埃及人认为，他们自己是最古老的民族。但是，爱奥尼亚人所认为的埃及人，指的仅仅是尼罗河三角洲一带的埃及人。如果真是这样的话，那埃及人就不是最古老的民族了。我认为，整个埃及人的版图，应当包括从卡塔拉克铁斯和埃烈旁提涅，一直到海边的所有土地。这片土地被尼罗河分为亚洲和利比亚两部分。

一般人所说的关于尼罗河水上涨和回落的原因，都是不可信的。我也并不想去辨别有关尼罗河发源地的那些离奇传说的真假，但据我所知，从尼罗河的源头一路走到下游，大约需要四个月的时间，所以我认为它的长度与伊斯特河[1]的长度很接近。

根据祭司们的说法，美尼斯是埃及的第一位国王。在他之后，还有包括一位名叫尼托克里司的女王在内的330个王。在他们之后，曾有一位名叫塞索斯特里斯的国王，他到处攻城略地，把势力扩张到了色雷斯人和斯奇提亚人的领地。在他之后，是一位名叫拉姆普西尼托斯的国王，他竟然选了一个狡猾的窃贼做自己的女婿，结果被窃贼偷走了国王宝库里所有的财物。紧接着的国王是奇欧普斯，他曾派人从遥远的阿拉伯山上采石头，通过尼罗河水运回埃及，用来建筑金字塔。后来，凯普伦和美凯里诺斯也都修建了巨大的金字塔。希腊人还有个传说，罗德庇司在位时也曾建造了一个金字塔，但我并不相信。国王塞通在位时期，亚述人桑那基烈布曾率军入侵埃及，但田鼠咬断了他们军队的弓弦，因此他们只好匆忙撤退了。

比金字塔更奇妙的，是莫伊利斯湖旁的迷宫。不过，莫伊利斯

[1] 即多瑙河。——译者注

湖本身却比迷宫更加奇妙。这些都是由塞通以后同时执政的 12 位王共同筑造的。在这 12 位王之后，普撒美狄科斯继登上了王位。他那盛极一时的曾孙阿普里埃司，却被阿玛西斯赶下了台。阿玛西斯是一位开明的君主，曾一度与希腊人通好。但令人奇怪的是，在他执政时，冈比西斯却侵入了埃及。冈比西斯侵入埃及时，恰逢阿玛西斯驾崩，他的儿子普撒美尼托斯继位。

在一次大规模的战役中，冈比西斯大败埃及军队，很轻松地就征服了埃及，并俘虏了埃及国王普撒美尼托斯。冈比西斯原本计划根据波斯人的习俗，封普撒美尼托斯做埃及地区的总督。但是，普撒美尼托斯却受到其他人挑唆，想继续进行反抗。于是，冈比西斯处死了他。后来，冈比西斯还曾计划征服迦太基，但他却没能得到腓尼基人的帮助；他也试图去征服被称为“长寿民族”的埃塞俄比亚人，但却没有充足的粮草供应；他派兵去征服阿蒙人，却遭到全军覆没的后果。

现在，冈比西斯变得疯狂，甚至残忍地杀害了自己的同胞兄弟司美尔迪斯。在犯下了许多令人发指的罪行之后，他死了。这时，一个玛哥斯僧冒充司美尔迪斯，被拥戴为王。但是，这个假冒的司美尔迪斯有一个显著的特点，就是他的两个耳朵曾被人割掉。所以，没过多久，假司美尔迪斯的一个妻子就把他认了出来。这位妻子是波斯贵族欧塔涅斯的女儿。当时，有七个贵族不愿接受玛哥斯僧的统治，他们串通密谋，认为只让一个人来统治，会比让另一个民族的人或多位贵族共治要好。于是，他们杀掉了玛哥斯僧，拥戴叙司塔司佩斯的儿子大流士做了波斯国王。

后来，大流士把波斯帝国划分为 20 个行省。除了波斯本土以外，其他行省都要向波斯缴纳贡赋。他自己则成为整个亚细亚和埃及的最高统治者。

冈比西斯在位时期，僭主波律克拉铁斯统治着萨摩司岛。他是第一个想建立海上霸权的人，并且其声势曾一度很强大。但是，律克拉铁斯后来被撒尔迪斯行省的省长欧洛伊特司用卑鄙的手段害死了。之后，欧洛伊特司又做了许多坏事。大流士担心，欧洛伊特司有一天会背叛自己，于是就杀死了他。然后，大流士派欧塔涅斯去征服萨摩司岛。正在此时，巴比伦爆发了起义。大流士只好御驾亲征巴比伦，战争打了 20 个月还没有结果。

然而，波斯将领佐披洛司想出了一条苦肉计。他跑到巴比伦人那里，诉说大流士对他如此这般的残忍，从而博得了巴比伦人的信任。然后，他悄悄打开城门，放进了波斯军队。巴比伦再度沦为波斯人的领地。

03. 大流士率军横渡多瑙河

这时候，大流士决定去征服斯奇提亚人。关于这个民族和他们居住的地方，流传着许多神奇的传说，比如：那里有秃头的阿尔吉派欧伊人，有独眼的阿里玛斯波伊人。还有一个传说是，有一个叫叙佩波利亚的地方，空中飘满了羽毛。不过，这些终归只是传说，其中的实情并没有人知道。但是，关于大地表面的情况，当时的人们已经知道，利比亚的周围都是水，他们确定一些腓尼基人曾经坐船去过那里。根据大流士的命令，探子查明了亚细亚很多情况不明的地方。

斯奇提亚人没有定居的城市，但那里有许多条大河，其中最大的是伊斯特河，如果把它的每一条支流的长度都计算在内的话，它甚至比尼罗河还要长。斯奇提亚人最崇拜的神明是阿瑞斯神，他们作战的方式极其野蛮，生活习俗也处于不开化的状态。大流士将要攻打的，就是这样一个部族。

大流士的计划是，先架设浮桥，让陆军渡过博斯普鲁斯海峡；爱奥尼亚人的舰队向北进军，驶入伊斯特河，并负责在那里架好桥梁，等候他和陆军的到来。这些部署完毕后，大流士就率军渡过博斯普鲁斯海峡，向色雷斯进发。在途中，他们还征服了盖塔伊人——这是一个相信人不会死去的部族。

大流士率军渡过伊斯特河后，原计划要带爱奥尼亚人一同前往。但是密提林人科埃斯建议，留下他们看守桥梁。大流士同意了这个建议，命令他们在60天内，必须待在这里。60天之后，他们就可以撤离回家。

斯奇提亚人担心，只靠自己恐怕抵挡不住大流士的军队。于是，他们就请求其他蛮族支援。其中，有一个据说是阿马松人后裔的野族，叫撒乌洛玛泰伊人。那些接到斯奇提亚人的请求的部族，对是否提供支援的问题产生了意见分歧。有的部族同意支援斯奇提亚人，有些部族则不愿意。于是，斯奇提亚人在与大流士的军队接触后，就立刻向那些不愿支援他们的部族居住地撤退。这样，他们既把大流士引入荒芜不毛的地区，同时也把战火引向那些不愿支援自己的部族。

这时，大流士终于发现，他的军队陷入非常困难的境地。于是，他下令全军撤回伊斯特河。但是，此时斯奇提亚人已经派人和爱奥尼亚人协商，说60天已经过去了，他们可以把桥拆掉，撤军回家了。凯尔索涅索斯的僭主、雅典人米尔提亚戴斯决定接受斯奇提亚人的意见。如果这样的话，大流士和他的军队就失去了退路，极有可能被斯奇提亚人消灭。但是，米利都人希司提埃伊欧斯劝告大家，不要这样做，因为正是有了大流士的支持，他们这样的僭主才有了今天的统治。爱奥尼亚人采纳了他的建议。这样，大流士的军队才得到了一个机会，可以顺利撤退。大流士命令美伽巴佐斯留在欧罗巴，征服海列斯彭特[1]人。后来，美伽巴佐斯征服了许多色雷斯人。这些色雷斯人如果不是由于内部不和，很可能会建立最强大的国家。接着，美伽巴佐斯又派遣一个使团，向马其顿国王阿门塔斯索取土和水[2]。但是,因为这些傲慢的使者侮辱了马其顿的宫廷贵妇，激怒了亚历山大王子。他把这些使者全部杀掉了，这些人从此再无音信。

这时，大流士曾温言劝慰米利都人希司提埃伊欧斯，请他和自己一起住在都城苏撒。但是，希司提埃伊欧斯的兄弟阿里司塔哥拉斯，曾经打算征服纳克索斯，却遭到失败。阿里司塔哥拉斯非常害怕撒尔迪斯省长阿尔塔普列涅斯和与他素有嫌隙的波斯将军美伽巴佐斯，担心他们加害自己。同时，希司提埃伊欧斯也派遣密使，对他进行怂恿。于是，阿里司塔哥拉斯最终决定，鼓动爱奥尼亚各城邦起事，反抗大流士的统治。

为了达到这个目的，阿里司塔哥拉斯曾请求和拉凯戴孟人结盟。但拉凯戴孟人认为，如果这样做，自己并不能获利多少，于是拒绝了他。然后，他又去了雅典。这时，雅典的僭主庇西特拉图斯刚刚被放逐。他的一个儿子希帕克斯被哈莫狄乌斯和阿里斯托盖通谋杀，另一个儿子希庇阿斯本来不会被放逐，但是敌人用他的儿女来要挟他离开雅典。在庇西特拉图斯家族被放逐后，雅典开始日益强盛，并由阿尔克美欧尼达家族的克里斯提尼领导进行政治改革。尽管克里斯提尼的反对派得到了斯巴达的克列欧美涅斯的支援，但最后克里斯提尼还是取得了胜利。

雅典人意识到，自己将来与斯巴达人之间必定会有一场战争。于是，他们便积极地与撒尔迪斯的阿尔塔普列涅斯交好。但是，由

[1] 达达尼尔海峡的古称。——译者注

[2] 意思是招降。——译者注

于阿尔塔普列涅斯向雅典人索取土和水，导致这件事情最终破裂。这时的雅典，国力强盛。斯巴达人认为，最好是恢复庇西特拉图斯家族的专制政体，以便打击雅典。但科林斯人索喜克列斯却劝说斯巴达的同盟者，不要参加这桩肮脏的阴谋。后来，希庇阿斯力图挑起阿尔塔普列涅斯与雅典人的争端。阿尔塔普列涅斯让雅典人迎回庇西特拉图斯的后裔，雅典人拒绝了这一要求。

在这种情形下，阿里司塔哥拉斯很轻松地就说服了雅典人，让他们接受了自己的计划。然后，他又召集了他的爱奥尼亚军队，联合雅典人一起进攻撒尔迪斯。撒尔迪斯城被攻下了，但在一次偶然的事件中，这座城又被烧毁了。从此，爱奥尼亚人虽然被波斯人击败，但雅典人却再也不愿进一步帮助爱奥尼亚人了。最终，拉戴岛的海战导致了爱奥尼亚人的真正溃灭。在这场战斗中，奇奥斯人作战十分勇敢，萨摩司人和列斯波司人却丢下他们逃跑了，爱奥尼亚人因此被打得落花流水。

04. 马拉松和温泉关之役

在此之后，当大流士得知，雅典人也参与了焚毁撒尔迪斯城的事件，感到非常愤怒。于是，他派年轻的亲王玛尔多纽斯，率领大军渡过海列斯彭特海峡，经色雷斯向雅典进攻。但是，色雷斯人打败了这支军队，随后赶来支援陆军的舰队，也因为遇到风暴而覆灭。波斯军残部只得垂头丧气地退回到亚细亚。接着，大流士又派遣使节，向希腊各城邦索取土和水。各岛屿上的大多数城邦，都给了他们；陆地上的一些城邦，也是这样做的，其中包括与雅典人素有仇怨的埃吉纳人。

与这些城邦的做法不同的是，包括埃乌波亚岛上的埃列特里亚城邦在内的一些城邦，却拒绝向波斯缴纳土和水。因此，大流士派达提斯和阿尔塔普列涅斯率领大批军队，去攻打埃列特里亚和雅典。波斯舰队首先进攻埃列特里亚，雅典人派出军队去支援。但他们发现，埃列特里亚的各位执政官意见不一，难以坚守，于是就撤回了雅典。埃列特里亚人虽然据守城池，进行了英勇的抵抗。但是，到第七天的时候，城邦内有人叛变，把城池献给了敌人。于是，波斯人采纳了希庇阿斯的计策，舰队扬帆向马拉松湾进发。

那时，雅典人连忙派遣最强健的长跑家斐里庇得斯作为使者，前往斯巴达求援。斯巴达人虽然答应支援雅典，但他们的宗教习俗中规定，不到月圆不能动兵。最终，前来援助雅典的只有忠实的普拉塔依阿人。普拉塔依阿人的军队数量虽然少，但战士们却都非常英勇。在军事会议上，米尔提亚戴斯主战，其他的将军也纷纷表示赞同。交战前，雅典人和普拉塔依阿人摆开了一个首尾长达 1 英里（1 英里约为 1.61 千米）、横贯平原的长蛇阵，勇猛地向波斯军队发起攻击。他们在突破了敌人的两翼后，继续进攻敌方中军。经过一场激战，波斯人的中军也被击溃了，全军不得不撤回到军舰上去。雅典军一路追杀，俘获了敌人的 7 艘军舰。波斯人在这场战役中损失了 6400 人，但雅典军仅阵亡了 192 人。据传说，在战斗中，阿尔克美欧尼达家族的人曾挂起旗帜，向波斯军队示好，但我认为这种说法完全是不可信的。

大流士获悉战况后，恨透了希腊人。于是，他立即着手筹备更强大的军队，准备征服希腊，以及在这场战役后不久就背叛了波斯的埃及。但是，大流士还没等战争准备妥当，就死去了。之后，他的儿子薛西斯继承了王位。薛西斯首先迅速平定了埃及，然后又听从了玛尔多纽斯的建议，召开了一次会议，并在会上宣布他准备进攻希腊。当时，薛西斯的叔父阿尔塔巴诺斯曾劝谏他不要出兵，他原本也想听从叔父的建议。但是，薛西斯后来连做了两个梦，梦境表示他如果不进攻希腊，就会使自身遭受灾难。同时，阿尔塔巴诺斯竟然也做了同样的怪梦，于是也转而同意了进攻希腊的计划。

随后，薛西斯开始为大规模的进军进行筹备。他在海列斯彭特海峡上架起一座稳固的桥梁，并在玛尔多纽斯舰队覆灭的阿托斯半岛上开凿出一条运河。然后，他先把庞大的军队全部集结到卡帕多启亚，并从那里出发，经过撒尔迪斯向海列斯彭特海峡进发。在架桥过程中，忽然刮起一阵大风，把桥吹断了。这个不祥之兆令薛西斯非常愤怒。于是，他派人鞭打那捣乱的海浪。桥梁架好以后，他的军队花了 7 天时间才全部渡过河去。

薛西斯率军抵达多里司科斯后，对军队人数进行了清点。他的舰队有 1027 艘大船，此外他还有多达 170 万之众的军队。舰队的水手大多是腓尼基人和亚洲的希腊人，陆军的士兵则是波斯人和斯奇提亚人。一位被放逐的斯巴达王戴玛拉托斯向薛西斯进谏说，应该充分尊重勇猛的希腊人，尤其是善战的斯巴达人，因为这是一群绝不会退缩的人，无论敌我双方力量如何悬殊，只要战斗一开始，他们就会坚持到底。不过，薛西斯自恃兵多将广，对这样的好心的劝谏只是一笑置之。

薛西斯等一切准备就绪后，再次派遣使者，前往希腊各城邦索取土和水。这一次，大多数的希腊城邦都表示臣服。但是对于雅典和斯巴达，薛西斯并没有派出使者。因为此前大流士向这两个地方派出使者时，已经遭到了严词拒绝。当时的情况很危急，如果不是雅典坚决抵抗，薛西斯恐怕早已经统治了整个希腊世界。虽然有神谶告诫雅典人，抵抗只会带来灾难，但英明的地米斯托克利却清楚地为大家分析了其中的利害关系。因此，雅典人决定抵抗到底。地米斯托克利说，尽管神谶预示说他们要遭灾，但他们最终还是会因

"木寨"而得胜——"木寨"指的就是舰船。雅典人把全部希望寄托在建造和配备强大的舰队上，并因为这是遵从神意而变得信心满满。除了不愿接受斯巴达领导的阿尔吉夫斯人外，希腊的其他各城邦也都决定，要和雅典人共同抵抗波斯人。此外，色萨利人也不愿参加，因为其他的希腊城邦不能帮助他们保卫色萨利本土。

这时，希腊人决定坚守陆地上的温泉关；在海上，则在阿尔铁米西昂布防。温泉关是个险要的关隘，尽管只有以 300 名斯巴达人为主力的少数军队防守，但他们下定决心，要在国王李奥尼达的率领下，在这里阻击波斯人。波斯人尽管多次向希腊人的阵地发起猛攻，但都被希腊人凭借险要地势击退了。后来，在一个希腊人叛徒的帮助下，波斯人才通过后面的一条小路，偷袭了斯巴达的守军。这时，李奥尼达下令，让其他城邦的人全部撤退，只留下斯巴达人继续抵抗。但铁司佩亚人也不愿撤退。于是，斯巴达人和铁司佩亚人一起，向波斯人发起冲锋，最后全部壮烈牺牲。

05. 波斯军的末日

在阿尔铁米西昂，希腊舰队和波斯舰队连续进行了 3 次战斗，但结果未分胜负。后来，希腊舰队后撤了少许，但还是接受劝告，集结在萨拉米斯湾。这时候，伯罗奔尼撒人已经不打算继续坚守阿提卡，他们想只在他们的地峡设防，保卫伯罗奔尼撒半岛。因此，这时的雅典人如果不愿意投降波斯人，就只能放弃雅典城，把雅典公民和他们的财产全部迁往特罗伊真、埃吉纳或萨拉米斯，但他们先迁移到了战舰上。在希腊各城邦的舰队中，雅典舰队的实力是最强大的。不过，希腊舰队的总司令优利比亚戴斯却是一个斯巴达人。这时候，波斯军队已经从彼奥提亚穿过来。当他们到达戴尔波伊时，由于打雷和其他凶兆，他们吃了几个败仗。但他们进抵雅典后，与雅典守军经过一场激烈的战斗，就攻下了雅典卫城。

这时，希腊其他城邦的舰队都打算撤离萨拉米斯，向伯罗奔尼撒人请求庇护。但是，地米斯托克利却警告他们说，如果他们这样做，雅典人会离开他们，远航到一个新地方，建立一个新雅典。于是，这些舰队又被说服，重新集结在萨拉米斯。地米斯托克利不敢轻易相信这些人，于是就派了一个使者，到波斯舰队上去，要求波斯人截断那些希腊人的退路。此时，波斯舰队全部集结在帕列隆，薛西斯想一举歼灭希腊舰队，尽管王后哈利卡尔那索人阿尔铁米西亚极力反对，但波斯国王却依然坚决执行这一决定。当地米斯托克利的政敌阿里司提戴斯告诉希腊人，波斯人已经截断了他们的退路时，他们便不再后退，而是下定决心，和波斯人决一死战。

这是一场关乎希腊存亡的战斗，作战最勇敢的是埃吉纳人和雅典人，最高明的指挥官则是地米斯托克利。波斯舰队遭到了前所未有的惨败，但人们开始对王后阿尔铁米西亚交口称赞，这也许是波斯人唯一的胜利。薛西斯知道战局已经无法挽回，只好慌忙下令撤军。但是，他还是认为自己能够打败希腊人，因此让玛尔多纽斯率30万人驻守色萨利，为下一次进攻做准备。

春天快要结束的时候，玛尔多纽斯重新率军进攻雅典。这次，缺少了斯巴达援助的雅典人，不得不再次全部撤出雅典卫城。不过，害怕失去雅典舰队的拉凯戴孟人向雅典派出了援军。波斯人得知这一情况，退到了彼奥提亚。这为希腊人集结军队提供了时间，他们在普拉提亚组织了10.8万人，但玛尔多纽斯的军队却有35万人之多。当时出现了不祥的征兆，因此双方都向后撤退。得到玛尔多纽斯进攻的消息后，马其顿的亚历山大立刻通知了雅典人。此时，希腊的统帅是斯巴达人帕乌撒尼亚斯。他听到这个消息后，做出了一个有点不通情理的决定，不是让拉凯戴孟人，而是命令雅典人，要像斯巴达人在马拉松战役时那样，顽强地抵挡波斯的精锐部队。玛尔多纽斯则命令波斯军队，紧跟撤退的敌军，并另外派遣轻骑兵破坏希腊军队的水源。得到这个消息后，希腊军队被迫转移，大部分希腊盟军都在夜间退到城里，没有遭到进攻。而斯巴达人、铁该亚人和雅典人则一直坚守阵地直到天亮。

第二天，玛尔多纽斯命令波斯的精锐部队进攻斯巴达人，波斯人的希腊同盟者进攻雅典人。结果，玛尔多纽斯在激战中阵亡，波斯军队只得仓皇撤回营寨。但是，他们又遭到了斯巴达人、铁该亚人的猛烈攻击，而此时的雅典人也打败了向自己进攻的敌人。在这场战争中，波斯人遭遇了毁灭性的失败，30 万人的部队只剩下了大约 3000 人。在开战前就撤退的阿尔塔巴诺斯的 4 万军队，此时逃到了海列斯彭特。在米卡列海上，爱奥尼亚的希腊舰队与波斯人之间同样展开了激战，结果波斯人大败。希腊舰队之后从那里继续前进，直到攻陷了赛司托斯之后才凯旋。

二、修昔底德：《伯罗奔尼撒战争史》

修昔底德着手编写伯罗奔尼撒战争的历史，始于公元前431年，即那场战争爆发的那一年。他这部八卷本的历史巨著，从战争爆发一直写到公元前411年。雅典和斯巴达为了争夺希腊的统治权，展开了一场长达27年的战争。直到公元前404年，这场战争才以雅典的投降宣告结束。这部著作的卓越之处首先在于作者对战争的起因进行了详细的分析。从这个意义上讲，修昔底德堪称是历史学家中的第一人，也是最伟大的历史哲学家。这部历史著作的很多段落描述详尽、文笔优美，并且还收录了一些交战双方的领导人们慷慨激昂的演讲。

01. 战争的缘起

我之所以要将雅典和斯巴达之间的这场战争记录下来，是因为这是希腊世界中一场史无前例的、规模最大、影响最深远、伤亡最惨重的战争。为了争夺霸权，希腊人与米堤亚人仅仅通过四次战役，就分出了胜负；但是这场战争不仅旷日持久，而且还导致许多城邦惨遭灭亡、政体更迭，无数的平民百姓惨死在战争之中。

这场战争的导火索是伊庇丹努事件，它爆发于科林斯和科西拉之间，科西拉是一个殖民地。当时，希腊的大部分城邦，都分别加入了雅典同盟和伯罗奔尼撒同盟。过去，科西拉没有加入任何一方的同盟。但是，在伊庇丹努事件中，它和科林斯发生摩擦后，便申请加入了雅典同盟，这引起了科林斯人的恼怒。

于是，科林斯人首先帮助波提狄亚人发动了背叛雅典的起义。随后，科林斯人又向伯罗奔尼撒同盟的盟主斯巴达请求支援，希望它及早出面，干涉和遏制雅典在海、陆两方面的侵略和扩张。他们威胁斯巴达人说，如若不然，雅典必定会成为全希腊的霸主。在斯巴达召开的公民大会上，老国王阿基达马斯主张不要轻易发动战争，他认为任何人都无法预料战争的后果，因为战争未必一定会按照预计的情况发展，很可能产生意想不到的灾难性后果。他警告斯巴达人说，我们要谨慎地对待这个问题，其实，如果想要达到这一目的，采用非战争的和平方式也能实现，譬如采取措施来干涉和遏制雅典的发展。然而，最终的结果是，以当时掌握斯巴达实权的监察官为首的主战派获得了大多数斯巴达人的支持。

雅典在希波战争之后，势力逐渐强大，这使其他的城邦既恐惧又嫉妒。当雅典人打败波斯人，并将其赶出希腊世界后，他们重新修筑了几道城墙，并在比雷埃夫斯港口修建了要塞。由于雅典强大的海军力量，在希波战争后期，希腊所有城邦的领导权，已经逐渐由斯巴达转给了雅典。后来，为了集中力量，有效抵抗波斯人在海上入侵，雅典又和其他沿海的城邦结成了提洛同盟。起初，这些盟邦只负责贡献一定数量的船只和水手。然而，在不久之后，则变成了由这些盟邦交纳贡金，雅典人自己制造战舰并征募水手。

在当时的雅典领袖地米斯托克利的筹划下，原本设在提洛岛的同盟金库被转移到了雅典城内。这样，原本用于扩充同盟军力、抵抗波斯进攻的金钱，却被雅典人用来扩张本邦的舰队和势力。因为有了这笔巨款的支持，雅典的势力迅速扩张。雅典的这种扩张，使其他城邦感到恐惧不已。雅典的扩张最终在其远征，但是却被埃及打败之后，才暂时告一段落。此时，雅典的同盟国才惊讶地发现，自己和雅典虽然在名义上是同盟国，但其实不过是向雅典缴纳贡金的附属国。因此，它们试图通过各种努力，摆脱雅典的束缚与掌控。然而，它们最终却发现，这种努力是没有希望的，它们不仅无法获得它们所期盼的独立和自由，相反却会让它们受到雅典更紧的束缚和控制。

在这种情况下，我们就能看出，不仅科林斯和其他伯罗奔尼撒的同盟对斯巴达开战的决定感到高兴，甚至不少雅典的盟邦也会私下表示支持。开战前，斯巴达和雅典首先通过外交进行了周旋，提出各自的要求。然而，这种要求是绝不会被对方接受的：他们都要求对方“驱逐那些被神所惩罚的人”，也就是说，要把那些受到神的诅咒的家族成员以及和他们相关的人全都驱逐出去。

斯巴达要求雅典人驱逐他们最伟大的公民和政治家伯利克里，并要求“恢复全希腊人的自由”，特别是要求雅典取消对麦加拉人的在贸易上的封锁与限制。

在这生死关头，伯利克里不仅没有被驱逐出境，相反，他却向雅典人指明，在这场战争中，雅典所具备的优势。他还为雅典人制定了他们应坚守的原则：雅典人一定要坚持自己的原则和立场，绝不向斯巴达提出的任何形式的命令与要求屈服。他认为，雅典完全可以自信满满地迎接斯巴达的挑战，因为雅典拥有打持久战争所必需的巨大财力，而这是它的敌人们所没有的；雅典的明智和审慎，能让它不会因为各个盟国的利益冲突而分心；雅典拥有足以掌控海面的强大舰队，无论何时何地，都能给敌人以出其不意的打击。即便伯罗奔尼撒同盟能通过侵占阿提卡，给雅典造成人员及财产损失，但雅典却能给他们造成更大、更难以承受的损失。雅典人唯一要做的就是，集中一切力量加入战斗，竭尽全力挫败敌人，使敌人丧失继续作战的勇气和信心；但是雅典人必须牢记，不要过分热衷于领土的扩张。

在底比斯人企图攻占普拉提亚之时，双方并未正式宣战。普拉提亚是彼奥提亚地方的一座城市，长期与雅典结盟。底比斯人的进攻失败后，底比斯也因此而覆灭。普拉提亚人为了抵抗强大的敌人，向雅典求援。雅典的军队开进普拉提亚。这为斯巴达提供了一个十分恰当的宣战理由。

雅典和斯巴达马上开始备战：斯巴达为准备入侵阿提卡，号令其盟邦将军队集结到地峡，几乎陆地上的所有城邦都加入了伯罗奔尼撒同盟；而位于岛屿和小亚细亚的绝大多数城邦，则成为雅典同盟者，它们有的实际接受雅典的命令和指挥，有的则直接与雅典结盟。

雅典人听从了伯利克里的建议，放弃了雅典卫城的乡村，带走了一切能带走的东西，并把剩余带不走的物资破坏一空，全部退入城内，只留给斯巴达人一片空旷的土地。基于这个原因，伯利克里遭到了那些因迁徙而蒙受财产损失的人们的仇恨。但他利用自己的权力和威望，仍然说服了雅典人，使他们迅速派出一支强大的舰队，从海上进攻伯罗奔尼撒，并为此征集了大量的预备船只和钱款（这批船只和钱款是逐年征收的，只有最危急的关头才能动用）。雅典的舰队围绕伯罗奔尼撒航行，竭力给敌人造成破坏和损失。这个策略收到了实效，入侵阿提卡的斯巴达人很快就因此而撤退了。

这年冬天，伯利克里为了纪念那些为保家卫国而阵亡的雅典人，发表了一篇流传千古的葬礼演说词（或称悼词）。在演说中，他赞扬了雅典人的高尚品德和他们的城邦、政体的优越性。这篇在几千年后读来依旧感人肺腑的演说词，极大地激发了雅典人的优越感和自信心——他们群情激昂，踌躇满志，对自己和雅典的前途充满了信心。

02. 雅典初战告捷

战争进行到第二年的时候，雅典突然暴发了可怕的鼠疫，甚至连他们派往波提狄亚的援军也感染了鼠疫。但是，鼠疫却并没有传入伯罗奔尼撒半岛。斯巴达人抓住机会，又对阿提卡进行了六个星期的蹂躏和践踏，一些雅典人因此出现了对战争的悲观情绪。在此期间，伯利克里的地位和权威也受到了威胁，他被迫缴纳了一笔罚金，总算保住了自己的地位，仍然掌握着对雅典的领导权。伯利克里挖空心思向雅典人剖析了他们拥有海上霸权以及绝对制海权的重要性；并向他们说明，雅典具有维持持久战的庞大财力，在这场战争中具有绝对优势。最终，伯利克里说服了雅典人继续作战。然而不幸的是，他在第二年就去世了。

伯利克里死后所发生的一系列事件，充分地证实了他所具有的远大政治眼光，以及他对雅典国力的准确估量和正确使用。这年冬天，波提狄亚人被迫向雅典投降。

战争进行到第三年夏天的时候，拉凯戴孟人挑唆普拉提亚人退出雅典同盟，遭到了普拉提亚人的拒绝。随后，伯罗奔尼撒同盟联军开始围攻普拉提亚城。他们层层包围了普拉提亚城，并试图打开一个缺口，冲进城内。但是，普拉提亚人以无比的决心，迅速粉碎了联军的猛烈进攻，直到建好了坚固的第二道防线，普拉提亚人才放弃了第一道防线。同年，雅典海军将领福密俄在诺帕克都附近也取得了辉煌战绩。

另一方面，由于伯罗奔尼撒的一支舰队给比雷埃夫斯港造成了威胁，形势变得异常紧张，尽管雅典并未遭到任何实际损失，但他们意识到了加强防御的必要性。同年，色雷斯（或斯奇提亚塞西亚）国王西塔尔西斯侵入了马其顿。但是，他最终采纳了别人的建议，又退回去了。

次年，雅典的同盟者列斯堡背叛了雅典。于是，雅典派一支舰队封锁了密提林。拉凯戴孟人能够与密提林这个海军国家结成同盟，他们感到非常高兴。因为密提林人说在预见雅典人来征之前，就曾主动攻击过雅典，而这并不是在被雅典征服后进行的反抗。但是，雅典的另一支舰队迅速武装起来，这不禁让斯巴达人对雅典的力量大吃一惊。同时，斯巴达人也开始担忧起自己的海上实力来。

同年冬天，由于普拉提亚人的给养不足，他们决定让一部分人先行突围，逃往雅典。最终，在经过短暂的战斗后，大多数人顺利抵达了雅典。

下一年（也就是战争第五年）的夏天，密提林人宣告投降雅典，这就导致它所有公民的命运都被雅典人操控了。在讨论如何处置密提林背叛者的公民大会上，公民领袖克里昂提议雅典人处死所有密提林的成年男子。但第二天，反对派说服了雅典人，撤销了这个血腥的议案，并迅速派出了第二个传令官。尽管该传令官未能追上第一个传令官，但由于他们的努力以及第一个传令官的消极执行，这场血腥的屠杀没有发生。雅典人占领列斯堡后，提出只要列斯堡每年向雅典交纳一大笔贡金，就让他们保持现状。

与此同时，普拉提亚的守军向拉凯戴孟人投降，他们的命运完全操控在了拉凯戴孟的将军手中。尽管普拉提亚人竭力向这些将军表明他们抵抗的正当性，但这些将军只追问被俘的拉凯戴孟人是否被普拉提亚人“虐待”——答案当然是肯定的，因此全部普拉提亚人被处死，城邦也被摧毁。

科西拉人分为两派，一派为民主党人，一派为贵族党人，他们分别支持雅典和伯罗奔尼撒。后来，这两派之间发展到互相残杀、势不两立的境地。控制政府的贵族党人遭到了民主党人的猛烈攻击，两派之间进行了十分残酷的斗争。雅典驻诺帕克都的舰队司令本想以仲裁者的身份调解双方的矛盾，但伯罗奔尼撒联军的舰队突然出现，使得他们不但未能调解矛盾，反而引发了一场混战。结果，伯罗奔尼撒舰队取得了微弱胜利。由于形势对自己不利，科西拉的民主党人准备接受和解。但是，伯罗奔尼撒的舰队在得到雅典另一支舰队赶来支援的消息后，立即撤军。这就使得科西拉的民主党人开始了他们的恐怖统治。

“父亲杀死亲生儿子，祈祷者被从庙里拖出来，就地处决。”这场争斗引发了前所未有、骇人听闻的恐怖统治。这种你死我活、互相残杀的斗争，从一个城邦传到另一个城邦。贵族党人希望拉凯戴孟人帮助他们建立寡头政治，而民主党人则希望雅典人帮助他们建立民主政治。但是，不论是哪一派掌握了权力，随之而来的都是充满血腥的恐怖统治。与此同时，在西西里，以林地尼为首的爱奥尼亚城邦和以叙拉古为首的多利亚城邦也爆发了战争，与雅典同族的爱奥尼亚城邦邀请雅典的一支舰队前来帮助自己，对抗多利亚城邦。

下一年（也就是战争第六年），雅典的德谟斯提尼将军指挥雅典军队与拉凯戴孟人展开了埃托利亚战役。雅典虽然在最初取得了胜利，但最后却惨败而归。德谟斯提尼由于害怕民众责罚，长期不敢回到雅典。后来，他得到一个机会，在诺帕克都打败了拉凯戴孟人的远征军，并通过其他胜利赢得了很大的荣誉，这才重振军威，敢重新在雅典露面。

次年，雅典派出一支更强大的舰队，攻打西西里，德谟斯提尼奉命独立指挥战斗。雅典军队在德谟斯提尼出色的指挥下，攻克了派娄斯，并在那里建立了要塞。斯巴达人听到这个消息后，慌忙撤回阿提卡的军队，并立即派出 400 名重装步兵，在斯法克特利亚岛登陆，企图收复派娄斯。经过一场血腥的激战之后，雅典人彻底包围了斯法克特利亚岛上的斯巴达人。对拉凯戴孟人来说，派娄斯的陷落是一个非常沉重的打击，他们甚至请求雅典人以平等盟国的身份进行谈判。但是，雅典人因受克里昂煽动，对胜利充满了自信和渴望，他们拒绝谈判。在付出了惨重代价后，拉凯戴孟人才得以穿越封锁线，为斯法克特利亚的守军送去了一些有限的给养。

当时，克里昂是雅典极具影响力的公民领袖和演说家。他向雅典人保证，他能轻而易举地攻克斯法克特利亚。雅典人对这位只会“纸上谈兵”的人格外信任，任命他为进攻斯法克特利亚的雅典军队指挥官。幸好他做出了一个正确决定：选择幕僚（这个决定是他仅有的几个正确的决定之一），并且完全根据德谟斯提尼的意见调兵遣将。结果，经过 20 天的战斗，斯巴达守军面前就只剩下了他们都不愿意面对的两个选择：或者光荣地全部战死，或者向雅典人投降（这样还有翻身的可能）。他们选择了投降，对于能征善战的拉凯戴孟人来说，这无疑又是一个沉重的打击。

03. 斯巴达人的胜利

战争第八年的夏季，雅典人攻占了足以对伯罗奔尼撒造成经常性威胁的第二个重要据点——锡西拉。但是，这时候西西里人开始明白：雅典援助爱奥尼亚城邦，并非出于道义，而是因为控制西西里，是他们建立雅典帝国的一个重要步骤。这对雅典是不利的。在西西里各城邦的一次会议上，叙拉古城邦的赫摩克拉底呼吁，西西里各交战城邦停止战斗、维持现状，这样雅典人就再也没有任何冠冕堂皇的借口，继续驻扎在西西里了。这对雅典人在西西里的扩张和渗透是一种不利的局面。

同年，麦加拉的贵族党人和民主党人之间，爆发了激烈的斗争。雅典人乘虚而入，差一点儿就攻占了麦加拉。但是，因为斯巴达人伯拉西达（因派娄斯战役成名）率领斯巴达援军入城，贵族党人在他的援助下，战胜了民主党人，并建立起了稳固的政权。

此时，双方有两个相互角逐的战场：伯拉西达率军穿过色萨利直取马其顿，试图凭借马其顿王珀第卡斯的有力支持，煽动卡尔狄斯各城邦挣脱雅典的束缚与掌控；而雅典人也正与彼奥提亚的民主党人密谋，企图发动全面革命。但是，由于双方之间出现误会和有人背叛，彼奥提亚民主派的计划并未实施。此外，由于雅典人在狄里昂战败，这个地方也被彼奥提亚人控制。

与此同时，伯拉西达——他除了能征惯战之外，还以公正和稳健著称于世——成功地说服了阿堪修斯人背叛雅典。于是，下半年，伯拉西达突然去攻打雅典的殖民地安菲玻里城。在塔索斯的修昔底德[1]得到这个消息后，立刻率兵赶来增援。但是在他赶到之前，这个城邦就因为伯拉西达开出的优厚条件而投降了，这给了雅典人沉重的一击。

这年冬天，伯拉西达又进一步取得多个胜利。于是，雅典人决

[1] 即《伯罗奔尼撒战争史》著者，时任雅典将军。——译者注

定和拉凯戴孟人谈判。最终，双方签订了停战12个月的和约。战争进行到第九年，伯拉西达仍继续援助那些试图背叛雅典的附属城邦。但是，他企图占领波提狄亚的计划失败了。

休战期满后，原本的和平协议却没有能够打开进一步和平的局面。值得一提的是，在第十年的夏季，克里昂曾率军进行了一次远征，试图收复安菲玻里；而在西西里岛，林地尼与叙拉古之间也烽烟再起。庸庸碌碌却只会夸夸其谈的克里昂，怎么会是能征善战的伯拉西达的对手？因此，在安菲玻里之战中，克里昂惨败，他也在战场上阵亡。伯拉西达虽然获得了胜利，却也因为在战斗中受伤而去世。这样一来，热爱荣誉且能征善战的斯巴达将军和好战的雅典公民领袖都死了，双方进行和平谈判的两个最大的敌人都不存在了。因此，在战争的第十年末，双方签订了停战的和约。

但是，这个和约中的和平条件，只是完全满足了拉凯戴孟人的愿望。这就使得伯罗奔尼撒同盟的其他盟国深切地感受到，停战和约不过是雅典和斯巴达争夺绝对优势地位的一种手段而已。因此，这些城邦又组成了反拉哥尼亚同盟，继续进行战争。亚哥斯人希望在名义上与斯巴达取得平等地位，因此也加入了这个新同盟。

在此之后的几年中，虽然各城邦间的小规模的冲突和战斗不断发生，但在雅典和斯巴达之间却一直维持着和平局面。在这段和平时期内，雅典出现了两位对后来有重要影响的人物，一位是保守且稳健的尼西阿斯，另一位是急躁但充满野心的年轻政治家亚西比德。

战争爆发后的第十四年，由于雅典的盟国亚哥斯与拉凯戴孟人发生了冲突，结果引发了门丁尼亚战争。在亚哥斯方面，虽然有雅典派出的援军参加战斗，但还是让斯巴达人取得了决定性胜利。值得注意的是，这场战斗之后，斯巴达军队的士气迅速恢复，对以后的战争产生了重大影响。之后，斯巴达和亚哥斯订立新条约，宣告亚哥斯和雅典脱离了同盟关系。但是，一年之后，亚哥斯的民主党人战胜了贵族党人，重新掌握了权力，这一条约很快被废除了。

次年，雅典人在弥罗斯岛施行强硬的高压政策而引发的弥罗斯事件成为标志。弥罗斯是没有与雅典结盟的少数岛屿城邦之一，在这场战争中，它力图保持中立。但是，雅典人无缘无故地进攻这个城邦，威逼弥罗斯人投降。可是，弥罗斯人不愿意屈服，进行了顽强的抵抗。在他们失败之前，给雅典人造成了不小的麻烦。雅典人征服了弥罗斯人后，杀死了他们所有的成年男子，并把他们的妇女和儿童都当作奴隶。

就在这时，西西里的厄基斯泰城来向雅典求援。雅典人对于是否要远征西西里展开了激烈争论：亚西比德强烈要求远征西西里，并向人们阐述了征服西西里的种种好处；但尼西阿斯则极力反对，并明确指出了远征的危害性。但人们显然被亚西比德所描绘的美好蓝图迷惑了。因此，最终的结果是尼西阿斯、亚西比德和拉马卡斯一起被任命为此次远征西西里的指挥官。但是，就在远征军出发前，发生了震惊雅典的“赫尔密石像被毁事件”：在远征军出发前夜，雅典城所有的赫尔密石像全部被人毁坏。几乎所有雅典人都毫无理由地认为，亚西比德就是幕后主使者，另外人们还给他加上了许多亵渎神明的罪过。但出于长远的考虑，雅典人并没有马上审判亚西比德和给他定罪。在这支强大的远征军到达利吉姆前，叙拉古人仍然不理会赫摩克拉底对他们的警告。

尼西阿斯得知厄基斯泰人说谎之后，就想找个理由展示一下雅典远征军的强大，然后返回雅典，他并不想在西西里进行战斗。但是，雅典方面为了笼络西西里的其他城邦以击溃叙拉古，依旧采纳了亚西比德战斗和征服的计划。恰在此时，亚西比德被迫要因赫尔密石像被毁回雅典接受审判。这件事已经在雅典闹得满城风雨，人们都普遍认为，这是恢复僭主政治的预兆，而雅典的僭主政治早在一百年前就已经随着庇西特拉图家族的被放逐而结束了。在被押回雅典途中，亚西比德逃往斯巴达。在此后很长的一段时间里，他一直从事反对雅典的政治活动，他背叛了自己的城邦。显然，他认为雅典是个忘恩负义的城邦，并不值得自己效忠于它。

尼西阿斯和拉马卡斯两位将军留在西西里，指挥雅典远征军。他们用计策调走了叙拉古的军队，轻而易举地占领了叙拉古城下的一个牢固阵地。然而，他们虽然打败了因发现中计而中途折回的叙拉古军队，却也不得不退回到冬季宿营地。赫摩克拉底抓住这个时机，说服叙拉古人彻底改革他们的军队。于是，双方为了争取西西里其他城邦的支持，又展开了外交战。

亚西比德成为雅典人的公敌。但是，拉凯戴孟人接纳了他。出人意料的是，他竟然说服了拉凯戴孟人任命能干的吉利普斯派为叙拉古人的司令官，同时在阿提卡的狄西里亚设防，建立了一个像派娄斯那样重要的军事据点。

04. 叙拉古之难

这年春天，雅典人占领了厄庇波利高地，在这里可以俯瞰整个叙拉古城。随后，雅典人开始修筑围攻叙拉古的工事，并出其不意地攻克了叙拉古人正修筑的防守工事。然而，在一次小战斗中，拉马卡斯阵亡了。除此之外，所有事态的发展，都是对雅典人有利的；直到吉利普斯在希米拉登陆并冲进叙拉古之后，城内增加了新的力量，情况才开始转变。

就在叙拉古即将投降时，尼西阿斯犯了一个致命的错误——他放任吉利普斯在希米拉登陆。叙拉古人在得到吉利普斯援助后，士气大涨。在接下来的长期战斗中，雅典人力图围攻，但叙拉古人总能想出办法，来与其对抗。后来，尼西阿斯得知叙拉古人已经建立了一支舰队，并向伯罗奔尼撒求援时，他也立刻派人回雅典，请求增援。

此时的尼西阿斯，已经是心灰意懒，斗志消沉。他甚至向雅典当局递交了辞呈（这份辞呈可能是修昔底德从公文档案里逐字抄录的），用令人同情的语言，描述了自己的困境。他说，吉利普斯到来后，局势已经改变了。叙拉古人的大量援军很快就到，而他的军队就要被迫放弃修筑工事，并可能由围攻者变成被围者。舰队的船只破损不堪，水手伤亡很大，甚至有人开小差。如果不立刻撤回远征军，就要派遣大量援军。他本人已经患病，因此，他请求当局解除他的统帅职务。雅典方面给他的答复是，他们会迅速准备好一支强大的援军，由德谟斯提尼率领，前往叙拉古增援，但是现在雅典当局不能接受他的辞呈。此时，拉凯戴孟人也派去了援军。于是，双方正式宣战。拉凯戴孟人用计策占领了控制雅典人占领区的咽喉——狄西里亚，并在那里修筑了要塞。后来，这个军事行动，使西西里的雅典军队遭受了重大损失。

再说叙拉古方面，他们自从被雅典人包围后，逐渐由水陆两路反攻。在水上，反攻失利了；但是，在陆路上，他们却占领了控制雅典人进军路线的一些堡垒。这对雅典人来说，真是个巨大的灾难。当德谟斯提尼率援军赶到时，叙拉古人几乎已经控制了整个岛屿。在此之前，叙拉古人再次从水陆两路出击，第一天胜负未分；第二天，叙拉古人就明显占据了优势。德谟斯提尼就是在这个紧急关头赶到的。他即刻采取行动——夜袭叙拉古人的阵地。可是，他的部队却在初胜之后，自己陷入混乱之中。结果，这次夜袭失败了，雅典军损失惨重。

此时，德谟斯提尼觉得大势已去，应该撤军。但是，尼西阿斯因为害怕承担兵败的责任，同时幻想着叙拉古人内部发生政变，可能出现对自己有利的形势，因此坚持不撤退。这让德谟斯提尼与同僚攸利伊拉斯以为他掌握了秘密情报，因此他们也同意继续等待。然而，这也正合了吉利普斯和叙拉古人的心思。在另外一次海战失败后，沮丧的雅典人决心杀出一条出路。

于是，这些绝望的雅典人决定孤注一掷，试图从士气比他们强的敌人中杀出一条血路。他们的战舰也真的几乎就要冲出一条退路了，这使得岸上的雅典人异常兴奋。那是一场异常激烈的混战，不久局面就逆转了，最终雅典人的战舰再次被逼回岸边。雅典人从海上逃跑的最后希望，从此也化为了泡影。尽管他们战舰的数量仍然充足，但军队的士气却非常低落。

赫摩克拉底和吉利普斯判断，雅典人会从陆路撤退，因此便用诡计拦住了雅典人。他们乘机还派出一支军队，占据了主要通道。第二天，雅典人被迫开始撤退，那情景实在是惨不忍睹。那些被迫留下的伤员，大声呻吟着、哭号着。敌人从四面八方不断进攻，雅典人在苦撑了三天后，军粮断绝，并失去了所有的退路。到了第三天，他们艰难撤退到一个隘口，却发现自己已经被敌人团团包围了。当天晚上，他们试图杀出另外一条退路，但是先遣部队和后续部队却失去了联络。这时，叙拉古人追了上来，德谟斯提尼想要做最后抵抗，但已经毫无意义了。最后，他只好率全军无条件投降。

第二天，叙拉古人又追上了尼西阿斯率领的先遣部队。经过一场激烈的混战后，雅典余部也被迫投降。尼西阿斯和德谟斯提尼被处死，大多数雅典士兵则成了胜利者的私人战利品，其余的7000多名俘虏则被囚禁在条件恶劣的采石场，并在几周后全部被卖作奴隶。这是战争进行到第十九年的时候，雅典庞大的远征就这样以惨败而告终了。

雅典的敌人都以为，雅典经此一败，会立刻全部崩溃。拉凯戴孟人预料，自己会因此获取最高霸权。但令人吃惊的是，雅典竟然决定坚守不屈。不过，此时由于亚西比德的蛊惑煽动，很多雅典的岛屿同盟者都开始私下请求拉凯戴孟人和波斯人帮自己摆脱雅典的奴役。

当一支伯罗奔尼撒舰队试图转移时，被雅典的舰队逼进了比雷埃夫斯港。面对众多城邦的公开背叛，雅典人感到大事不妙。因此，他们第一次动用了他们的储备金和后备海军。当附属城邦陆续背叛时，雅典人开始猛烈攻击开俄斯，并最终在米利都取得了辉煌战绩。与此同时，萨摩司爆发革命，民主党人战胜了贵族党人，再次建立了民主政权，雅典人给予他们自由。这样，他们就成了雅典的得力同盟者。同时，雅典也恢复了在列斯堡的最高统治权。

亚西比德为了恢复自己在雅典的地位，开始到处游说，给雅典人造成很多混乱。这时候，集严酷的统帅和圆滑的政客于一身的福里尼卡斯，一跃成为雅典的风云人物。这些事件都是在战争的第二十年发生的。此外，在这一年里，拉凯戴孟人还与波斯人缔结了条约。

这时，各个城邦的领袖都各怀野心、尔虞我诈。而在此时，还出现了一个惊人的结局，雅典的宪法突然被废除。雅典的权力被五人委员会及附设的四百人议事会和五千人大会（它取代了原来的全体公民大会）所掌握。实际上，五人委员会和四百人议事会握有实权，他们在雅典展开了恐怖统治。

雅典的人民认可了这场政变，只有驻守在萨摩司的雅典海陆军队不承认这次政变，他们宣誓效忠于民主，认为自己才能真正代表雅典城邦。他们和亚西比德结盟，希望通过他能获取波斯的支持。雅典舰队（此时仍然是最强大的海军）本想回比雷埃夫斯颠覆四百人的政府，但亚西比德却阻止了他们，这让雅典人感到非常高兴。

当然，在寡头政治的执政者中，还是有一些比较开明的爱国人士的，他们认识到有限的民主政体才能给城邦带来希望。因此，那些勾结敌人的极端寡头派，最终还是被推翻了，五千人大会代替了四百人的统治。在当时，这样的政治制度还是非常先进的。后来，在色雷西拉斯指挥的塞诺西马战役中，尽管雅典的实力稍弱，但雅典海军还是战胜了伯罗奔尼撒海军。

三、色诺芬：《长征记》

在介绍色诺芬关于希腊军队长征（或者说是在边远地区行军）的历史著作之前，需要讲一下必要的背景文献。在伯罗奔尼撒战争中，波斯的小居鲁士帮助斯巴达人对付雅典人。那场战争于公元前404年结束于阿哥斯波塔米战役。这一年，也是小居鲁士的父亲去世，他的哥哥阿尔塔薛西斯二世继位的年头。小居鲁士企图获得波斯王位，公元前401年，他带着一万名希腊雇佣军侵入阿尔塔薛西斯二世的领地。这部著作叙述的就是小居鲁士阵亡后，希腊雇佣军冒险长征，从克纳科萨撤回黑海的故事。

01. 居鲁士的远征

波斯皇帝阿尔塔薛西斯的弟弟名叫居鲁士[1]，他一直对他哥哥继承皇位的事怀恨在心。为此，他借口与西方另一名总督蒂萨弗尼斯不和，逐步招兵买马，其实是要发动叛变。除了自己积极准备以外，居鲁士还在暗中资助拉凯戴孟人克利尔库斯在色雷斯装备了一支希腊军队。在色萨利，还有一支军队由阿里斯提普斯统领，随时准备作战。波俄提亚人普罗克西努斯和他的另外两个朋友也受命招募雇佣兵，来协助居鲁士进行"对蒂萨弗尼斯的战争"。

除了上面提到的原因，居鲁士还有一个率军北进的理由，那就是去镇压庇西狄亚人。他从撒尔迪斯向弗里吉亚进发，在凯莱奈集结全部军队，并在泰利安进行了检阅。在这里，有一位西里西亚的女王，虽然她也曾经资助过居鲁士扩军备战。但是，当她看到一支希腊军队在演习进攻时，被吓得魂飞魄散。不过，值得一提的是，当这支大军的先头部队进抵塔尔苏斯时，由于希腊人怀疑居鲁士进军的目的，险些爆发一场兵变。虽然大家早就明白进军的目标不是庇西狄亚，但在主帅拉凯戴孟人克利尔库斯的一番劝说下，同时又被诱以丰厚的薪饷，这件事情才平息下来。部队到达西里西亚东部的海港依苏斯，补充了军需和给养，之后居鲁士堂而皇之地率军进入了叙利亚国境。不过，在米利安都斯，远征军中有两个希腊司令官或许是忌妒克利尔库斯，竟然一起弃职逃跑。接下来，远征军转向内地，开始向幼发拉底河上的塔波萨库斯前进。

在塔波萨库斯，居鲁士向所有的士兵宣布了这次远征的目标，希腊士兵看到他们的将军果然欺骗了他们，几乎又要爆发兵变。但

[1] 这里指的是小居鲁士，是波斯皇帝大流士二世的儿子，和波斯帝国创建者居鲁士大帝不是同一个人。——译者注

是，居鲁士向士兵们许诺付给他们十分丰厚的军饷，士兵们的情绪又平静了下来。在得到居鲁士的同意之后，将军梅农带领着一支军队渡过幼发拉底河继续前进。这支军队很快来到了一个十分荒凉的地方，在行军途中，克利尔库斯和梅农的两支部队互不相让，一场战斗即将展开。虽然普罗克西努斯在他们之间进行调解，但无济于事，情况反而更加恶化。直到居鲁士亲自赶来，说希腊人如果自相残杀，整个远征就会失败，这才恢复了平常的秩序。直到这时，阿尔塔薛西斯才恍然明白蒂萨弗尼斯等人一再告急的原因（蒂萨弗尼斯是最先把居鲁士的真实企图报告给阿尔塔薛西斯的人）。当远征军进抵巴比伦时，乡村被敌人故意破坏，居鲁士明白自己接下来的处境。也就是在这里，居鲁士的一个心腹军官奥戎塔斯因通敌罪被处死。

这时，居鲁士对军队进行了检阅，全部军队总共约有 10 万人，希腊人大概有 14000 人。而敌人则号称有百万以上，当然实际作战的人要比这个数目少得多。

接着，居鲁士率军向库那克萨附近敌人设防的隘口进发，并且随时准备战斗。但是，当他赶到隘口时，发现那里并没有军队驻守，便命令整支队伍放松下来。可是，很快又有消息传来，说波斯国王的军队已经赶到，于是居鲁士又急忙下令恢复战斗状态。克利尔库斯所率领的希腊人在右翼，居鲁士自己在中央，阿里柔斯在左翼。波斯国王的军队声势浩大，单单他的中军就远远延伸到居鲁士的左翼以外很远的地方。

这时，希腊军进攻国王军队的左翼，敌人几乎不战而败。居鲁士害怕国王截断希腊军的后路，便亲自率领卫队向国王所在的中军进攻，想击溃敌军。居鲁士自己向前猛冲，想生擒他的哥哥——波斯国王阿尔塔薛西斯，不料却被一支长矛刺中，死于战场。自居鲁士大帝建立波斯帝国以来，因为这个最为杰出的波斯人的战死，他的远征伟业就此结束。居鲁士英武勇猛、肝胆照人、待人公正、多才多艺、严以律己、慷慨豪爽而且对朋友一诺千金。

居鲁士的豪爽源于他那仁厚的天性。每当他喝到一种特别香甜的酒时，总是要分出一半送给自己的朋友，并且附上一张小笺这样写道：“多年来从没尝过如此美酒。现奉上坛中的酒，希望你与各位好友也能尝此佳酿。”

居鲁士的战死让我们更为怀念他那些优秀的品质，这场战斗也证明了他的善于识人——他所遴选的部下都是一些守信、友爱的忠诚之士。居鲁士死去后，他的部下和卫队继续守卫在他的周围，奋力保护他的遗体，直到全部战死。只有在左翼作战的骑兵将领阿里柔斯，听到居鲁士阵亡的消息后立即带着他的军队逃出战场，阿尔塔薛西斯立即率军追击阿里柔斯。

02. 撤向黑海

居鲁士战死后，左翼的骑兵在阿里柔斯率领下溃逃，而这时希腊人正在猛烈追击波斯军队的左翼。虽然远征军的军营已被波斯人占领，不过留守的一队希腊军队却顽强守住了希腊军营。这时，阿尔塔薛西斯正在追击阿里柔斯，无意和希腊军队交战，他认为他们不值一提。

直到第二天，克利尔库斯才得知居鲁士已经在前天的战斗中阵亡。而这时，阿里柔斯已经溃逃到最后一个可以停留的地方，他打算在这里再等一天，如果希腊军队还没有追上来，就继续往西撤退。克利尔库斯派人送信给阿里柔斯说：希腊军队已经取得胜利，居鲁士已经战死，如果他愿意回来一同作战，希腊人将拥立他为波斯王。

接着，阿尔塔薛西斯也派人送信给希腊人，请求希腊人放下武器。希腊人回信说：他要是想要武器，最好是自己亲自来取！如果他把希腊人当朋友，那么没有武器的朋友对他有什么好处呢？但是，如果把希腊人看作敌人，那么我们留下武器作防卫之用，难道不是天经地义吗？虽然没有经过正式的选举，但希腊人一致认定克利尔库斯是他们的领袖。他们快速往西撤退，以便能尽快地和阿里柔斯会师。但是，阿里柔斯并不接受拥立他为波斯王的提议。这时，大家都同意沿着另一条路退到爱奥尼亚去，因为进军时走的道路现在已经被封锁了。后来，波斯国王阿尔塔薛西斯又通过蒂萨弗尼斯，与希腊人进行了一连串的交涉。波斯国王明显的怯战心态被希腊人看了出来，为此希腊人便摆出了一种傲慢甚至有点蔑视对方的态度。

最后，波斯国王提出愿意把希腊军队送回本国，不过军需和给养却必须由希腊人自己解决。但是，这件事拖了很久也没有解决。于是，希腊人就开始怀疑是否有其他的阴谋——蒂萨弗尼斯和阿里柔斯都是他们极不信任的人。但是，克利尔库斯建议最好不要与波斯人发生公开的冲突。最后，他们还是决定北上向黑海前进。希腊人和随行的波斯人严格分成两支队伍，以防备可能的袭击。

当他们渡过底格里斯河时，似乎觉得周围全是敌人的埋伏，他们随时有可能落入敌人的手里。因为阿里柔斯的行动特别诡秘。但是，在经过长达三个星期的行军后，他们到达了扎帕塔斯河，一路上并没有遭到袭击。

到达扎帕塔斯河之后，克利尔库斯想尽快结束希腊人和波斯人之间极为紧张的态势，于是他决定和蒂萨弗尼斯会见。双方都竭力想表明，自己并没有敌意。在取得克利尔库斯的信任之后，波斯人便请他和其他希腊军官前去参加一个会议。希腊一共有 5 位将军

（其中包括克利尔库斯、普罗克西努斯和梅农）、20位军官和200名其他人员前去参加会议。没想到，这竟然是波斯人设下的一个圈套，前去参加会议的希腊人只有一个人逃回了军营，其余的人全部被杀害。愤怒的希腊人马上拿起武器，随时准备战斗。这时，阿里柔斯带领一支部队来到希腊军营，宣布克利尔库斯因叛国罪已经被处死，但迎接他的是一顿臭骂，他只好愤愤地离去。

在被杀害的希腊将军之中，最可惜的是克利尔库斯——一位用兵如神、神机妙算的将军，他治军极严，所以士兵们对他是又爱又怕。普罗克西努斯是作者本人的挚友，为人倒是很和蔼，但遇到困难时并不能坚持到底。而那位来自色萨利的将军梅农，是个阴险狡诈、骑墙投机的家伙。

此时，这1万名希腊人的处境变得万分艰难——他们离开家乡来到这遥远的蛮荒地带，而前去黑海的路上隔着绵延的亚美尼亚山峦；随时都可能陷入那些充满敌意的野蛮游牧民族的伏击中，而他们又几乎没有还手的力气；更严重的是，威信最高的领袖已经被杀害。所有人都变得垂头丧气、意气消沉，仿佛世界末日来临了一样。

正在这个万分紧急的时刻，雅典的一位士绅阶级的军官色诺芬，忽然做了一个奇怪的梦。在分析了梦的预示后，他马上爬起来叫醒那些同属普罗克西努斯支队的军官，对他们发表了一篇振奋人心的演说。他指出，他们拥有百战百胜的勇气、才能与智谋，依靠这些，他们一定可以冲出重围。另外，雇佣他们的波斯人居鲁士已经死去，对波斯人也就没有任何义务可言，他们完全可以击败任何一支波斯军队。那些将领听了后慷慨激昂，大家一致推选色诺芬为领袖。在色诺芬的提议下，他们邀请了其他支队的高级军官召开了一次会议，来商讨下一步的对策。

在会上，色诺芬又一次发表了一篇振奋人心、阐明利害的演说，极大地鼓舞了那些意志消沉的将军，将军们纷纷表示支持他的建议。在会议上，人们选了新的将军，其中包括色诺芬本人。接下来，将军们共同商定了如何向海边撤退的事宜，然后立即将这一果断、英明的决定通知到全军的每一个人。会议选出拉凯戴孟人克里索甫斯为主将，而让两位最年轻的将军——色诺芬与提墨利昂率军断后。会议还决定，马上组织起一队投射手，再把全军所有的马匹集中起来组成一支骑兵纵队。在完成了这些部署之后，大军便开始向那个陌生但又充满生机的蛮荒地带前进。起初，他们以一个空心方阵的队形前进，不久又改成纵队，这样就可以随地形而伸缩，以免出现混乱。

不久之后，他们就遭到了蒂萨弗尼斯的猛攻，但这支组织严密、充满信心、勇猛善战的军队轻而易举地就粉碎了敌人的进攻。在近身的肉搏战中，希腊人大获全胜。但是，敌人拥有投射手和弓箭手，这使希腊人很难对付，因为他们没有足够的骑兵。那些投射手和弓箭手虽然不敢靠近，但总是在相距不远的地方给希腊人造成一些微小的损失。最后，蒂弗尼斯和阿里柔斯看到占不到什么便宜，就撤退了。这时，摆在希腊人面前的有三条路：往东可到达苏萨，往北可通巴比伦，往西可以去爱奥尼亚。最后，他们决定继续向北走，目标是黑海！

03. 黑海！黑海！

但是，这条路首先要经过卡杜客亚人的地盘，这是一个非常善战的民族，从来没有谁能够征服他们。他们习惯在山间打仗，并且擅长使用弓箭，因此希腊人在这个地方免不了许多场恶战。卡杜客亚人所用的箭又长又重，以致希腊人把它们收集起来当长矛使用。

经过七天的艰苦战斗之后，这支急于回乡的军队来到了肯特里特河畔，一个介于卡杜客亚山脉和亚美尼亚州之间的地方。

虽然希腊人可以勉强渡过肯特里特河，但后面有气势汹汹的卡杜客亚人的追赶，而对岸又已经发现了敌人，这种情况使得渡河变得非常困难。直到后来，希腊人找到了一个更浅的渡口，问题才得以解决。当殿后部队的一次佯攻引开对岸的敌人后，主力部队就乘机快速过河，而后卫部队又成功使用了一个妙计，把南岸的卡杜客亚人拖住，后来他们也很快赶上了主力部队。

这时，西亚美尼亚的波斯总督提里巴组斯欺骗他们说，他很愿意在他统辖的省境之内让出一条安全的通道。不过侦察兵的情报却是前面集结有大量的军队。希腊人已经无路可退了，经过艰苦的战斗，敌人被击溃了，这才可以继续前进，整个长征途中几乎都是这种情况。

之后，他们进入一段极度艰苦的时期，粮食已经快吃完了，每个人都是在饥肠辘辘的情况下艰难前进。途中又遇到了暴风雪，大雪漫天、寒气刺骨。如果军官们不去鞭打那些因饥饿、寒冷而疲惫不堪的士兵的话，没有人会继续前进，整个部队也就被埋葬在大雪之中了。而这时，还有敌人的小股部队不断骚扰，他们干掉了那些掉队的士兵。最后，还是由断后部队突然出击，消灭了这些影响军心的散兵游勇。接下来，他们进入了一个人烟稠密、物产丰富的地方，在这里休整了几天，补充了军需和给养。

在这里，他们还找到了一名熟悉当地地形的向导，为他们引路。但第三天晚上，他们却发现向导逃走了，因为克里索甫斯不知为什么大发脾气打了向导一顿。色诺芬十分生气，第一次和这位年长的指挥官发生了激烈的争吵。

7天之后，他们渡过了法细斯河，两天后他们来到了一个山隘口，侦察兵发现那里有军队驻守。他们立即举行了作战会议，在会上大家说了许多笑话。色诺芬讥讽拉凯戴孟人是高明的小偷，克里索甫斯也把雅典人狠狠地嘲弄了一番。当时，摆在希腊人面前的任务就是偷袭敌军并打败他们，于是各个城邦的人互相鼓励，力争不给自己城邦的荣誉抹黑。夜里，一支由志愿者组成的突击队迅速占领了隘口上的高地。敌人看见没有取胜的希望，就慌忙撤退了。

经过 5 天的艰苦行军，希腊人来到了陶基亚国。如果希腊人想继续前进，他们必须冲过陶基亚人的隘口。敌人在那里占据了有利地形，把希腊人通过的道路的宽度限定在 20 码（1 码约为 0.91 米）左右。与此同时，敌人的檑木炮石像雨点一样猛烈。对希腊人来说，只有先引开敌人的火力，在新的弹药还没有备好的时候猛冲过去。这一方法果然奏效，等他们冲过去的时候，陶基亚人没有做任何抵抗，便翻越悬崖逃走了。

又过了 18 天，希腊人来到了一个名叫吉尼亚斯的城市，在这里他们又找到了一名向导。路上，他们要经过许多部落的领地，而这些部落的首领显然不太欢迎他们，因此希腊人也就索性沿途大肆破坏，以此作为回应。他们在吉尼亚斯行进了 5 天后，迎面又碰到了一个山隘口。

当先头部队到达底刻斯山顶时，忽然传来一阵阵巨大的喊声。色诺芬和其他人还以为是有新的敌人要和他们作战——受到他们破坏的那些部落总是在后面追赶他们。很快，喊声越来越大，越来越近，所有的士兵都拿起武器，迅速向喊声传来的地方跑去。去的人越多，发出喊声的人数也越多，喊声也就越发震耳欲聋。色诺芬以为出了什么大事，便带着黎西亚和骑兵纵队急忙赶往增援。但是，他们马上就听清了士兵们叫喊的内容——“海！海！”

所有的士兵都异常兴奋，快速地向山顶跑去，那些马匹和驮辎重的骡子可就遭罪了。到了山顶，大家紧紧拥抱在一起，将军和军官们喜极而泣。不知是谁提议树立一座石塔，得到了大家的赞同，然后众人跑去采集石头，很快便建起了一座巨大的石塔。而那位被请来带路的向导，则拿着希腊人送给他的礼物满意地回家了。

从这个地方往大军的真正目的地——黑海海岸的希腊殖民地特拉佩组斯（特勒拜松）前进的路上，发生了一件很奇怪的事：士兵们找到了很多蜂蜜，吃了以后不但非常难受，而且像喝醉了酒一般。据当地人说，这是此地蜜蜂所采集的花粉比较特殊的缘故，不得已他们只好在这里休整了几天。后来，他们又走了两天就到了特拉佩组斯。在这里，所有的希腊人都向神祭献牺牲以感谢神的眷顾，还举行竞技会来庆祝这个日子。

04．回到色雷斯

特拉佩组斯离希腊还有很长的路要走，而且当时交通非常不便。在长时间艰苦行军后，士兵们只想走海路回到家乡。将军克里索甫斯是拉凯戴孟驻拜占庭海军大将的挚友，为了弄到船只，大家便请他去和那位将军交涉。

克里索甫斯同意了，这时大军还有 1 万多人，大家都同意继续维持军队编制，以便自卫和征集粮草，同时他们想了一些找船的办法，以防与克里索甫斯的接洽没有成果。但是，几乎所有的人都坚持说，除了坐船以外他们再也走不动一步路了。

大军继续停留在原来的地方，靠抢劫当地人来维持给养。可是，许多天过去了，克里索甫斯还是杳无音讯。这时，大家也没有什么办法，最后只好把病员和非战斗人员放在找来的船上从海路送回家，剩下的人沿着海岸向另一个希腊殖民地赛拉苏斯前进。到赛拉苏斯后，他们继续西行到达了科多拉，不过他们在路上经常遇到当地人的抵抗（这些抵抗的人都是原始的野人）。

科多拉是从西诺波来的希腊人所建的一个殖民地，可是这里的人却对希腊人很不友好。作为报复，这些希腊人也继续在附近进行一些抢劫活动。从开始往回走到现在，他们已经走了快八个月了。这时，从西诺波来了一个使者，向军官抗议他们那些士兵的抢劫行为。色诺芬表示他们十分愿意购买生活必需品，而且可以保持友善的态度，可是人家不卖给他们，于是他们不得不去强取豪夺。这些使者答应派船来接他们到西诺波去。不过在等船的时候，队伍一度有过瓦解的危险，士兵们打算袭击军官（包括色诺芬）。面对这种局面，色诺芬对他们所提的指责给予了充分的解释，士兵们平静下来后，秩序又恢复了。最后，他们终于弄到了足够的船只，把所有人运往西诺波。这时候，克里索甫斯也回来了。

但是，他并没有带船回来，只得到了那位拜占庭海军大将一句含糊其辞的承诺。这时，大家深深感到这支军队必须有一位最高统帅，这远远胜过由好几个将军共同执掌权力的局面。经过商议，大家一致推举色诺芬来担任这个职位。但是，色诺芬在占卜之后婉言谢绝，劝解大家说克里索甫斯是拉凯戴孟人，让他来领导整支队伍真是再合适不过了，众人也都同意这个提议。

后来，当大军从西诺波航行到赫拉克里亚的时候，占全军半数以上的阿卡狄亚人和阿加亚人却非要向赫拉克里亚勒索巨款。由于得到了色诺芬的支持，克里索甫斯坚决拒绝了这个无理要求。结果阿加亚人和阿卡狄亚人便不服指挥，他们选出了自己的首领。另外，剩下的一半军队也分成了两支，分别由克里索甫斯和色诺芬率领。

在卡尔佩时，阿加亚人和阿卡狄亚人有一次远征内地，眼看就要失败了。色诺芬偶然听到这个消息，马上带着自己的军队前往支援。幸好敌人已被击溃，他们在返回卡尔佩的路上遇到赶来帮助他们的色诺芬。经过这件事后，阿卡狄亚人和阿加亚人深深感到应当保持全军的团结。不过，他们又以惯用的办法来筹办给养——出去抢劫。这时，拉凯戴孟驻拜占庭总督克里安德来到了他们的军营，还带来了几艘军舰，但没有运输船只。据传，克里安德认为这批希腊人与强盗相差无几，但色诺芬还是顺利地消除了这位总督对他们的成见。于是，克里安德又回拜占庭去了，这些希腊人便从卡尔佩来到了拜占庭对岸的克里索波利斯。

在这里，他们终于渡过海峡来到了拜占庭，这些远离家乡的人又重新回到欧罗巴的土地上。海军将领安那克西布斯本来答应给他们发军饷，但后来大家发现这只是一句空话，于是色诺芬就听任他们抢劫拜占庭了。

到最后，这支队伍中大部分人都去了色雷斯国王赛特斯那里服役。但是，赛特斯最后没有给他们支付薪饷。那时，拉凯戴孟人正和波斯的西方州长蒂萨弗尼斯及阿尔塔巴索斯暗中较劲，战争的乌云笼罩在城市上空。这 6000 名老战士都是身经百战的老兵，他们到过波斯帝国的中心，又从库那克萨一路转战至特拉佩组斯，正是凭着自己的团结、勇气和毅力，他们才得以从特拉佩组斯重返欧罗巴，如果要招募士兵，这样的士兵当然是首选。而大部分人也都愿意参加斯巴达军队，于是1万名希腊人从波斯重返家园的故事就这样结束了。

四、恺撒：《高卢战记》

公元前 102 年 7 月 12 日，盖乌斯·尤利乌斯·恺撒出生在罗马的一个贵族家庭。他是一位史无前例的伟大的演说家、文学家、战士和政治家。他是民主派的盟友，公元前 69 年他成为西班牙的财务官；公元前 61 年，他成为西班牙行省总督；公元前 59 年，他成为两执政官之一，同年，他第一次建立了三人执政制度。他的军事才能在他被任命为高卢总督后得到发挥，但他的成功也导致了内战。他在法萨卢斯打败庞培后，获得了最高权力。公元前 44 年 3 月 15 日，一次暗杀结束了他政治生涯。在他的文学作品中，只有《高卢战记》和《内战记》流传下来，这两部笔法流畅的作品堪称典范。

01. 征服克勒特高卢

高卢全境分为三部分，一部分住着比尔及人，一部分住着阿奎丹尼人，另有一部分住着克勒特人。“克勒特人”是他们的自称，而我们则称他们为“高卢人”。这三部分人彼此之间的语言、习俗和法律都不相同。比尔及人是他们当中最强悍的，他们不断和住在莱茵河对岸的日耳曼人发生战争。

在梅萨拉和毕索任执政官的那一年，厄尔维几人中最显赫、最富有的奥尔及托列克斯为了篡夺王位，在贵族中策划了一个阴谋，他劝诱本国人带着全部资财离开自己的领土。因为厄尔维几人素来勇武，所以他们能很轻易地霸占高卢全境。而且厄尔维几人的国土，生存环境很恶劣。因此尽管其领土广阔，但对人口众多、武功显赫而又勇敢过人的厄尔维几人来说，还是显得很狭小。他们开始为启程做准备，购买了很多牲口和车辆，为了旅途中有充足的食物，播种了大量谷物，并和周围的邻邦建立友谊。他们认为完成这些准备需要两年，因此计划在第三年出发。期间，奥尔及托列克斯和塞广尼人卡司几克斯、爱杜依人杜诺列克斯结盟的阴谋暴露，引起厄尔维几人的公愤，不久奥尔及托列克斯忽然死了，据猜测很可能是自杀。

他死后，厄尔维几人仍旧紧张地为迁徙做准备。安排好一切后，他们就烧掉自己原有的十二个市镇、四百个村庄和其余的私人建筑物，只携带着所需的粮食，在罗唐纳斯河上会合，准备经罗马行省离开家乡。当恺撒听到这个消息后，想起厄尔维几人曾杀死过自己国家的执政官卢契乌斯·卡休斯，其军队也被迫成为他们的奴隶，因此就在全省广泛征召军队，开赴日内瓦，并拒绝了厄尔维几人的要求。因此厄尔维几人企图强渡罗讷河，但最终因罗马人的顽强抵抗而放弃。

厄尔维几之役结束后，几乎全高卢的使者都赶来向恺撒道贺。他们说：恺撒打败了厄尔维几人，这使高卢得到的利益远大于罗马所得到的。因为厄尔维几人离开故乡的目的就是要攻打高卢，争取统治权。会后，爱杜依人和塞广尼人的酋长向恺撒哭诉，日耳曼国王阿里奥维司都斯侵占了塞广尼人 1/3 的土地，而且那还是全高卢最富饶的土地。现在，阿里奥维司都斯变本加厉地要塞广尼人再另外割给他 1/3 的土地。

恺撒知道事态严重，便派使者向阿里奥维司都斯请求约定会谈的时间和地点，但阿里奥维司都斯傲慢地拒绝了。恺撒第二次差使者向他提出和谈请求时，他依然拒绝了。后来恺撒强占了塞广尼的首都维松几阿，阿里奥维司都斯才派出使者向恺撒表示要在维松几阿进行会谈。但会谈毫无结果。阿里奥维司都斯在要求罗马人退出高卢的同时还向恺撒的军队投射矢石，这引发了战争。日耳曼人在离莱茵河大约 50 英里的战场上被全线击败，他们越河逃窜。这两次重要战役结束后，恺撒就把军队带进冬营，自己则赶向内高卢，主持巡回审判大会。

02. 降服比尔及人作乱

恺撒在南高卢冬营时，就多次收到报告，说全体比尔及人已经结成了反抗罗马人的同盟。他们担心一旦罗马征服高卢全境，就会继续去征讨他们。恺撒被这些报告和信件惊动了，就在内高卢征集了两个新的军团去攻打外高卢。他以出人意料的速度到达外高卢，最靠近高卢的雷米人，派了国内的首要人物递书投降，并向恺撒报告了所有比尔及人的情况。

恺撒又接到报告说，新征服地区边境野蛮骁勇的纳尔维人认为雷米人不该向罗马人投降，并宣称他们绝不妥协，也不会向罗马派遣使节，更不接受任何和谈条件。由于害怕商人入境带来的酒类或其他奢侈品会有害身心，挫伤勇气，纳尔维人便禁止商人过境。

三天后，恺撒率部进入纳尔维人的境内，并在距离纳尔维人兵营约 10 英里处的桑布尔河岸驻军。纳尔维人邀来了阿德来巴得斯人、维洛孟都依人和阿杜亚都契人助战，并在罗马人刚刚进抵桑布尔河滨，安营扎寨时发动了突然袭击。猝不及防，还未来得及完成部署的恺撒只好一次下达了所有命令，如悬起告急的信号旗、集合正在筑堡垒的士兵、布置战阵等等。还没有配好徽号、戴上头盔、揭掉盾牌套子的罗马军虽形势不利，但九、十两军团的士兵仍然大胜了阿德来巴得斯人，不但将他们赶下了处于优势地位的高地，又趁他们竭力渡河、无暇应付时砍死了一大批人。八、十一两军团也同样击败了维洛孟都依人。纳尔维人的首领波陀奥纳多斯看到罗马人有一部分营寨暴露在外，就率领士兵编成密集队形，直冲罗马军营。罗马骑兵和轻装步兵因敌人的突然冲击而溃退，这使军营里涌进了大批敌军，军团危机四伏。此时恺撒来了，他抓起一面盾牌，领先向敌人杀去。由于队伍里一些百人队长战死，恺撒命令余下的队长把连队标志移到前面去，拉开连队与连队之间的距离，使刀剑更自由地发挥作用。

形势发生了极大的变化，恺撒军中即使因伤躺倒的人，也竭力依靠着盾牌英勇作战。而那些没有武器的军奴也表现得十分勇敢。战斗结束时，纳尔维人几乎全被歼灭，剩下能拿起武器的不足五百人。他们派老人做代表请降。阿杜亚都契人本是赶来援助纳尔维人的，但闻知战况后就都回去了。

平定高卢的这场战争震动了蛮族，就连住在莱茵河外的一些蛮族都派遣使者，向恺撒表示愿意交纳人质，并服从他的命令。由于急着赶往意大利和伊里列古姆，恺撒就命令这些使者，到明年初夏时再来。元老院接到恺撒的信后，决议为这些战役作 15 天谢神祭，这是以前从未发生的事。

03. 高卢的海战和陆战

恺撒在去意大利时，派塞维乌斯·盖尔巴率领第十二军团和一部分骑兵去征讨南都阿得斯人、维拉格里人和塞邓尼人。他们的领土从阿罗布洛及斯的边界、勒茫纳斯湖和罗唐纳斯河直达阿尔卑斯山顶。罗马商人来往于阿尔卑斯山时，危险很大，因此盖尔巴想在此打开一个隘口。

起初，盖尔巴的几次战斗都很顺利，攻取了不少碉堡。因此各方面都派使者向他交纳人质，缔结和约。他决定去维拉格里人的奥克多杜勒斯村庄过冬。但就在修筑冬营的工程和防御工事时，周围高地上大批武装好的敌军就出现了。敌人随同号令从四面八方冲下来，石块、重矛也向罗马军抛掷过来。

他们歼灭了塞邓尼和维拉格里 1/3 的军队。战斗进行六小时后，罗马将士极度疲惫，而且矢、矛等武器也供应不上了。由于粮草带来的恐慌，盖尔巴于次日烧掉了所在村庄的房舍，将军团安全地带进南都阿得斯，并在阿罗布洛及斯过冬。

战役过后，恺撒认为可以假定目前已经完全平定了高卢。譬如，已经征服了比尔及人、驱逐了日耳曼人、击败了阿尔卑斯山区的塞邓尼人。因此他决定冬天去伊利列古姆访问那边的部落了解情况。此时，高卢那边却突然爆发了战争。

战争的起因是：那小布勃留斯·克拉苏——不是后来当执政

官的 M. 克拉苏——带第七军团在安得斯人的境内过冬，由于当地谷物缺乏，就派出一些骑兵和军团指挥官去邻近各邦征集谷物和给养。而其中的威尼西亚人由于船舶众多，并经常在不列颠海岸航行，因此他们在航海事业上的经验和技术远远超过其他城邦。这次叛乱也起源于他们。

威尼西亚人扣押了来征集谷物的悉留斯和维朗纽斯，并打算用他们交换回自己的人质。由于以前没有征集粮草的先例，邻近各邦听到此消息都很吃惊，在听闻威尼西亚人做法后，埃苏伊和库里奥西利泰也采用了这种做法。这三个城邦的举动，让所有沿海地区也都采取了这样的行动，他们还共同派使者告诉克拉苏说："要想要回他的军官，就必须放还人质。"

恺撒得知克拉苏的消息，就下令在里杰尔河上建造战舰，并征集桨手、准备好水手和领航员。完成这些事情后，恺撒也很快回到罗马。

随后，他又马上命令兵分数路，进攻敌人在各地的城池。威尼西亚人船只众多，且其船只的龙骨比罗马军的龙骨平，因此在浅海和河口地航行时更加灵便。罗马军虽攻陷了大批城池，但却徒劳无功。

最后，罗马军抓住机会集合所有舰队，一举获得了海战的胜利，歼灭了多数敌舰，只有极少数乘黑夜逃回岸边。这次战役结束了这场战争。为了使蛮族将来更尊重使节的特权，恺撒决定严厉惩罚他们，因而不仅处死了他们的全部长老，又把其他人当奴隶拍卖了。

克拉苏也大约在此时到达了阿奎丹尼。如前所述，这里无论是土地还是人口，都占高卢的 1/3。几年前，他们曾击败了副将卢契乌斯·瓦雷留斯·普来孔宁纳斯的军队，并杀死了该副将。因此克拉苏深知自己必须特别警惕，征兵结束后，他便率部进入索几亚德斯人的境内。索几亚德斯人听闻就集结了大量兵力，尤其是作为主力的大批骑兵，赶来突袭，结果大败而归。自此，阿奎丹尼人主动投降了罗马，各部落自动送来人质，只有少数仗着距离遥远的城邦未送人质。

04. 首次登陆不列颠

庞培和M. 克拉苏任执政官的那年冬天，日耳曼人中的乌西彼得斯族和登克德里族因苏威皮人多年侵扰，无法正常耕作，而大批渡过了莱茵河。据说日耳曼人有100个部，他们每年都会从每个部征召1000人去境外打仗，其余的则留在本土耕作。

恺撒得到这些消息之前，高卢人就曾给苏威皮人写了很多信，承诺他们如果离开莱茵河前进，高卢人愿意满足他们的所有需要。恺撒非常了解高卢人反复无常的脾性，便提前赶到军中。果然，他的担心变成了事实。日耳曼人经不起高卢人的诱惑，已经离开莱茵河，进攻到德来维里人的属邦厄勃隆尼斯人和孔特鲁西人的边境。恺撒召集了高卢各邦的领袖，佯装不知道这些事，隐瞒了已知的消息，只是鼓励和安慰了他们一番，之后，他便吩咐征集骑兵，为和日耳曼人作战做准备。

在进军日耳曼军队驻扎地的途中，日耳曼人便派使节宣称，他们不是自愿来这里，而是被逐出本土的，因此他们请求恺撒撤兵。但恺撒明白，他们不过是想拖延时间做准备，便拒绝了他们的请求。恺撒兵分三路，八百里行军，出其不意地突袭了日耳曼人的兵营。敌军被歼无数，溃不成军，甚至有人试图游过莱茵河逃命，结果被淹死了。

日耳曼之战宣告结束。恺撒认为自己应该渡过莱茵河。因为日耳曼人太容易被高卢人引来，他希望以罗马军队渡过莱茵河来向日耳曼人示威。莱茵河又宽又深，且水流湍急，不易架桥，但恺撒设计了一种很坚固的木桥：先打好桩，再在上面架桥。罗马军渡过了莱茵河，并把西甘布里人的所有村庄和房舍都烧掉了，又割光了他们的所有谷物，随后恺撒又进入乌皮人的境内。他认为这不但威吓了日耳曼人，也报复了西甘布里人，并解救了被围困的乌皮人，因此他认为这些事情带来的声誉和战果都足够了。于是他拆毁桥梁，依旧退回了高卢。

夏末，恺撒决心去一趟不列颠，因为那个国家总是不断支援敌人。他准备了 80 多只运输船，率领两个军团在一个晴朗的日子出发了。蛮军骑兵和战车在罗马人刚登陆时就发动了攻击。虽然罗马军最后击溃了敌人，但由于他们完全没经历过这种战争，应战不如在陆地上那样热情，因此没能乘胜追击。这也可以说是恺撒战争生涯中唯一的一次遗憾。

05. 恺撒在泰晤士河

冬天，恺撒造新舰的同时也在修理旧船。他新造了约 600 只运输船和 20 艘战舰。在解决高卢酋长纠纷后，他率军团向依久乌斯港进发。为预防高卢人再次发生暴乱，他带走了几个高卢的主要酋长，准备在下一步远征不列颠时，把他们当作人质。

登陆不列颠海岸后，他又率军前进了 12 英里，击退了敌军战车和骑兵的多次狙击。接着他又进入卡西维隆努斯的领地，直达泰晤士河边。在一个狭小的渡口，他的军团与不列颠人发生了一场激战，结果不列颠人战败。

此时，卡西维隆努斯已经向钦杰多列克斯、卡尔维留斯、塔克辛马古勒斯和塞哥纳克斯等四个统治肯特郡和滨海地区的王侯派遣使者，要求他们集结所有军队，攻击海军阵地。

罗马人在接下来的战斗中，又取得了胜利。被击败的敌人派使者来见恺撒，谈判投降条件。此时高卢人叛变，恺撒决定回去过冬，因此与不列颠就交付人质和纳贡数目等问题达成协议。

恺撒料知，高卢必将有更大的叛乱发生，于是又征招了一批军队。他发现纳尔维人、阿杜亚都契人、门奈比人以及莱茵河畔的日耳曼人都在备战；瑟诺内斯人和卡尔努德斯人交往密切，并与其他邻邦密谋策划；德来维里人则与日耳曼人不断有使节交往。因此恺撒知道，必须为即将到来的战争迅速采取有效措施。

冬末，恺撒率领四个军团，突袭了纳尔维人的领土，并俘虏了他们的人马牲畜，破坏了他们的土地，强迫他们投降并交出人质。随后，他又趁势击溃了瑟诺内斯人、卡尔努德斯人和门奈比人。与此同时，拉频努斯也打败了德来维里人。恺撒也在高卢平定后回到意大利，去主持地方会议。回国后，元老院发布了一项法令，规定意大利青年一律要举行军事宣誓，借此机会，恺撒又在全省进行征兵。早对罗马人愤愤不平的高卢人趁机再次公开备战，许多城邦结盟并推举年轻的阿弗尔尼人维钦及托列克斯为领袖，与恺撒对峙。恺撒闻知，急忙由意大利进军外阿尔卑斯高卢，向厄尔维邦进攻。

两军交战，在维隆诺邓纳姆、格纳布姆和诺维奥洞纳姆的战斗中，维钦及托列克斯均告失利。恺撒包围了高卢人固守的阿凡历古姆城，并在激战后攻陷该城。维钦及托列克斯率领的联军，在进攻进入塞广尼邦的罗马军时全军覆灭。苟延残喘的维钦及托列克斯最终被击败了，高卢各酋长只好投降。

恺撒派遣军官带领许多军团在高卢各地驻扎，并处理了所有人质。元老院在听到捷报后下令，为庆祝胜利，罗马特举行 20 天祈祷会。

五、塔西佗：《编年史》

尽管有着明显的先入为主的色彩和偏见，塔西佗却写得乐此不疲。因此，他的描写也变得更加丰富多彩，但我们不能据此说他是不严谨的。他笔下的人物有着不可思议的魅力。他那独特的叙述风格，很有生动性和戏剧性。但是，有时由于整体风格的简洁，以及段落上的臃肿，也会让他的书有些晦涩难懂。他的《日耳曼尼亚志》记载了日耳曼民族的早期制度，具有相当高的价值。他根据自己所见写的《从加尔巴到多米田的罗马帝国史》，描述的事件也很有价值。这部《编年史》基本上讲的是从提比略到尼禄统治时期的历史。

01. 提比略皇帝和他的侄子

提比略是奥古斯都大帝的养子。他是奥古斯都皇后莉薇娅与其前夫所生的儿子。莉薇娅在奥古斯都生命垂危之际，立刻召回了在伊利里亚的提比略，让他侍候垂死的皇帝。奥古斯都还有一个孙女和一个孙子，即阿格里披娜和阿格里帕。前者嫁给了提比略的侄子日耳曼尼库斯，而后者却是一个声名狼藉、行为放荡的纨绔子弟。没人敢怀疑提比略继位的合法性。提比略即位后的第一个决定，便是处死阿格里帕。他宣称：这是奥古斯都的遗命。

罗马城中的执政官、元老院议员和骑士阶层争相拍他的马屁，讨他欢心。名位越高，脸皮越厚，奉承话也更加无耻。提比略故作正经地说他并不想即位。这些人也极为严肃说全罗马人民必须依靠他，只有他的继位能带给罗马人民幸福。同时大臣们还奉承、赞颂他的母亲莉薇娅·奥古斯塔，但是任何一个明眼人都看得出这不过是一出荒唐可笑的滑稽剧。

但麻烦的是，奥古斯都的去世引发了帝国欧洲边防军团的叛乱。驻扎在潘诺尼亚的军团长官煽动士兵们说禁卫军的薪饷如何高，服役条件如何优厚。士兵闻听怒不可遏，军官们完全控制不了秩序。眼看就要爆发叛乱，提比略赶紧派其子杜鲁苏斯去和叛军谈判。幸运的是当时发生了月食，迷信的士兵们以为上天在惩罚他们，因此杜鲁苏斯取得了谈判的成功。当驻日耳曼的军事长官日耳曼尼库斯去高卢后，凯奇纳带领的东方军队很快发生兵变，一时间形势非常危急。叛军齐整的军容及一致的行动都表明兵变是有预谋、有组织的。

深得人心的日耳曼尼库斯将军在得知这一消息后，立即赶回叛乱爆发地。叛军一致要拥他为帝，但他严词拒绝了。但是由于当时在敌国的领土上，他只好对士兵做出一些妥协。但元老院派来的使团让士兵们纷纷怀疑让步只是一场阴谋，于是再度爆发骚乱。但当他们看到日耳曼尼库斯将妻儿送离了充满危险的军营后，士兵们深感惭愧，于是叛乱很快平息了。甚至有一些良知未泯的士兵主动反击肇事者，并在大家同意后处决了他们。凯奇纳统领的军团为挽回政府的信誉，也采取了类似行动。日耳曼尼库斯意识到，要想真正消除士兵们的不满情绪，转移他们的注意力，最好发动一次积极的战争。因此他率军远征马尔斯人，并取得了胜利，士兵们的不满情绪果然很快消失了。在罗马的提比略得知此消息后，心中喜忧参半。

日耳曼人中的一支凯路斯奇人，一直支持罗马的敌人阿尔米尼乌斯，并把宣誓"效忠"罗马的塞盖司特斯看作他们的敌人。于是日耳曼尼库斯便出兵援助塞盖司特斯，并向阿尔米尼乌斯宣战。塞盖司特斯掳走了阿尔米尼乌斯的妻子（塞盖司特斯的女儿），这让阿尔米尼乌斯勃然大怒，他立即集结军队，向士兵们发表了捍卫自由的演说，号召他们奋起作战。阿尔米尼乌斯的演说也激起了曾在几年前消灭过伐鲁斯军团的凯路斯奇人的战斗欲望。阿尔米尼乌斯曾把凯奇纳统领的一个纵队诱入沼泽地带，并在随后的激战中将其歼灭。阿尔米尼乌斯原计划伏击行军中的罗马人，但后来他却接受了叔父英吉奥美路斯的糊涂建议——袭击罗马人军营。这一愚蠢的行动给了罗马人可乘之机，阿尔米尼乌斯的军队遭受了致命的打击。但此时，提比略却出台了一个贻害深远的政策——让人们揭发那些他们自认为不忠的显要人物，控告那些密谋叛乱的显贵，并由他亲自审讯一些重要大臣。虽然这样可以防止贿赂，但却让人们失去了自由和才干。

接着东方也发生了骚乱，安息人赶走了昔日为奥古斯都所宠幸的国王沃诺内斯，竟然还把亚美尼亚牵连在内，这些事件后来导致了难以处理的问题。提比略打算派日耳曼尼库斯去东方处理这些复杂的问题，但这位能干的将军却决定从北海沿岸对日耳曼人发动一次新的攻击。罗马大军被一支规模巨大的舰队运到了埃姆斯河口，又继续在日耳曼尼库斯的率领下挺进威悉河并成功渡河。他的心因士兵们对即将来临的战斗的跃跃欲试而感到满足和振奋。凯路斯奇人在一系列激战后大败，罗马人却几乎没太多损失。阿尔米尼乌斯虽然身先士卒、奋勇作战，但仍然失败了，他历尽艰辛，突破罗马军队的包围逃了回去。

日耳曼人的斗志很快恢复了，他们重整旗鼓，准备决战到底。尽管他们在随后的第二次激战中顽强奋战，但最终还是被罗马人打败了。这主要因为罗马军队武器装备优良、纪律和秩序也非常好。这次胜利的唯一缺憾是，海军撤军时遇到了意外——整个舰队几乎被巨浪吞没，只有少数苦苦挣扎的幸存者捡回了性命。顽强坚韧的日耳曼人很快又卷土重来，但罗马军队兵分两路，分别进攻马尔斯人与卡蒂人，结果罗马人再次胜利。

提比略害怕侄子的声望和成就威胁到他的皇位，就故意将其召回意大利。这时一个告密者控告贵族青年利博·杜鲁苏斯有叛国罪，愚昧无知的他竟是依靠占卜得知这个消息的。结果杜鲁苏斯被迫自杀。这种事在当时的罗马几乎天天发生，我们也可以由此看出罗马的堕落与腐化。同年，一个奴隶自称被阿格里帕的亡魂附身，很多人便随其叛乱，并取得了一些胜利。与此同时，卡帕多奇亚的国王被废，其国土被合并为帝国的一个省。

罗马人明知苏汇维人和凯路斯奇人的冲突与战争，但为了坐收渔利，并不加以干涉。战争的起因是苏汇维的玛洛波杜斯自立为王，但日耳曼人普遍对这个称号不满，这可以和阿尔米尼乌斯的做法比较。凯路斯奇人最终取得了这场战争的胜利。

02. 愈发专制起来

后来日耳曼尼库斯被召回了罗马，当时在罗马，他极有可能被认为是反杜鲁苏斯（提比略的儿子）派的首领。尽管如此，他仍然被皇帝派去统治东方。东方的叙利亚总督毕索因日耳曼尼库斯地位的稳固彻夜难眠。日耳曼尼库斯巡视了希腊，处理了亚美尼亚和安息的事务，随后即刻动身赶往埃及。

毕索听说皇帝早就对日耳曼尼库斯不满，便认为可以利用这个好机会除去他的眼中钉。后来在从埃及返回路过叙利亚时，日耳曼尼库斯得了久治不愈的重病，他认为是毕索在他的食物中投了毒。虽然他死后，人们没能找到确凿的证据，但大家都相信凶手就是毕索。后来回到罗马的阿格里披娜，试图为日耳曼尼库斯报仇，获得了人们普遍的同情。毕索试图自立为叙利亚王，但由于没有对军队的指挥权，因此决定回罗马抗辩控告者。

阿尔米尼乌斯也想自立为王，但在东窗事发后被处死。此前，提比略还堂而皇之地拒绝了一位仇视阿尔米尼乌斯的酋长毒死这位日耳曼民族独立英雄的建议。

官方和民众对带着日耳曼尼库斯的骨灰来到意大利的阿格里披娜，表示了前所未有的悲哀与同情。但对提比略来说，这种悲伤的情绪恍如一场噩梦。杜鲁苏斯奉命向人民声明，如果没有确凿的证据，就不能轻易说杀害日耳曼尼库斯的凶手就是毕索。提比略则坚持认为自己不适合出面处理此事，因此交由元老院裁决。元老院应当公正地审判这个案件，不能以任何人的好恶为依据。

毕索被控诉的罪名有腐化罗马的士兵、挑起叙利亚省的战端、毒死日耳曼尼库斯等，除了最后一项没有确凿的证据以外，其他罪行全部成立。毕索不怕民众的愤怒，却因皇帝的冷酷无情而感到非常恐惧。后来人们发现他死在自己的房间里，没人知道是自杀还是提比略下的毒手。但皇帝却亲自下令赦免了他的妻子儿女。

人们此时已经对大量的丑闻习以为常，社会道德的堕落难以挽回。婚姻已不再被看成神圣关系，尽管政府一再鼓励公民要提高生育率，但人们却普遍认为生儿育女是沉重的负担。当时就被派驻各省的地方官是否可以携眷赴任的提案，还发生了一场今天读来仍很有意思的辩论。

高卢的德来维里人和爱壮依人的叛变震惊了整个罗马城。但提比略却表现得十分冷静，叛乱很快就被镇压了下去，这似乎能证明他的能力和英明。

布莱苏斯击败了非洲企图建立牧民王国的塔克法里那斯的反叛，但却让塔克法里那斯本人逃脱。直到后来，多拉贝拉才把塔克法里那斯绳之以法。

直到这时，我们似乎可以说提比略的统治是公正廉明的。但在他即位的第九年，他渐渐开始宠幸埃里乌斯·谢雅努斯，这个人败坏了皇帝的统治，把他变成了一个人人得而诛之的暴君。尽管谢雅努斯出身微贱，但他却取得了提比略和禁卫军的信任。

谢雅努斯觉得必须除掉提比略的儿子杜鲁苏斯，因为他是自己掌权之路上的一大障碍。他毒死了杜鲁苏斯，由于他的谨慎，一直没人发觉此事，直到多年后，他的一个同谋者才泄露此事。后来由于杜鲁苏斯的儿子也在襁褓中神秘夭折，日耳曼尼库斯年轻的儿子便成了合法的皇位继承者。谢雅努斯便把矛头指向了支持日耳曼尼库斯家族的重要人物。

值得我们注意的是，当时虽然屡兴大狱，人心惶惶，但仍有一些聪明机智的人在坚持公正和自由原则的同时，又能取得皇帝的信任，其中尤其出色的就是玛尔库斯·列庇都斯。他成功洗刷了克雷穆斯乌斯颂扬布鲁图斯和卡休斯的罪名。后来，谢雅努斯请求提比略让他娶杜鲁苏斯的遗孀，但被皇帝拒绝了。为了使皇帝对日耳曼尼库斯产生不满，他便欺骗阿格里披娜说提比略想要毒死她。后者信以为真，如果我们考虑到这种事情在那个时代的经常性，我们就不会责怪阿格里披娜的轻信了：她悲痛欲绝地坐在提比略旁边，什么东西都不吃。为了弄明白她的真实想法，皇帝就亲自敬了她几个苹果，并劝她一定要吃。但她却因此更加疑虑和恐惧，她把苹果全都赏给了侍者，自己一口也没有吃。尽管表面上，提比略什么也没有说，但事后他告诉母亲说，如果有一天他杀掉一个把他当成谋杀者的人，一点也不奇怪。

03. 昏庸病态的暴君

提比略在这时选择了离开首都，退隐到一个乡间别墅去。在这里，除了谢雅努斯，几乎没有人能见到皇帝。我们几乎能确定这是那位宠臣的教唆。最后，皇帝选择退隐在卡普利埃岛。

当时，贵族和大臣们为了讨好提比略和谢雅努斯绞尽脑汁，发生了一些现在难以想象的事情。日耳曼尼库斯家族的忠实朋友撒比努斯被害的情形，就能很好地说明这一点，这位不幸的人被诱骗说了一些抱怨谢雅努斯和提比略的话：他在一间屋子里，被诱骗对皇帝和他的宠臣表示了一些不满，但他想不到的是，有三位元老院的议员正躲在天花板上偷听。最后这些话成为证据，他被判死罪。

谢雅努斯势力的最后障碍在莉薇娅·奥古斯塔——皇帝的母亲死后，全部消除了。(《编年史》在此处散佚两册，关于谢雅努斯两年间如何篡位以及突然彻底垮台的原因的叙述随之遗失。)

之后，提比略在卡普利埃岛上极尽荒淫之能事，最终变成一种病态。从他写给元老院的一封信中的开头几句话，我们能看出他当时的内心想法：“假如我知道我应该如何写这封信和写些什么，我想说的就是，希望神明用一种比逐渐走向死亡更可怕的灾难毁灭我吧。”最后，禁卫军司令马尔科为了使自己免遭毒手，也为了使日耳曼尼库斯家族的孤儿盖·恺撒（卡里古拉）获得承继权，就杀死了这位老迈的暴君。（下面十年的记叙也丢失了，紧接着就到了克劳狄乌斯的妻子、声名狼藉的美撒里娜作恶多端的时候。）

恬不知耻的美撒里娜，为了充分表现她对西里乌斯的纯洁和深厚的恋情，她竟然公开宣布和他结婚。奴隶纳尔奇苏斯告诉了克劳狄乌斯这个耻辱，并因此获得自由。克劳狄乌斯知道后，立刻生气地采取了强硬手段——如何能宽容和同情这种事情呢？他处死了美撒里娜的全部同谋者，却表示可以赦免美撒里娜。但怀有良知的纳尔奇苏斯，秘密地把她处死了。当克劳狄乌斯听到美撒里娜的死讯时，他毫无反应，只是继续进餐，仿佛世界上从来没有美撒里娜这个人似的。

但皇帝必须再娶，获得自由的奴隶帕拉斯向他推荐了日耳曼尼库斯的女儿、克劳狄乌斯本人的侄女和未来尼禄皇帝的母亲阿格里披娜，最终，阿格里披娜当选为新的皇后。这时不列颠人为反对总督欧司托里乌斯，发起了大规模叛乱，先是伊凯尼人拿起武器投入了战斗，接着不列刚提斯人也叛变了。而对罗马人来说，更为严重的是，西路里斯人也在他们最勇猛的战士卡拉克塔库斯的领导下，起来反抗罗马。尽管卡拉克塔库斯智勇双全，但罗马军团优良的武器和钢铁般的纪律却让他感到绝望。果然，罗马人击溃了他的军队，他本人则逃亡到了不列刚提斯人那里，但后者却把他出卖给了罗马人。罗马人很欣赏他的威仪和神勇，因此宽恕了他并给予他自由。

在遥远的东方，拉达米司图斯推翻了他叔叔米特利达特斯的统治。安息和亚美尼亚陷入了一片混乱的局势。后来阿格里披娜指使作恶多端的洛库丝塔毒死了克劳狄乌斯，结束了他的统治。随后即位的尼禄和提比略一样，一即位就把克劳狄乌斯的儿子布列塔尼库斯杀死了。

04. 暴戾的尼禄

起初，塞内加和布路斯都在指导这位年轻的皇帝，而他的第一篇演说似乎也表明他是一位年轻有为的皇帝。但其实他并不是一个演说家，他的第一篇演说稿只不过是塞内加的又一篇杰作。后来他为了和他母亲阿格里披娜对抗，就喜欢上一个曾经是奴隶的自由女子阿克提。阿格里披娜因为帕拉斯的被逐斥十分愤怒，于是便恐吓她的儿子说，克劳狄乌斯的儿子布列塔尼库斯才拥有合法的继承权。后来尼禄终于毒死了这个孩子，他的母亲就再也没有借口吓唬他了。他的荒淫和放荡很快超过了他所有的先辈，而罗马此时到处都有恐怖的告密者的眼睛，而惩办株连广泛的叛逆案也成了日常生活的一部分。

这时皇帝又喜欢上了奥托的妻子波培娅·萨比娜，这为日后埋下了祸根。波培娅虽然没什么美德，但容貌出众，多才多艺，尤其有感情方面的天赋。她的丈夫奥托是尼禄的挚友，后来被派往路西塔尼亚，但令人奇怪的是波培娅却继续留在罗马。

她知道阿格里披娜是她夺取皇位的最大障碍，因此她便唆使尼禄害死他的母亲。双方后来的假意和好，也只是谋杀阿格里披娜的烟幕弹。尼禄的阴谋并没有立即成功——他母亲乘的船虽被凿沉，但她还是逃到了陆地上。后来尼禄又派了另一名刺客去他母亲的居住地，阿格里披娜终于被杀死了。

阿格里披娜在世时，还能约束尼禄的行为，使之不至于太过荒唐。而现在母亲死了，他就完全沉湎在罪恶与荒淫之中。他时而驾车狂奔，发泄他的疯狂；时而引吭高歌，逼迫贵族去竞技场；还让贵妇演出有辱体面的戏，自己则扮演小丑；他还装作满腹经纶的样子，提倡诗和哲学。这种疯狂而放荡的气氛迅速充斥了罗马人的心灵。

这时，罗马驻不列颠的总督苏埃托尼乌斯横渡梅奈海峡征服了安格里赛岛，但伊凯尼人却强烈地反抗他，因为他污辱了他们的皇后博布狄卡亚。愤怒的伊凯尼人联合特利诺班提人猛攻卡木洛杜努姆的罗马人，并在城陷后杀死了全部罗马人。苏埃托尼乌斯匆忙从西方赶回来时，罗马人已经惊慌失措了。但这位将军鼓舞了他的军队，罗马人很快就取得了巨大的胜利。不列颠有 8 万人在这场残酷的厮杀中丧命。

不久布路斯死了，尼禄开始宠幸提盖里努斯。尼禄在弑母之后，又唆使他派遣的刺客捏造一些莫须有的罪名，控告他自己的妻子屋大维亚，不满 20 岁的屋大维亚就可怜地含冤死去了。屋大维亚一死，尼禄毫无顾忌地娶了波培娅。尼禄还堂皇地为这个可耻的罪行举行公众感恩仪式表示庆祝，当然，这已经不能使我们感到奇怪了。

尼禄派往亚洲指挥作战的将军庸碌无能，被罗马人认为是奇耻大辱的安息之战就是他指挥的。当时，幸亏正在叙利亚的科尔布罗迅速赶了过去，才将罗马在这一地区的声威挽回了一些。

这一惨败之后，接着就发生了那场众所周知的毁灭罗马城的大火。没有确凿的证据表明是尼禄下令烧毁罗马城的，但当时有传言说：尼禄在火势正猛时，悠然自得地在私宅戏台上唱“特洛伊的陷落”。仿佛早有预谋似的，他制定的罗马城的重建规划宏伟而严密。同时，为了迎合大众并转移大众的视线，他判定纵火者是一群基督徒，并把他们处以酷刑。这些基督徒的第一个领袖，就是在提比略统治时代，被犹太总督庞其乌斯·皮拉图斯杀死的那位基督徒。

这时，一场反对尼禄、拥护盖乌斯·卡尔普尔尼乌斯·披梭的大规模“阴谋”正在酝酿之中，但不幸的是，这个计划被一个参加“阴谋”的已获得自由的奴隶泄露了。

六、爱德华·吉本：《罗马帝国衰亡史》

《罗马帝国衰亡史》是一部卷帙浩繁的历史巨著，是吉本根据极其丰富的实际资料写成的。作者以其宽广的视野、精准的事实、公正的观点和始终坚持的文学尊严，获得了至高的历史名著的殊荣。这本书在把奥古斯都之后两个世纪的历史做了简要的回顾后，主要叙述了从公元 180 年直到 1453 年土耳其人攻克君士坦丁堡、拜占庭帝国灭亡为止的历史，涵盖了罗马帝国后期和整个拜占庭帝国的历史事件。

01. 世界霸主——罗马

公元 2 世纪时，罗马已经把世界上最肥沃富庶的土地以及人类最文明的地区都纳入囊中。奥古斯都在去世前，曾要求其后继者们牢记一点，就是要将帝国版图牢牢限制在那些自然屏障永久划定的疆域中：西至大西洋，北到莱茵河和多瑙河，东至幼发拉底河，南至阿拉伯和阿非利加大沙漠。如果不考虑曾被图拉真短时期征服又随之被哈德良放弃的东方，那么，除了大不列颠和达西亚的殖民这两件事外，他的这些后继者们都没有令奥古斯都失望。

罗马之所以被世界各个地区甚至那些遥远民族所景仰和敬畏，它早期的各代皇帝所采取的保持国威和不扩张疆域的政策起到了举足轻重的作用。罗马早期无比强大的武力更加强了这种温和政策带来的力量和威严，这些皇帝维持长久和稳固的和平的政策是经常性备战。

在古代共和国时代，罗马都是从公民中征召士兵，而在这个时期，罗马的士兵大多是从出身低贱且道德败坏的人群中招募来的雇佣军。但即便如此，在深入人心的迷信、严格的纪律和丰厚的奖赏等因素的影响下，这些士兵依然是忠诚于皇帝的，并且还展现出了一种能够震慑敌人的恐怖气势。

平时，帝国军队有 30 个军团，共 37.5 万人左右。他们并没有驻扎在那些被罗马人视为怯懦者的避难所的城市里，而是分布在全国各个角落。在那里，他们随时准备着为突发的战争和叛乱而战。在这些士兵中，有一个由大约 2 万人组成的精锐部队，被称为“城防军”或“禁卫军”，专门负责保卫皇帝和神庙。

禁卫军是一个很值得注意的部队，因为他们几乎是所有导致帝国动荡的政变的制造者。但如果仔细去考察的话，我们就会发现，除了威仪赫赫、纪律松弛以外，他们的武器和编制与普通军团没什么重大区别。

与巨大的疆域版图和赫赫的威名相比，帝国的海军力量似乎显得并不相配，但即便如此，它还是可以完成帝国的每一项战略任务。推罗、迦太基甚至马赛等一代代航海家们受冒险精神的鼓舞，去开拓世界的界限，探查最偏僻的海岸，而好战的罗马人则只把眼光放在了陆地上。对罗马人而言，海洋的恐怖更甚于它的神奇。自迦太基覆亡和剿灭那里的海盗后，整个地中海就变成了被几个省份包围的罗马内湖。帝国在海上执行的政策是很温和的——只求保持其海上的统治地位，以及保护臣民的商业贸易，因此在亚得里亚海的拉文那和那不勒斯湾的米西拿这两个意大利最便利的港口，奥古斯都只驻扎了两支常备舰队。

塞涅卡曾准确地总结说："罗马人征服了哪里，就会定居在哪里。"帝国境内到处是殖民地，而住在那里的基本都是退伍士兵。在富丽堂皇的庙宇、浴室及其他公共建筑的衬托下，富庶的城市显得更加繁华，到处都能表现出罗马的肃穆和制度的伟大。在不列颠，总督府驻扎在约克。在发达的商业贸易的影响下，此时的伦敦已经变得繁花似锦，巴斯也因为出产有助于治疗疾病的医疗用水而成为世界著名城市。

连接着一座座大城市的公路四通八达，且都与罗马相通。起于罗马公会所的公路穿过意大利，通向帝国的各个省份，甚至到帝国的边远地区。这个巨大的交通网用一条直线把城市贯通起来。在建筑这些公路时，罗马的工程师们清除了所有的自然障碍和私人地产。他们凿开高山；在宽阔、湍急的河流上，他们架起大拱桥。

在公路的中间部分，有用细沙、砾石、水泥层修建的台子，上面砌有花岗石或巨石。这个台子可以控制邻近地区。石碑精确地标示着路程，基本上每五六英里就设置了提供食宿的驿站。沿着条条罗马大道，世界各地的商旅都能轻松地到达世界中心。

通过畅通而又紧密的联系，这些大道将帝国各省的居民联系起来。不过，他们修建公路的主要目的，是使军团的行军更加畅通。

他们认为，只有征服者的军队和命令能畅通无阻地到达那个国家的每一个角落时，才能说这个国家是真正被征服了。

罗马世界先进的交通为交往带来了自由。尽管这也促成一些腐化风习的传播，但同时社会生活得到了很大提高。高卢人去除了自身原始的、野蛮的元素，放下武器，离开丛林，开始了和平的农耕定居生活。辛勤耕耘使帝国变得富饶起来，无论何省发生饥荒，邻近那些粮食丰收的省份就会立刻援助。大自然为制造工艺提供了丰富的基本原料，发达的农业又大大促进了制造业的发展，发达的制造业提供了各种耐用、优雅、华丽的日用品和奢侈品，满足了罗马人的奢华嗜好。商业也日益繁荣起来，来自埃及和东方的产品也越来越多地出现在市场上。

在罗马帝国境内，尽管还有一些无法分享社会福利，却负担着整个社会需求的人，他们的生活状况还不乐观，但罗马帝国的发展却大大改善了奴隶的地位。地方官取代奴隶主掌握了对奴隶生杀予夺的权力。受到奴隶主虐待的奴隶，可以向地方官控诉。帝国各地都遍布着这种地方官，他们履行着皇帝和元老院的庄严职责。如同在军政府一样，在行政部门中，他们也严格地讲拉丁语。当时，希腊语是唯一的科学语言，而拉丁语则是官方语言。

02. 帝国崩溃的种子

尽管罗马社会处于国泰民安、国势鼎盛的时代，但在其内部，却仍滋长了一些导致社会瓦解的因素。长期和平安定的局面，无形中使帝国社会的各方面都被一种慢性腐化毒素所侵蚀。人们的思想全部逐渐降低到一个水平，再也没有智慧的火花闪烁，他们甚至逐渐丧失了他们曾经最自豪的尚武精神。统治者完全按照自己的意愿颁布和实行法律，公民们却也能不假思索地接受。在守护国家疆土方面，则只有一群雇佣军。神啊，他们古老的自由传统只剩下一个躯壳，而当奥古斯都意识到虚名能支配人类时，就小心翼翼地保存起这种躯壳。皇帝根据元老院的意志进行统治，他们接过元老院手中的共和国执政官、保民官、大祭司和监察官等古老头衔。他们甚至还承认，依据共和国规定，他们的“皇帝”有十年任期。然而，这种保留到帝国最后时刻的虚名，却无法掩饰皇帝独裁专制的事实。逐渐地，元老院的独立性全部消失。我们从皇帝能指定公民进入元老院这一点就能看出其中的端倪。行政权一旦控制立法权，宪法就失去了它曾拥有的自由原则。

皇帝依靠军队的支持，彻底破坏了行政职能。为了避免被那些帮助他坐上皇位的军人破坏他的行政权力，奥古斯都利用了士兵心里罗马人所特有的一切偏见，把庄严的元老院放于皇帝和军队之间，并勇敢地要求他们要效忠于他这位共和国的君主。在随后的220年中，正是这种巧妙设计的制度，才使军人政府本身所固有的各种危险在很大程度上得以化解。士兵们对自己的强大和政府的软弱，一度并没有深刻的认识，而当他们后来意识到这一点时，帝国的灾难也就随之降临了。

卡里古拉和图密善皇帝都在宫廷里被侍卫杀死。尼禄死后，四位皇帝在短短18个月的时间内相继被杀，尽管这一系列事变震撼了整个罗马世界，但除了偶尔的军事暴动以外，在从奥古斯都到康茂德斯的200年里，内战和革命却都没有出现在这里。

在残暴的提比略、暴虐的卡里古拉、放荡而凶残的尼禄、暴戾的维特略以及怯懦而变态的图密善专制暴政下，罗马人民的生活一度苦不堪言，但社会治安却仍然得以维持正常。直到哲学家马可·奥勒留·安东尼的儿子康茂德斯，为了罗马帝国的利益登上帝位掌握权力以后，军队才充分认识到了自己的巨大力量，并开始运用这种能量时，形势才立即变得糟糕起来。

在康茂德斯统治帝国的前三年中，与其说其荒淫行径影响了国家，倒不如说影响了皇帝。当他沉迷享乐，而荒废国事时，忠实于他父亲的那些辅佐者仍然把国家治理得很好。但在公元 183 年，当他的姐姐柳西拉发动暗杀他的变动时，情况却发生了改变。柳西拉在刺杀康茂德斯时说："元老院想要你死！"尽管最终康茂德斯并没有被刺死，但他却被姐姐的话深深震撼了。

于是，康茂德斯开始残酷地报复元老院，不只是因为元老院想让他死，而且他们的财富和威望也让他愤怒。这位暴君认为，有嫌疑就等于有罪，死刑是审判的唯一结果。因此，高贵的元老们相继被害，而他的两位大臣卜兰尼斯和克利安达也相继死于非命。其中，卜兰尼斯的死，与不列颠军团的 1500 名代表提出正式控诉有关。康茂德斯为了平息这个军团的怒火，就杀了卜兰尼斯。歉收和饥荒引起的社会动荡危及了康茂德斯的地位，为了平息民愤，于是他处死了克利安达。

此时的康茂德斯身上，已经完全没有了任何道德感和人性的存在。他的行为有辱他的身份，这么说不仅是因为他的堕落和败坏已经到了无以言表的地步，还因为他竟然在竞技场里扮演被罗马法律和习俗看得极卑下的角斗士。这位世界之主在竞技场表演了 735 次格斗技巧，而他的观众则是那些对他心怀不满的元老和普通民众。最终，他也因自己的残暴而丢了性命。他曾经毫无理由地把很多高贵的罗马人杀死，他的家人为自保则杀死了他。他的宠妾给他敬了一杯下了迷药的酒，让他沉睡过去。他的禁卫军长官拉伊塔斯派了一个健壮的士兵进入他的卧室，于是，这位残暴的皇帝就这样轻而易举地被勒死了。密谋杀死康茂德斯的人秘密而迅速地找到了罗马市的长官——一位执政官级的元老佩庭纳克斯，劝他登上皇位。他们又用大批赏赐赢得了禁卫军的欢心，于是沸腾的元老院立即把各种荣誉称号授予了新奥古斯都。然而，佩庭纳克斯坚定而温和的统治只持续了86天，终因他过于急切地想在军队中恢复古代的钢铁纪律，而引发了禁卫军的愤怒。终于，在公元193年3月28日，他也被杀死了。

03. 动荡中的帝国

自禁卫军残忍地杀死佩庭纳克斯开始，皇位的神圣性就遭到了破坏，而在此之后，他们的行为更是严重侮辱了皇帝的尊严。他们集体跑到城堡上，大声宣布要拍卖罗马帝国，出价最高的人就能得到皇位。于是，佩庭纳克斯的岳父索匹锡阿奴斯和弟弟阿斯·朱理安，为争夺皇位竞相给出了高价。最终，朱理安承诺给每个士兵发200英镑，于是买下了罗马帝国。不可思议的是，发起这项荒唐买卖的人竟被授予帝国勋章，被吓坏了的元老院不得不立即承认了这个举动。

当驻扎在边疆的军团获悉这个消息后，他们心中满是惊讶和气愤，当然更多的或许是嫉妒。不列颠总督阿比奴斯、叙利亚总督尼格、潘诺尼亚军队司令、非洲人塞普铁密乌斯·塞弗罗斯，都以为佩庭纳克斯报仇为借口开始准备骑兵，其实他们都是冲着皇帝的宝座去的。经过昼夜不停的急行军，塞弗罗斯终于翻越了阿尔卑斯山，轻易地摧毁了朱理安软弱的防线，并迅速结束了这个竞买来的持续了66天的政权。塞弗罗斯掌握了最高权力后，就调转头去对付他的两个竞争对手。在接下来的三年时间里，他取得了两三次战役的胜利，自己的地位得以稳固，他还杀死了阿比奴斯和尼格。

塞弗罗斯把罗马帝国视为自己的私人财产，对元老院有很深的成见，但他的统治却是严明而公正的。他同情那些贫穷和被压迫的人，但其目的却是要摧毁罗马人那自以为伟大的优越感，他要让所有臣民都能够绝对服从于他。于是，罗马恢复了繁荣和稳定，世界各地也呈现出一片祥和安定的景象。

不过，塞弗罗斯却在两件事情上，使共和国的未来利益受到重大伤害。他放松了对军队的约束，并使士兵们获得了有史以来最高的俸禄。那些因拍卖帝国而被撤销的禁卫军又重新组织了起来。他为了加强自己专横统治的控制力，大力宣扬自由只能带来难以避免的灾难的谣言，还在元老院大量安插了只效忠于他自己的心腹。公元 211 年，塞弗罗斯率军出征喀利多尼亚时，已经 65 岁了。他操劳过度，又对两个儿子卡拉卡拉和吉他的明争暗斗愤怒不已，最终病情加重，死在了约克。

去世之前，塞弗罗斯要求儿子们和好。两个儿子为了消除双方军队的敌意答应了这个要求。于是，他们被一同尊为罗马皇帝，文明世界的统治权就落在了这两位互相敌视的兄弟手里，表面的和平下不可避免地隐藏了一场内战的洪流。仅过了一年时间，卡拉卡拉就派刺客杀死了正躺在他们的母亲朱理亚皇后的怀抱里的吉他。至此，二君同治一国的尴尬局面结束了。

在这次暗杀事件后，卡拉卡拉也感到心虚，于是他想消除世界上所有能让他联想起他暗杀了弟弟的事物。只是因为与吉他交好，两万名男女就因此被处死了。在做完这件罪恶之事后，卡拉卡拉随即离开了罗马，到帝国的边远行省度过了自己的余生。不过，虽然他离开了罗马，但他的暴行却没有就此停止。最后，市政事务监察官马克里奴斯由于心怀疑惧，于公元 217 年 4 月 8 日，在叙利亚的卡哈附近杀死了卡拉卡拉。

马克里奴斯只统治了帝国一年多时间，他之所以垮台是因为试图对军队进行一些必要的改革。公元218年6月7日，一个迷信和道德败坏的青年，也就是比他更富裕的塞弗罗斯的孙子伊拉加巴拉杀死了马克里奴斯。

在伊拉加巴拉统治时期，罗马社会道德败坏，风气腐化到了前所未有的地步。伊拉加巴拉虽然年轻、富有，但品行不佳，整日沉湎于荒淫放荡中，不但颠倒了四季寒暑，还大肆地侮辱臣民的情感和风俗。他将推翻所有的自然法则和礼仪视为最大的乐事，并热衷于无耻地模仿女性的穿着和动作。军队对伊拉加巴拉的无耻行径感到可耻和厌恶，公元222年3月10日，他们杀死了他，并宣布由其堂兄亚历山大·塞弗罗斯继承皇位。

然而，公元235年3月19日，这个公正而温和的亚历山大在统治了帝国13年后，也因为试图恢复军队中的必要纪律而被杀死在莱茵河畔的帐幕里。随后，他的侍卫长即色雷斯人马克西明接替了他的皇位。

04. 暴政与灾祸

受到自己出身地位的影响，深感自卑的马克西明惧怕其他人嘲笑他没教养，竟因此变成了罗马帝国最凶残的暴君之一。那些侵略过和保护过色雷斯的人几乎都知道他低微的出身，于是，成千上万人因此丢了性命。他在位三年，既不屑于去罗马，又不想去意大利，只是在莱茵河畔到多瑙河畔之间往来，并镇压整个国家，破坏法律和正义的原则。同时，贪婪的他还掠夺了平民的财产和城市的市政基金，甚至抢走了庙宇的金银供金。

最终，忍无可忍的阿非利加人发动了暴乱。地方总督哥尔狄亚和他的儿子被迫接受了皇位，元老院也被要求承认该推举。但很快，哥尔狄亚父子就因战败被杀，元老院再次面临着艰难的抉择，在向马克西明的残暴统治屈服和另行选举皇帝之间左右为难。后来，他们在绝望中选择了后者。公元 237 年 7 月 9 日，马克西麦斯和巴尔宾奴斯被共同推举为皇帝。为了缓和民众的不满情绪，他们还同时授予了哥尔狄亚 13 岁的孙子以恺撒头衔。不久后，马克西麦斯皇帝向暴君马克西明发起进攻，但就在这时，马克西明和他的儿子在阿奎雷亚前线被部下杀死了，于是这场内战也随之被叫停。

公元 238 年 7 月 15 日，作恶多端的马克西麦斯和巴尔宾奴斯，在执政仅三个月时，就被禁卫军杀死了。之后，年轻的哥尔狄亚成了帝国唯一的皇帝。六年后，在与波斯人作战时，这位天真善良的皇帝被野心勃勃的司令官腓力害死。公元 244 年 3 月，罗马帝国无奈之下，只好承认腓力这个阿拉伯强盗为帝国新皇帝。腓力回罗马后，为纪念罗马奠基 1000 周年，召开了百年一次的竞技大会，这是罗马建城以来举行的第五次盛大庆典。此后 20 年间，蛮族入侵和暴君的双重压迫又将罗马人民推进了苦难中。这个没落的帝国看起来就要瓦解了。

在腓力之后，有六个人相继登上了罗马皇位。但他们要么被叛军所杀，要么就牺牲在抵御哥特人、法兰克人和苏维汇人强大的入侵战斗中。哥特人经过三次远征，成功占领了博斯普鲁斯海峡，俾斯尼亚、希腊随之也陷入其魔掌，意大利本土的安全也受到直接威胁。同时，法兰克人侵入高卢，占领了西班牙和阿非利加各省。尽管凭借残余的传统优势，元老院能够勉强抵挡威胁罗马本土的苏维汇人的进攻，但这并不能将罗马从危险处境中拯救出来。波斯王萨泊在东方取得的胜利，似乎已为罗马敲响了灭亡的丧钟。六个皇帝和三十位暴君想方设法免除罗马的灾难，但都无济于事。接连不断发生的饥荒、瘟疫、骚动、暴乱和人口剧减，成了这个时期的独特标志。直到公元 268 年 3 月 20 日，加里奴斯皇帝的去世，才最终结束了这个时期。

05. 罗马世界的复兴者

在军人、暴君和蛮族的蹂躏下，罗马帝国即将面临灭亡。然而，接连出现的伟大皇帝却将它从死亡边缘救了回来。这些皇帝都出身于伊里里康那些极尚武的微贱家庭。克劳狄乌斯、奥里力安、普罗蒲斯、戴克里先和他们的将领，仅用了大约三十年的时间，就击败了所有国内外的敌人，并让恢复严格军纪的边防军去守卫帝国的边疆。显然，他们无愧于“罗马帝国的复兴者”的荣誉。

在和哥特人的战斗中，克劳狄乌斯取得了一次决定性的胜利。公元 269 年，哥特人由于暴发瘟疫而大败。不到五年，克劳狄乌斯的继任者奥里力安就彻底击败了哥特人，并击退了入侵意大利的日耳曼人，还收复了蛮族手中的高卢、西班牙和不列颠，打败了巴尔米拉的女王则诺比。公元 275 年 1 月，奥里力安在帝国的废墟上被暗杀，元老院由此意外获得了权力。在军队的准许下，元老院在没有皇帝的八个月中，掌握了帝国的最高权力。后来，随着元老塔西佗的当选，元老院还恢复了所有古老的特权。不过，塔西佗的继任者普罗蒲斯死去后，元老院的无上权力也随之结束了。普罗蒲斯是在蛮族入侵时又一次挽救了帝国的人，公元 282 年 8 月，他成了偏见的牺牲品，遭人暗杀。

卡乌斯死后，他的两个儿子卡奴斯和努麦里安继承了皇位，罗马帝国由此再次陷入了腐化堕落的境地。一年后，戴克里先被推选为皇帝。他利用狡猾的诡计消除了古罗马宪法的最后痕迹，并将庞大的权力分给他的另三个同伴——被封为奥古斯都的残暴军人马克西米安；被授予恺撒头衔的加勒里和君士坦提乌斯。而这些人也让行政中心逐渐脱离了罗马，戴克里先和马克西米安在各省建立了自己的朝廷。同时，由于互相争夺和一些元老的去世，元老院的权力几乎完全丧失了。

与奥古斯都以谦虚朴实的外表去掩饰自己的野心不同，戴克里先则热衷于用尊贵和威严彰显自己至高无上的权力和地位。在新制度下的首要原则是权力的炫耀，第二则是分治。他把政府的组织和结构变得更复杂，在行使最高权力时，两位有奥古斯都头衔的人和两位有恺撒头衔的人相联系，旧奥古斯都死后由与其联系的恺撒依次升职，这样皇位就不会虚悬。但国家行政人员也因此剧增，这直接导致了税收的增重，当时有人这样描述说："当拿钱的人比出钱的人多时，人民就感到了赋税的压力。"

06. 六位皇帝的统治

在戴克里先在位的 21 年间，他借助于几位同伴的帮助，重新树立了罗马在不列颠、阿非利加、埃及和波斯等地的声威。随后，公元 305 年 5 月 1 日，他在尼科米底亚的辽阔平原上脱下皇袍，宣布退位。在同一天，马克西米安也无奈地在米兰宣布退位。

根据新宪法的规定，君士坦提乌斯和加勒里获得了奥古斯都的称号，而马克西明和塞弗罗斯被任命为新的恺撒。有塞弗罗斯支持的加勒里试图掌握罗马帝国全部权力，于是就破坏了戴克里先精心设计的机制。君士坦提乌斯的儿子君士坦丁因深得民心，受到了加勒里的猜疑，于是加勒里筹谋想要加害他，幸而君士坦丁及时逃走了。君士坦丁逃到高卢后，参加了对喀利多尼亚人的战争。君士坦提乌斯死去后，君士坦丁就在约克皇宫被授予了奥古斯都的称号。

罗马再次陷入内战。马克西米安的儿子马克森提乌斯成了罗马皇帝。马克西米安为了保卫儿子的伟大称号，已经退位的他又重新出山，帮助儿子反对塞弗罗斯。最终，塞弗罗斯在拉文那被俘，并于公元 307 年 2 月在罗马被处死。加勒里提拔李信尼乌斯接替塞弗罗斯的部队，又率军入侵意大利，试图重新建立自己的统治，但最终被击退。

这时，罗马帝国共有六位皇帝，分别是在西方的马克西米安和其子马克森提乌斯以及君士坦丁，在东方的加勒里、马克西明和李信尼乌斯。后来，马克西米安再一次宣布退位，但随后他又用丰厚的军饷去诱惑君士坦丁的士兵，想借此复权。不过，在公元 310 年 2 月，他被处死在马赛。从此，帝国皇帝成了五个人。第二年，加勒里在接连不断的动乱中死去了。马克森提乌斯则展开了与君士坦丁的内战。直到公元 312 年在罗马附近的一场战斗后，这场内战才结束。从此，西方就只有君士坦丁一位皇帝了。君士坦丁和李信尼乌斯分割了帝国的统治权。这两位野心家都非常渴望权力，因而，在他们之间显然是难以维持和平的。终于，公元 315 年，内战再次爆发了。经历了亚得利亚那堡一役和围攻拜占庭后，公元 323 年 9 月，君士坦丁终于在克利莎波利斯原野上彻底取得了胜利。他的对手李信尼乌斯被俘，随后又被处死。君士坦丁自从在约克登位后，采取了一系列有力的措施，重新恢复了罗马帝国的统一。尽管他取得了巨大成功，但由于大量士兵战死沙场，赋税也因庞大的军费不断增加，帝国不可避免地走向了衰落。随着这次变革，出现了一系列意义重大的事件，如在拜占庭基础上重新建立君士坦丁堡，以及基督教在帝国取得合法地位。

07. 君士坦丁统治下帝国的崩溃

李信尼乌斯死后，君士坦丁大帝再也没有了对手。在平稳地统治了罗马帝国一段时间后，他留给其继任者的遗产是一座新首都、一种新政策和一个新宗教。他的继任者们也遵守了他的新制度。

拜占庭，或者应该更严肃地称为君士坦丁堡，被定为新首都。即使在罗马当地，帝国的影子也已经遗失殆尽，但在拜占庭，它的声威却维持了近千年。皇帝亲自对全城进行测量，测得的周长是 16 英里。接下来，寻找能完全胜任规划装饰新都工作的建筑师，成了一个难题，因为艺术在此时已经普遍衰落。于是，皇帝下令搜寻希腊和亚细亚各城市的最珍贵的装饰物，以此来弥补艺术的缺陷。

新首都的建设只注重速度而不注重质量，很多公会所、竞技场、皇宫、剧院、浴室、教堂和住宅等的建立，只花了 8~10 年的时间。最终，在盛大的庆典中，极尽豪华的新罗马宣告落成。接着，那些帝国各地最富有的人家被迁到新城中。

日趋腐败的罗马再也不见了古共和国引以为荣的朴实习惯。戴克里先的专制制度中产生了一种特殊的阶级，即臣属。每一级的称谓都极其精确，那些新发明的虚伪称呼如足下、阁下、殿下、陛下等也相继出现，这简直是对纯洁的拉丁语的一种玷污。

帝国的官吏被分为三个等级 :“尊贵”“崇敬”“荣誉”。每年依旧要选举新的执政官，执政官也被授予与古代同样的权力，不过，这不是由民众投票授予的，而是来自皇帝偶尔的心血来潮。每年 1 月 1 日的清晨，他们接过象征尊贵的身份徽章，帝国的两大首都为庆祝他们的上任，都会举行一次竞技大会。不过，他们也只是按部就班地完成这天的仪式和步骤。之后，他们就立刻回归到自己的私生活中，坐享荣华富贵。他们名字的唯一用处，就是作为充任马略和西塞罗的职位的称号而已。但在罗马帝国晚期，人们认为承认这种虚名和掌握实权之间是同等的，但那些藐视共和国残留痕迹的皇帝们，却认为每年接受执政官职位的典礼能让自己更受尊敬。

帝国设立了四区，每区都有一位地方长官管辖，罗马和君士坦丁堡也分别由一位市政长官管理。地方总督和副长官位列“崇敬”级，而省长官则是等级较低的“荣誉”级。

在军事制度方面，帝国设立了八个大将军统领骑兵和步兵，其下又设立了35个掌握各省军权的司令，分别授予他们“公”和“伯”的头衔。腐化堕落的罗马人已经不愿再去当兵，并将其视为一种危险的行动，因而士兵的补充难度越来越大，结果来自蛮族的雇佣军的比例大量增加，其中的很多甚至还进入了皇帝身边的军团。

七名“尊贵”级的大臣掌管着皇宫的事务。由于大批间谍和刑吏的出现，皇帝的侍从数量也大量增加。一般的税或“赋”大部分由土地税组成，每过15年，帝国的全部土地就要进行一次精确清查。业主要宣誓其报告给政府的财产数额绝对属实，现金和实物两部分组成所要缴纳的税。在土地税外，每行的商业企业还要缴纳人头税；逢皇室喜庆，各省、市还要上交所谓的“自由献礼”。仅罗马元老院的“自由献礼”数就有6.4万英镑之多。

公元326年，君士坦丁统治罗马帝国已经有20年了，为此他还在罗马大肆庆祝了一番。他怀疑他的儿子克里斯卜斯可能要背叛他，于是就杀了克里斯卜斯。结果，这件事使他的光辉形象减色不少。这位皇帝虽然使基督教在罗马帝国合法化，但其声誉更因其第二任妻子福斯塔的死而大大受损。公元331年，他打败了哥特人，其后又于公元334年击败了萨尔马提亚人。公元337年5月22日，他死在了尼科米底亚，君士坦丁大帝的统治就此宣告结束。

08. 东西罗马分治

君士坦丁三个儿子的争斗，再次破坏了帝国的统一和完整。君士坦提乌斯、君士坦斯和君士坦丁三兄弟，将这个庞大帝国分为了三个部分：君士坦提乌斯占据着色雷斯和东方地区；君士坦斯则占有了意大利、阿非利加及西伊里里康；长兄君士坦丁则占了新首都。结果，在三年的频繁内战中，君士坦丁于 340 年 3 月在和兄弟君士坦斯的战斗中阵亡。长期的内战严重损耗了帝国的力量，最终，内部的斗争终于导致了罗马和波斯的大规模混战。而正是这场混战，彻底毁灭了一个已统治亚美尼亚 56 年的基督教王国。

公元 350 年 2 月，野心家麦克南提乌斯杀死了君士坦斯。于是，这个跋扈的军人和维庭尼俄在之后屡次分割了帝国西部。公元 353 年，维庭尼俄被废，麦克南提乌斯战败死亡，君士坦提乌斯才成为帝国真正的皇帝。君士坦提乌斯先后封君士坦丁大帝的两个侄子哥尔斯及朱理安为恺撒；公元 354 年，他处死了被怀疑要背叛他的哥尔斯；公元 361 年，朱理安继承皇位。

朱理安曾经接受过哲学教育，在一系列对日耳曼游牧民族的战争中，他也多次彰显了自己的军事才能。如果不是在这个时候登上皇位，那他必定能进行一番对帝国有利的改革。少年时代的苦难生活，使基督和君士坦提乌斯的名字以及奴隶和宗教的意义深深刻在了他的脑海里。但在他 20 岁时，他却毫不犹豫地抛弃了基督教，转而信奉异教。

朱理安的继位，使基督教徒感到恐惧和愤慨。吸取历史教训的他，经过一番深思熟虑后，决定给罗马帝国全体居民自由信仰的平等权利。尽管对基督徒还有些限制，但也仅限于取消他们用偶像崇拜和异教徒的罪名惩罚以及迫害教徒的权利。

为了重建和改革古老的宗教制度，朱理安试图破坏基督教。他帮助被迫害的犹太人，请求教会允许他去圣城耶路撒冷敬献感恩誓言。后来，出于某种阻挠，他重建圣殿的计划没有成行。由于亚历山大大主教乔治曾残忍地迫害和欺骗其教区内的无辜教民，他就剥夺了这位主教的权利。这位被迷信的英格兰人尊为圣乔治的卑鄙主教，最终被愤怒的亚历山大群众杀死。

朱理安具有哲学头脑，他不满于戴克里先效法波斯君主制的做法，拒绝接受主上或皇上之类的头衔，力图恢复古罗马共和国的朴素政体。在一次和波斯人的战争中，他受了致命伤。接着，公元363年6月26日，他向士兵发表了具有哲学特征的演说，并谈到了有关灵魂本质的形而上学问题。演讲完后，年仅32岁、实际在位时间只有两年的他去世了。

经过军队的口头推举，朱理安的侍从官朱维安成了皇位的合法继承人。后来，他由于和波斯人签订了一项屈辱和约，引起了各阶层的普遍不满和愤慨。于是，公元364年2月17日，距离和约签订还不到九个月的时间，这位新皇帝就死去了。十天后，法伦庭尼在俾斯尼亚被行政和军事当局郑重地推选为帝国的新皇帝。

这位新奥古斯都和弟弟法伦斯，再次将庞大的帝国分为东、西两个罗马帝国。法伦斯统治的东部从多瑙河下游直到波斯边境，而帝国其余的领土，即从希腊的最边缘到喀利多尼亚城堡再到亚特拉斯山下，则归法伦庭尼所统治。直到公元375年法伦庭尼去世之前，罗马帝国一直维持着这种状态。尽管在这段时间内，以普罗科皮乌斯为首的叛变在东方爆发，并几乎取得成功，但在法伦庭尼死后，他的两个儿子格拉提安和法伦庭尼二世，再次将西罗马帝国一分为二。

法伦庭尼在统治时期，曾做过一系列有重大意义的事情，诸如他阻止了高卢人阿里曼尼的侵略，将勃艮第人和萨克逊人的入侵击退了，还打败了辟克特人和苏格兰人，恢复了不列颠，并命大将西奥多西收复了阿非利加行省。另外，他还通过外交途径，和已屯兵在帝国边境的哥特人达成了和解。

在三位皇帝的统治时期，西迁的蛮族对罗马帝国的压力越来越明显。公元 376 年，来自中国北方草原的匈奴人攻击哥特人时，哥特人向法伦斯求救。法伦斯让他们渡过多瑙河，进入罗马帝国的领土。结果，这些哥特人竟联合匈奴人进攻帝国。公元 378 年，他们在哈德里阿那堡击败了法伦斯，随后还杀死了他。

为了将东罗马帝国的几个省份从野蛮民族的铁蹄下拯救出来，格拉提安任命他父亲的一名大将的儿子西奥多西为东罗马帝国的皇帝。后来的一系列事件证明，他的这个决定是无比正确的。西奥多西成功地为奥古斯都的称号增添了光彩。他按部就班、步步为营，将哥特人的兵力逐步分散并迅速将之击败，最终迫使他们投降。不过，由于格拉提安在讨伐不列颠叛变的马克西麦斯的战斗中战死，西奥多西不得不暂停对蛮族的战争，转而将兵锋指向反叛者。

在击败格拉提安后不久，马克西麦斯又妄图抢夺西罗马帝国的另一位皇帝法伦庭尼二世的皇帝宝座。幸亏有西奥西多的支持，马克西麦斯的阴谋才最终失败了。公元 388 年 6 月，马克西麦斯在阿搀雷亚附近被处死。公元 392 年 5 月，法伦庭尼二世被法兰克人阿波格斯特斯杀害，而短期篡位的尤金尼乌斯结束了帝国的内战。西奥多西统治帝国时，在许多领域进行了卓有成效的改革，他于公元 395 年 1 月 17 日去世。

西奥多西死后，他的两个儿子阿卡第乌斯和昂纳里斯分别继承了东西罗马帝国的皇位。由此看来，即使是贤明的西奥多西也无法阻止整个帝国的衰落趋势，而在此时，这一趋势更加明显。罗马人的生活更加奢侈放荡，罗马的工业因野蛮民族的经常性掠夺难以发展，帝国的财富也因此被大量消耗。悲观绝望的人民，此时很自然地形成了“今朝有酒今朝醉”的享乐思想。同时，无孔不入的腐化和堕落思想也对罗马军团的战斗力产生了很大影响。步兵们纷纷丢盔弃甲，惊惶失措地迎击哥特人的骑兵和蛮族的利箭。入侵的敌人面对这样的军队，很轻松地就取得了胜利。斗志和战斗力都丧失后的军团将自己和国家的防线也彻底摧毁了。可以说，导致罗马帝国崩溃的直接原因就是军队的腐化堕落。

09. 哥特人、汪达尔人和匈奴人的入侵

在西奥多西之后，再也没有出现能够拯救帝国的天才。他的两个儿子在三个月间再一次以明确的形式瓜分了帝国。当时，东西罗马帝国的紧密团结、共同战斗是延迟帝国崩溃的唯一希望，可阿卡第乌斯和昂纳里斯竟鼓动自己的臣民互相敌视，将同胞视为敌人，却将蛮族视为盟友，甚至唆使他们侵占同胞的领土。

昂纳里斯的大臣斯特里科，曾一度拯救了僭越者吉尔多手中的阿非利加，为罗马人保全了那个行省。他还将哥特王阿拉列赶出了意大利，并将威胁罗马的日耳曼游牧民族彻底击溃。然而，惯于猜忌的暴君却于公元408年，将这位文武双全的斯特里科在拉文那处死了。

昂纳里斯深感罗马并不安全，于是将都城迁到了地势险要、易守难攻的拉文那城内。此后，他那些无能的继承者，也就是哥特人的一些国王，以及一些总督，也纷纷仿效了这个做法。直到8世纪中叶，政府一直停留在拉文那，那里也被认为是意大利的首都。阿卡第乌斯在东罗马的统治，已经证明了罗马帝国的彻底分裂。他的

国内的语言和风俗都已与希腊相同，而其政体则是简单的君主制。只有一些拉丁省份，还长期保留着具有自由传统但却已经非常微弱的罗马共和国的国号。阿卡第乌斯在位时，曾发生了一系列内政和宗教冲突。在他统治时期，如果说还有什么事值得一提，那就是圣约翰·克里索斯托被选举为君士坦丁堡的教会领袖。公元 408 年 5 月，阿卡第乌斯死了。之后不久，一个据称是他儿子的 7 岁的西奥多西继位。最初，地方长官安特米乌斯掌握着国家大权，后来被西奥多西的姐姐宝克伊利雅夺走。不久后，西罗马帝国皇帝昂纳里斯迁都拉文那的举动被事实证明是明智的选择。公元 408 年，哥特王阿拉列率领大军紧紧地将罗马城围困起来。在长期的突围战中，无以计数的罗马人死于瘟疫、饥荒和战斗中。直到公元 409 年，在一笔高达 31.5 万英镑的赎金的帮助下，罗马才得以逃离恐怖的蛮族国王的魔掌。

同年，阿拉列再次率军围攻罗马。他曾试图与昂纳里斯进行谈判，但最终毫无结果。于是，他就拥立罗马城的地方长官阿铁拉斯做皇帝。阿铁拉斯尽管登上了皇帝宝座，但他的轻率举动却令阿拉列非常生气，因而在公元 410 年将其废掉。之后，阿拉列疯狂地对罗马城进行围攻；在占领了城池后，他又进行了一番蹂躏和大肆抢劫，掠走了城内所有能带走的东西。

帝国古老的首都惨遭蹂躏后变得面目全非。所有的精美的艺术品都被那些贪婪的征服者破坏，历史留存的伟大遗迹也被劫掠一空。他们在将城中的所有财富掠夺一空后，又放了一把大火，这座一度是世界中心的伟大城市就此从人们的视线中消失了。而那些从花天酒地的富豪和贵族一夜之间沦为俘虏和亡命之徒的人，更是不计其数。

公元 410 年，随着阿拉列的去世，意大利避免了被彻底毁灭的厄运。其继承人阿道弗斯和昂纳里斯签订了一项和约，并娶了昂纳里斯的妹妹普拉昔底亚为妻。与哥特人结盟后，罗马也相继恢复了在高卢和西班牙的统治权。公元 415 年阿道弗斯被杀，征伐也随之中断。杀害阿道弗斯并夺去了他的权力的人，在七天之后也被人杀死了。后来，瓦利亚就登上了哥特的王位。他继续着阿道弗斯中辍的事业，并将征服的领土归入昂纳里斯的统治。这些胜利让拉文那大为振奋，他们把胜利全部归功于昂纳里斯这位懦弱无能的皇帝的“天赋才能”。这位皇帝便如同古代的那些征服者一般，于公元 418 年回到罗马。

昂纳里斯在位时，哥特人、勃艮第人和法兰克人已经开始定居在高卢地区。在塞纳河和罗亚尔河之间的一些滨海地区，他们还效仿不列颠在公元 409 年的做法，逐渐摆脱了帝国的控制。阿启退人打着七省联合会的名义定都阿利兹，为七省争取到了每年举行代表大会决定该地区事务的权利。

公元 423 年，昂纳里斯去世，之后，哥特王阿道弗斯的遗孀普拉昔底亚和君士坦提乌斯将军的儿子——法伦庭尼三世继位，在其统治期间，灾难再三降临到这里，这些灾难也加速了西罗马帝国最后的崩溃。公元 429 年，汪达尔王琴萨里克入侵阿非利加并征服该省，并在这片人烟稀少的土地上，建立起以迦太基为首都的新政权。意大利到处都有来自阿非利加的难民。同时，一个野蛮民族从北方寒带迁徙到了帝国最富庶的省份，并在那里建立了自己的国家。两年后，即公元 441 年，帝国的境遇开始变得更加令人恐惧。

尽管哥特人和汪达尔人在与匈奴人的战争中惨败，但他们却依然威胁着西方世界，而且，匈奴国王阿提拉又联合并统率了这些野蛮的游牧民族，扩充了力量后，他还声称即将进攻东罗马帝国。他们的首领面目狰狞可怕，长得和现代典型的卡尔马克人一样丑陋，大大的脑袋，黝黑的皮肤，小眼睛深陷进眼眶中，鼻子扁平，长着稀疏的几根胡子，这和他们粗矮而健壮的体态显得极不和谐。他们的眼珠经常快速地转动着扫向四周，像是在欣赏自己造成的可怕氛围一样。

这位蛮族领袖带领着手下的70万蛮族战士，迅速地扫荡了日耳曼人和斯奇提亚人，并几乎全部消灭了莱茵河畔的勃艮第人，还征服了斯堪的纳维亚。在袭击波斯失败后，他开始打东罗马帝国的主意。终于，在他的迅猛攻击下，不堪一击的小西奥多西的军队迅速战败了。他一直进攻到君士坦丁堡城下，东罗马那位“战无不胜的奥古斯都”为了维持自己的统治，只得与他签订了一个屈辱的和约。

公元450年，小西奥多西去世了。之后，宝克伊利雅的丈夫马西安继承了皇位。这时东西两个帝国受到了阿提拉的严重威胁。他的游牧部落进攻高卢时，遭到贵族亚提乌斯的顽强抵抗。亚提乌斯联合了高卢和日耳曼各部军队，以及萨克逊人、勃艮第人、墨洛温公爵统治下的法兰克人，还有狄奥多里克统治下的西哥特人。联合部队在取得了两场决定性的胜利后，才将匈奴人赶出沙隆战场。接着，阿提拉将进攻矛头转向了意大利。在这位恐怖的蛮族毁灭者到来之前，意大利各地的居民都逃跑了。亚奎雷亚、巴杜亚以及附近一些城市的人都去邻近的亚得里亚海的岛屿上寻找避难地。于是，这里就成了后来鼎鼎大名的威尼斯共和国。

这时，法伦庭尼已经从拉文那逃往罗马，准备放弃他的帝国和人民。而同时，坚强的亚提乌斯还在努力战斗，竭力守护着即将灭亡的帝国。罗马主教里奥居然穿着盛典礼袍，去向阿提拉祈求。据说，圣彼得和圣保罗也曾从中调停，答应阿提拉只要将军队撤到多瑙河对岸，就会把昂纳里娜公主嫁给他。然而，公元453年，阿提拉还没来得及完成他的最后一次出征就死去了。野蛮人为他举行了盛大的葬礼。阿提拉的死让这个由多民族组成的大联盟失去了领袖，很快，这个流动的匈奴帝国就在内讧中走到了崩溃的边缘。

贵族亚提乌斯的英勇和功绩引起了法伦庭尼的猜疑。最终，他以卑鄙的手段害死了这位帝国的维护者，但在不久后，他的权力也面临着被剥夺的境地。由于法伦庭尼和马克西麦斯的妻子通奸，所以马克西麦斯派人杀死了他。

马克西麦斯登基后，为了洗雪前耻，强娶了法伦庭尼皇帝的遗孀娥多莎。这位皇后表面上假装顺从，私下里却筹划着怎样推翻他。她暗地里派人联系了汪达尔王琴萨里克，怂恿身为常胜将军的他入侵意大利。不过，还没等到这个阴谋成功，马克西麦斯就在兵变中被杀了。虽然马克西麦斯已死，但琴萨里克的侵略还是照常进行了。从 6 月 15 日到 29 日，琴萨里克洗劫了罗马古城，最后还强行将娥多莎带到了迦太基。

皇室骑兵大将军阿维特斯要求掌握最高统治权，在获得了哥特王狄奥多里克的支持后，于公元 455 年终于登上了皇位。但他这个名不见经传的人物继承皇位，却引来了罗马元老院的坚决反对。原本阿维特斯完全可以不顾没有实权的元老院的反对，继续称帝，但他最终因为激怒了蛮族军队的主要指挥官之一、驻扎在意大利的雷昔麦伯爵，而迅速被推翻了。公元 456 年 10 月 16 日，无法得到自己的同盟哥特人的援助的阿维特斯，不得不宣布退位。之后，马吉英被推选为皇帝。

10. 西罗马帝国的末代皇帝

正所谓乱世出英雄，继承了阿维特斯的马吉英就是一位伟大的英雄。在满目疮痍的罗马帝国面前，他展现出了热爱和同情人民的一面，他还试图用法律和有效的方法来拯救人民。他极大地减轻了人民难以忍受的税收负担，并计划修复和保护罗马的大批建筑物，还准备制定一套新的适合时代的道德法典。不过，相对于他的品德而言，他的军事才能要逊色许多。他曾试图收复沦陷在汪达尔人手中的阿非利加各省，但结果却使自己的军队几乎全军覆没，他自己还为此丢了帝位。在被雷昔麦推翻 5 天后，即公元 461 年 8 月 7 日，他就因患痢疾而死。

元老院遵循雷昔麦的命令，授予利比乌斯·塞弗罗斯皇帝的称号。直到这位皇帝的支持者无法再忍受他的统治时，他才被推翻。意大利帝国面临的灾难日益增多，大部分都是由于汪达尔人在海上的疯狂劫掠，于是，雷昔麦不得不请求里奥皇帝的援助。里奥是公元 457 年继马西安之后登上东罗马帝国皇位的新皇帝。里奥决定要将汪达尔人彻底征服，公元 467 年，他煞有介事地授予安特米乌斯西罗马帝国的皇位，然后就堂而皇之地前往罗马。为了避免意大利和地中海受到汪达尔王琴萨里克的攻击，东罗马帝国的皇帝想尽了各种方法。但最终，远征的失败、高卢和西班牙局面的日益混乱以及雷昔麦的阴谋，加快了毁灭性风暴的到来。

公元 472 年，雷昔麦把皇位授予元老奥利布里乌斯后，率军从米兰出发洗劫了罗马城。同年 7 月 11 日，他杀死了安特米乌斯。40 天后，这位暴君也死于一种痛苦的疾病。两个月后，奥利布里乌斯也死了。

里奥皇帝任命朱理叶·尼颇士为西罗马帝国的皇帝，朱理叶平定了格里塞里乌斯的叛变。但在公元 475 年，野蛮民族又联合发动了一场暴动，贵族奥里斯特指挥这支联军从罗马直逼拉文那，朱理叶在战斗中阵亡。这支军队原本要推举奥里斯特做皇帝，但奥里斯特却拒绝了，于是他们又推举他的儿子罗慕洛·奥古斯都做了西罗马帝国的皇帝。

这位贵族原本以为自己终于大权在握，但在一年后，他就痛苦地发现，自己其实不过是一个听从蛮族雇佣军的傀儡，或者是他们的牺牲品。奥利斯特拒绝了士兵们占领意大利 1/3 土地的狂妄要求，但却激发了奥多亚塞的阴谋。这个狂妄的野蛮人向部下保证，如果他们能效忠于他，他就能够满足他们在恭敬的请愿中被拒绝的正义要求。他们迅速处决了奥里斯特，奥多亚塞决定彻底废除西罗马帝国皇帝那组织复杂、耗资巨大但却没有实际用途的官僚机构，并逼迫罗慕洛·奥古斯都做了自己的傀儡。

于是，罗慕洛·奥古斯都向元老院提出退位，但元老院照例拿出自由精神和宪法形式的摆设，给东罗马帝国里奥皇帝的继承人芝诺皇帝写了一封信。在信中，他们郑重地宣布，意大利已经无须再继续维持皇位继承制度了，理由是，“一位贤明君主的力量和声威，就足够同时统治和保卫东西两大帝国了”。同时，他们又认为兼具行政能力和军事才能的奥多亚塞，是最好的掌权人选。随后，他们又谦恭地请求芝诺皇帝把意大利贵族的称号和统治意大利辖区的权力授予奥多亚塞。

就这样，公元 476 年，西罗马帝国灭亡了，而西罗马帝国的最后一位皇帝，则静静地老死在米西拿海角上的琉古兰别墅中。

11. 基督教会的发展

仅从宗教方面看，有学问的人和很迷信的人总是愿意支持皇帝和上层阶级的政策。虽然哲学家们总是认为在罗马帝国传播的各种宗教都是虚假的，但人民却普遍认为它们都是真实的，而对执政者来说，它们都十分有用。基督教在这种信仰自由的环境中迅速发展。总之，促进基督教教会的发展有五个主要原因：一、基督教总是有着持久的热忱。二、基督教有来世的教义，以及一切能增加这一重要教义说服力量和效果的事实。三、它还有原始基督教教会大力宣传的神奇力量。四、它也有早期基督徒的淳朴品质。五、它有教会团体的团结和严格的纪律。

由于上面的几个因素，基督教会逐渐在罗马帝国的中心形成了独立而强大的势力。

信仰耶路撒冷早期教会的基督教徒都认同摩西律法的力量，而且耶路撒冷的第一批 15 位主教都是受过割礼的犹太人。但对非犹太人的教会而言，摩西律法中却有很多令他们难以承受的负担。最初，这些教会曾卑躬屈膝地要求教会宽恕它们的行为，可后来，它们对那些更为恭敬的同教兄弟，却拒绝给予这种宽容。

在破坏了耶路撒冷的圣殿、城市以及犹太人的公共宗教之后，拿撒勒人都迁到小城镇培拉去居住。在那里，他们能够很方便地去圣城耶路撒冷朝拜。哈德良皇帝曾经不允许犹太人进入圣城朝拜，于是拿撒勒人通过否认摩西律法来躲避这种剥夺人权的规定。但是仍有一小部分人将摩西律法和基督教信仰混在一起，如直到 4 世纪时还有一定影响的艾贝尼特教派。

艾贝尼特派教徒曾根据公认的犹太教真理，宣布永远不能废除犹太教。但纳斯蒂克教派则认为犹太教存在某些缺陷，由此认定它绝不是神的智慧的产物。他们鄙视所有关于摩西创造全人类和人堕落的说法，同时也否认《旧约》中耶和华代表的那个全知全能的宇宙之父的一切特征。他们信奉基督，认为他是神身上放射的第一道最明亮的光芒，他降临人间是为了拯救生活在种种罪恶中的全人类，并把一个完美的新制度留给人类。原始基督教教会的三个教派，即正教派、艾贝尼特教派和纳斯蒂克教派，在反对偶像崇拜和多神教的异端方面，有着一致的立场。他们为了逃避异教的礼节，甚至会完全无视法律，正是他们的这种行为和思想，使得基督徒的信仰热忱得到了进一步加强。

一些希腊和罗马的哲学家坚持认为灵魂不灭。他们拒绝将自己降低到和野兽同等的地位，也否认自己衷心崇拜的最高贵的人会受时空限制。不过，只依靠理性思维，是无法证实柏拉图的弟子们的这种博大精深的原理的。

信赖基督权威的基督徒们则肯定真正有来世。当人们听说只要信仰基督教和遵循福音的要求，就能使自己永远不会遭受苦难的折磨，罗马帝国的各宗教团体、各阶层和各省份的人们自然会接受并信奉这种大有好处的教义。基督即将再次降临我们的世界；这位上帝之子和其使徒创建千年帝国的说法，让古代基督徒们可以顽强地忍受所有的刑罚和迫害。

据说，基督教教徒今生就可以拥有很多常人无法企及的特殊本领，这不但让他们产生了一种优越感，同时也促使了很多非教徒转而信奉基督教教义。在基督十二使徒和他们的弟子时代，教会宣称基督徒在语言、视觉和预言方面都拥有天赋，甚至还有驱除魔鬼、治疗疾病和起死回生的神奇力量。历史学家不会与别人去争论或亲自去验证这种说法是否真实，而是去努力找到这种超力量的说法流行的准确时期。他们必然会面临许多困难，因为每个时代都有很多能证明那些流行的奇迹的证据。但显然，在某个时期，这些神奇的说法必定会突然或逐渐消失。而无论它们消失的形式是怎样的，事实上自从那时开始，盲从和狂热就代替了信仰和理性，教会把某些偶然事件或者预先经过安排的事情的结果归为超自然的原因。

由于那些最早的基督教教徒对自己罪恶的忏悔以及对自己团体名誉的维护，他们的生活远比那些同时代的异教徒或他们堕落的后代更加纯洁和严肃。他们坚决否定并抵制奢侈放荡的生活，在追求神圣性的生活中，他们勉强认可了婚姻制度。他们认为独身是达到神圣的完美境界的途径，许多原始的基督教教徒都献身于永久独身的生活。

原始基督教教会的管理制度是完全自由和平等的。在罗马帝国各个城市设立的教会团体，也只是由于共同的信仰和仁爱团结在一起。对于那些对教规和一般知识不熟悉的信徒，男女“先知”们都很愿意伸出援助之手。他们在感受到神的启示后，会立即在集会上向其他教徒宣布这种启示。

有一段时期，主教和神甫的权力只是立法和从精神上指导教徒。在基督十二使徒死后 100 年时，主教作为神甫团体的领袖，开始掌管教会的圣礼和教规，负责如何使用公共基金，以及调解不愿让法院的异教法官调节的教徒之间的纠纷。

每一个宗教团体的内部都有一个独立的社团。在 2 世纪末，他们意识到了把这些独立的小社团的利益和愿望结合起来所能获得的巨大潜力，于是创立了很有影响的省宗教会议制度。各教会的主教会在指定的时间集中于省会，并在那时颁布自己的教令或教规。这种制度既能满足权力野心又符合公共利益，因此它得以流行于罗马帝国各地。各省的宗教会议之间也建立了定期联系，它们彼此交换并承认对方的会议记录。不久，基督教就变成了一个拥有复杂形式和巨大力量的联合大团体。

随着主教的权力在无形中的扩大，一个新的统治阶层也随之产生了。主教们因定期在省会举行的省宗教会议获得了优越感，在“总主教”和“首席主教”等冠冕堂皇的头衔下，他们掌握着堪比后世主教的权力。罗马主教即帝国首都的主教，也获得了高高在上的地位和权力。

曾经在原始基督教教会里短暂流行的共有生活用品的制度，逐渐被废除了，接替它的是自愿捐赠的形式。狄西阿斯皇帝在位时，地方长官们认为罗马基督徒拥有的财富数量过于巨大，于是颁布了几项类似于今天的永久管业法那样的法律。如果没有经过特殊批准，这些法律规定不能向任何团体捐献不动产。分配教会收益、开除反抗教会的信徒教籍的权力都掌握在主教手里，他们用显赫堂皇的形式确保了自己的地位和威严。

12. 迫害基督徒的时代

如果考虑到基督教教徒的信仰和教义并不会对人们形成伤害这一点的话，我们就会对罗马皇帝迫害基督教的行为感到不可思议。而当想到异教徒中普遍存在的怀疑思想，以及罗马帝国早期特有的包容一切宗教的态度时，这种迫害行为似乎更令人吃惊。

基督徒之所以会受到迫害，有两个方面的原因：一方面是因为异教世界不了解基督教教义；另一方面则与基督教的组织形式有关。犹太人那种非社会性的排斥外人的宗教得到了允许，但犹太人毕竟只是个民族，而基督教却是个能够扩大的教派。此外，人们普遍认为基督徒违背了摩西律法，他们崇拜的不是有形的神，因此被认为是无神论者。

对于人民的所有组织，罗马政府都抱着猜疑和不信任的态度。在那些掌权的人看来，秘密地在夜间举行集会的基督教必然是非常危险的群体。

尽管如此，基督徒早期所受的压迫并不很严重。那些极度鄙视他们的地方长官，并没有把他们当作罪犯。塔西佗曾描述了那位曾经放火烧毁罗马的尼禄皇帝，是如何通过对大量的严刑拷打乃至残杀，来转移人们对他的怀疑的。我们无法确定历史上是否真的发生过这样的事件，但无论如何，尼禄皇帝对基督徒的迫害始终限于罗马城内。

基督徒也曾遭受过图密善皇帝的压迫。不过，对于那些告发基督教徒的人，图拉真皇帝却规定他们必须提供能够证明基督徒非法集会的可靠证据，否则就要受到严厉的惩罚甚至被处死。这样一来，基督徒的集会就有了一定程度上的保障。哈德良和安东尼·比约颁布的敕令则保护教会避免了动乱时代暴动群众的危害，这些敕令规定，人民的口头说法不能作为审判和惩罚皈依基督教的可怜之人的可靠证据。

如果一个人被指控为基督徒，他也不一定会被惩处。政府会让他在异教祭坛上撒香粉，如果他拒绝这样做，就有可能被鞭笞或受到严刑拷问。作为一个阶层来看，罗马的地方长官比较仁慈，并没有太多殉教的人。但后来，在奥里根和狄奥尼索斯的严令下，却死了很多基督徒。他们的遗骸大多已从罗马的坟墓里被挖出来，并供奉进教堂里，而他们的奇闻异事也成了许多卷圣徒传奇的创作素材。

公元 258 年 9 月 14 日，发生了一件曾引起巨大轰动的事件，也就是迦太基主教息普立安光荣殉教。基督徒在马可·安东尼统治时期受到苛刻对待，而暴君康茂德斯却宽容地保护了他们。塞弗罗斯在位时，基督徒也曾受到短期迫害，但此后自公元 211 年到公元 249 年，他们的境遇一直都很太平。后来，狄西阿斯登上皇位后，又开始残酷地迫害他们，很多较大城市的主教因此被放逐或被处死。

13. 君士坦丁统治下的基督教会

公元 284 年到公元 303 年，在戴克里先在位的这一时期里，基督教教会安享太平，并得以迅速发展。但在后来，皇帝由于受到加勒里的怂恿，开始迫害基督教教会。帝国境内的全部教堂在 2 月 24 日的敕令下，全部被拆毁，同时，秘密举行集会进行宗教礼拜者被判处死刑。许多教徒因这个残酷的法令殉教而死。各地的基督教堂以及所有的宗教书籍都被烧毁。又有三道敕令在公元 304 年 3 月之前连续颁布，所有担任圣职的人都被逮捕入狱，并严令地方长官严刑拷打以摧毁基督教徒的信仰。此外，敕令还规定帝国的官员要奖励那些揭发和寻找教徒的人，并严厉处罚那些知情不报的人。

在连续残酷地对基督徒迫害了六年后，加勒里进行了忏悔，恢复了良知，他打算补偿基督徒。公元 311 年 4 月 31 日，他在一道规定信仰自由的敕令中表示："我们的信仰自由将允许基督徒向他们认为能带给我们和共和国平安富足的神进行祈祷。"

君士坦丁大帝执政后，基督教教会得到了安全保障，终于免于再受异教的攻击和迫害。公元 306 年，君士坦丁改信基督教，他彻底征服意大利后，于公元 313 年立刻颁布了米兰敕令，宣布国家以前没收的敬神场所全部归还教会，不得拒绝，也不得延误或趁机敲诈。虽然君士坦丁直到去世前也没能去教堂接受洗礼，但他对基督徒的有力保护，以及他允许信仰自由的敕令却暂时为基督教会的发展扫清了所有障碍。

对基督的普遍信仰让基督教成了帝国的国教，士兵们也都在自己的头盔和盾牌上刻上了神圣的十字架。甚至在境外，所有政府机构都在竭力宣传基督教的教义。十字架的神奇启示让君士坦丁对新的基督教教义深信不疑，因此，他除了保留对世俗世界的权力外，承认教会在一切宗教事务上拥有至高无上的权威。

君士坦丁成为基督教徒后，就开始竭力迫害异教。他发布了一道敕令：将异教教会的公共财产没收为国有或转交天主教会。于是，戴克里先原本为迫害基督徒而制定的刑法，这时却用在了宗教分立论者的身上。唐纳特斯教派拥护迦太基的首席大主教唐纳特斯继任使徒职位，激烈反对卡西连安教派。在阿非利加，他们由于受到严重压制，于是召开了一次统一教会信仰的规模庞大的宗教会议。

对神“三位一体”的性质问题，历来存有争议。关于这个问题，有三种主要的异教说法，其中最为流行的是阿里乌斯和其弟子们的说法。他们认为是上帝之子创造了万物，虽然他在创造万物之前就存在了，但他并不是永恒存在的。就像罗马帝国皇帝的儿子们被授予恺撒或奥古斯都头衔一样，他的光芒是反射他那全知全能的圣父放出的光芒，并且他还统治着宇宙。

三位变态论者主张的说法则是唯有耶稣基督具有神圣智慧的禀赋。在公元 325 年的尼西亚宗教会议上，确认了圣父和圣子同体存在的说法。但当时大部分东罗马帝国地区仍被阿里乌斯教派所掌控着。在开始时，君士坦丁并没有足够重视这个问题，但后来，他就开始迫害阿里乌斯教徒。而当君士坦提乌斯在位时，阿里乌斯教派又被承认并受到欢迎。

在公元 326 年到公元 373 年之间，伟大的阿山纳塞斯一直担任埃及总主教，竭力维护着天主教的信仰。阿利兹和米兰宗教会议曾判处阿山纳塞斯有罪，前后三次将其驱逐出亚历山大，而且，君士坦提乌斯下属还曾虐待他。不过，他却在当时及后来朱理安恢复异教的时代得以保全性命。后来在他遭到法伦斯的迫害时，人民又站出来保护了他。公元 373 年 5 月 2 日，他终于寿终正寝。

在 40 年中，君士坦丁堡一直是阿里乌斯教派的坚固根据地，但西奥多西在位时，格里高利·纳莹仁的努力又把这里变成了正统教派的据点。皇帝在公元 380 年到公元 394 年期间颁布了一系列反对异教徒的敕令。而在西罗马帝国，米兰大主教，也就是伟大的安柏罗斯，通过自己的高尚品德以及对两位殉教圣徒遗骸的发现，维护了正统教派的阵地。

14. 世界信仰的改变

公元 390 年，异教终于被完全摧毁。30 年后，它们几乎完全消失了。不过，如果对教堂沿用的礼节仪式仔细观察，仍然能感到异教影响的痕迹。同时，对大批圣徒的崇拜恢复了多神制度，也让殉教者和遗宝得到崇拜。这时，教会中最具声望的教士是绰号为“克里索斯托”或“金口”的君士坦丁堡大主教。他试图净化东罗马帝国的宗教，不料却触怒了娥多莎女皇，最终于公元 407 年在放逐中死去。

公元 305 年，一个从未受过教育的名叫安东尼的青年创立了修道制度。他在紧邻红海的考辟英姆山上建立了一个共同修道的场所。修道者们为了得到永恒的幸福，毅然放弃了世俗的生活和快乐。越来越多的独修道士、修道士和隐修道士向人们宣扬这种制度。此外，他们还得到了阿山纳塞斯的大力支持，于是，这种制度迅速地普及到了世界各地。

修道完全是自愿献身的行为。修道者严格保持最简单朴素的衣着和饮食的标准，完全依靠自己的双手来养活自己。但不久，这种简单朴素的标准就遭到了破坏。信徒们的大量捐赠使修道士们拥有了巨额财产。他们因此忘乎所以，终于堕落到放荡奢侈的生活之中。

修道士可以分为西诺辟派和阿纳科列特派，前者的生活受到共同的正规纪律约束；后者则坚持过一种远离人群的宗教狂生活。后一派的修道士中有人在美索不达米亚平原上和牛马一同生活，以吃草根度日，还有人居住在野兽的山洞里。

那些入侵罗马帝国的野蛮民族的宗教信仰也逐渐发生了变化，他们后来接受了阿里乌斯异教派的教义。也正是因此，人们才称他们是异教徒，而人们对这个称呼的厌恶甚至超过了野蛮人。但即使这样，他们反而在各种谴责和非难声中更加坚定了自己的信仰。在阿非利加，汪达尔人则使用一切残酷手段来迫害正统的天主教徒。出于数量和知识上的巨大优势，天主教徒才得以保持自己的纯洁信仰免遭玷污。不仅是阿非利加，在西哥特人统治的西班牙，情况也是大体一样的。到了6世纪，这些蛮族王国日益衰落，天主教重获胜利。西班牙人改变了信仰，未来教会由此有了意义重大的进展。尼西教义被托利多宗教会议上出现的热忱大大改进，它宣扬圣父圣子同源自圣灵这一重要说法，不久，这个信条就导致了希腊和拉丁教会的分裂。

15. 东哥特人狄奥多里克

从西罗马帝国灭亡，到令人耳目一新的查士丁尼时代出现的50年间，芝诺·阿纳斯塔斯和查士丁相继登上皇位。他们并不是声名显赫的人物，编年史也对他们没有详细的记述。这时，在一位哥特王的贤明统治下，意大利得以再一次繁荣起来。在那些最英明勇猛的古罗马人中间，似乎也应该有一尊他的雕像。

东哥特人狄奥多里克是阿马立王的第14代直系后人，他出生在维也纳附近。公元463年，8岁的他就被作为人质送往东罗马帝国皇帝里奥的宫廷，然后在君士坦丁堡接受教育。他父亲死后，他被人民拥立为新皇帝。在公元473年到公元491年之间，继承里奥的统治者芝诺在内战的波浪中遭遇了重重困难。在这场内战中，狄奥多里克有时为芝诺的人民着想，有时却又残酷地镇压他的人民。

这时，哥特人意识到自己正处于水深火热中，而他们的皇帝却在希腊式的奢侈生活中醉生梦死，这让他们异常愤怒。于是，这就为狄奥多里克决心依靠自己的勇敢和野心冒险的想法提供了天然良机。他公然宣称要把罗马从奥多亚塞手中拯救出来，之后，他就在公元 488 年和公元 489 年间，率领人民强行通过敌人的领土，直逼意大利。三场战斗后，奥多亚塞被击溃，并被迫于公元 493 年在拉文那投降。狄奥多里克假意与奥多亚塞共同统治意大利，但同年，他就暗中杀死了奥多亚塞。从公元 493 年到公元 526 年，在狄奥多里克的贤明统治下，意大利重新恢复了安定和繁荣。在制定内政和外交政策时，他既充分发挥了自己的智慧，又充分考虑了客观情况。他的人民则依据军功分配土地，并定居在自己的土地上。通过一系列的政治联姻，他得到了法兰克、勃艮第、西哥特、汪达尔和塞林金等各族人民的支持。他用来保卫国土的强大军队多次击退了入侵的蛮族。公元 505 年和 508 年，忌妒他的功绩的阿纳斯塔斯皇帝对其发动了两次进攻，不过最终却都无功而返。

虽然狄奥多里克本人信奉阿里乌斯教派，但却对信奉天主教的臣民表现得非常宽容和公正。在天主教徒发动了一次反犹太人的暴动后，查士丁尼皇帝颁布敕令，规定阿里乌斯异教徒不能进入教会区，否则将给予严厉惩罚。这道敕令迫使狄奥多里克开始迫害天主教徒。面对臣民的巨大压力，他一改往日的宽容和公正态度，杀害了被加图认为是最后一位罗马公民的波伊昔阿斯和品德高尚的塞玛彻斯。公元 526 年 8 月 30 日，狄奥多里克在拉文那宫廷死去。临终前，他的心里充满了悔恨，对潜伏的恐怖也感到非常惶恐。

七、基佐：《欧洲文明史》

1812 年，基佐在巴黎大学索邦神学院任现代史教授。尽管他把大部分时间花费在研究政治学上，但他的兴趣却是文学和历史。从 1820 年起，他开始展示超人的写作才华。1848 年革命后，他被流放到英国。在此期间，他完成了《英国革命史》，即查尔斯一世到二世之间的这段历史的编撰工作。1828 年至 1830 年，他发表了一系列演讲，这些演讲的讲稿为《欧洲文明史》和《法国文明史》两部经典作品奠定了基础。他因此获得了史学家能得到的最高荣誉，也成为欧洲最出色的作家之一。

01．封建主义与教会

我们在这里讨论的主题是欧洲的文明，确切地说，是欧洲文明的起源、进展、目的与性质。在历史学中，文明史实属哲学部分。关于文明这种现象，既难以捉摸，又繁杂模糊。要想将其解释和记述清楚，的确有着重重困难。不过，我们仍然需要进行解释和著述。是的，文明是最伟大的史实，其他各种历史都是辅助说明。文明是一个包容一切的大海，人民的财富和生活的一切因素以及其生存的力量，都在它的怀抱中凝聚为一体。

与其他文明相比，现代欧洲文明有着本质的不同。其他文明普遍的特点就是单一性。它们似乎是从一个单一的事实和单一的概念发展起来的。在埃及和印度，神权原则占优势。而在希腊，民主原则明显占优势。在现代欧洲文明中，社会政治形式的最主要的特点就是多样性和变化性。由于各国综合国力和国际地位之间的差异，各国政治制度的自由程度也各不相同，这就导致了在欧洲大陆神权政治、王权政治、贵族政治、民主政治等形式的共存。实际上，虽然这些不同的政治形式之间经常发生斗争，但它们之间却有着一种类似血缘的关系。这些不同因素彼此冲突，却势均力敌，没有任何一种占绝对优势，因而彼此都在一种相互妥协中共存发展。正是在这不断的斗争和妥协中产生了自由，这是欧洲文明的优越性所在，也是欧洲文明胜过其他文明的主要原因。如果这一观点正确的话，那我们就可以说，欧洲文明已经进入了永恒真理的境界，它在遵循着神的道路前进。

对于我关于文明分歧性质的著述研究而言，在欧洲文明的摇篮里寻找存在多样性的原因和根源，将是一个很重要的实例。

在罗马帝国的衰亡史中，是很容易能够获悉这种分歧的根源的。在罗马帝国混乱时期，自治城市、基督教教会、由蛮族带来的军事组织和独立精神，三种彼此完全不同的社会形式同时共存。尤其是最后的这种独立精神，是那些生存在帝国庇护之下的人民从来没有体验过的。野蛮时期是繁杂混乱的时代，正是这种繁杂混乱，促使了一切新制度的萌芽，当然也促使了普遍的骚乱的产生。然而，这时的一切都处在一种不确定中，甚至连冲突本身也没有确定的永久影响。

混乱的产生令人担忧，曾有人试图摆脱这种混乱状态。最具有典型意义的就是，查理曼大帝在恢复皇权时，试图运用各种手段改变这种混乱状态，但最终的效果却不乐观。混乱状态的产生和存在是有原因的，要想从根本上铲除混乱，就必须找到这个原因并解决其中的问题。一般而言，混乱产生的原因有物质和精神两个方面：新的野蛮部落的入侵可以算是其物质原因，人们对社会的结构缺乏共同的观念则是其精神原因。当社会发展到一定的阶段，老的帝国组织就必然会被新的所代替。查理曼大帝当时之所以能够恢复帝国组织，完全是靠他的个人声望。随着他的去世，这种老的帝国组织也就跟着崩溃了。至于一般人则由于他们的智力水平还局限在个人事务上，因此缺乏任何新社会结构的概念。到 10 世纪初，各民族终于定居下来了，那时蛮族入侵已经宣告结束。于是，一种建立在蛮族对独立的热爱和蛮族的军事等级制度之上的新制度出现了。

新制度建立后，各地原有的社会组织随之逐渐解体。这是一种小型封闭的社会组织，包括主人、主人的家属、他的门客和可怜的农奴。在这样的社会中，主人对农奴的统治权是无限的。封建领主和他的妻室儿女在一起，他的权益与命运也因此是与别人分享的。在这样一个相对封闭的环境里，他们日常事务的主题便只有家务。正因为如此，妇女才在封建家庭中占据了重要地位。不仅如此，个人性格与情绪也在这种制度下得到了发展。其中，骑士精神就是封建主义的产物。

封建制度与其他的制度不同的是，上级与下级之间存在的只是一种义务关系：上级对下级要保护，下级要为上级服役。然而，这种义务关系是缺乏政治保证的，既没有一个优越势力能使大家服从，也没有一个舆论能为大家所尊重，致使这样的义务关系始终不能成为制度。因此封建社会缺乏起码的法律规章，也没有建立稳定的政治秩序。于是，大家会普遍认为，封建主义既反对建立全面秩序，也反对发展普遍的自由。

在封建时代，处于特殊地位的教会成为封建社会文明发展的主要推动力量。它们是所有教育的开办者，为艺术的发展提供了可能。它们神秘豪华的仪式还曾使蛮族归附。它们始终沿着创建初期定下的道路前进，坚持遵守自己的原则。出于防卫世俗权力干涉的考虑，它们还宣布精神权利独立于世俗权力之外。这是欧洲文明史上第一次关于自由思想的重大声明。

从很多方面来看，封建时代的教会都符合了一个好政府的条件。它打破了中央集权的范例，拥有最广泛的阶级基础和最好的领导阶层。它大量吸纳优秀人才，成为极具亲和力的社会组织。但是，教会缺少一个好政府所必备的最重要的条件，就是充分尊重自由。宗教只允许人们信仰，却严厉禁止人们追寻信仰的原因。从某种意义上说，这是一种强迫信仰，但宗教依靠的只能是影响力而不是强制力。这种影响力必须依靠世俗力量，因此在某种程度上，教会不得不依附于世俗力量。

02. 自治城市

作为另一种社会形式，自治城市也存留了下来。尽管欧洲各地不同的自治城市经历了迥异的历史进程，但我们仍然可以对它们做出一致的结论。

对城市来说，公元5世纪至10世纪是灾难的年代，它们在此期间遭受了接连不断的暴行与破坏。然而，作为文明的象征，城市的重要性却没有动摇。那时，封建领主统治了大多数的城市，此时的城市既不是自由式也不是奴隶式，完全丧失了以往的独立性。经历了太久的动荡和混乱之后的人们，此时急切地盼望着和平与秩序。封建社会也曾有过短暂的和平时光。虽然短暂，但是和平时光一经出现，人们还是由此看到了无限的希望。在希望的指引下，新的需求指引着人类开始了各种活动。为了满足新需要，商业与工业发展起来，人口和经济逐渐恢复。自治城市也在这种情况下得到了发展。不过，由于当时的工商业经常受到封建领主的敲诈和勒索，市民的权益毫无保障，因此他们只能以暴抗暴，反抗专制领主。于是，在11世纪时，为了争取自由的市民，掀起了一次又一次的暴动。

最初的反抗虽然普遍，但大多数都是自发的，尽管大家反抗的是共同的敌人，即封建贵族阶级，但在城市内部却没有形成统一的组织。各个城市的状况大致相同，市民们都是使用类似的方法解决类似的问题，大家几乎都是单独行动，没有与其他城市联合起来。因此，这些各自为政的城市只顾眼前，单纯解决一个城市的问题，而不能统揽全局，没有站在改变国家制度的高度上考虑问题。有时公民会请求国王帮助他们对抗领主，有时是领主请国王帮助他们解决城市的问题。这样一来，公民就有了和国王接触的机会。在不断的接触中，公民和国王开始建立联系。虽然在这个过程中公民和国家政府的关系并没有改变，但是中央和地方的关系却更紧密了。

03. 中央集权化的时代

在公元5世纪到12世纪，虽然没有形成统一的政府和国家，但已经开始形成阶级这个组成政府和国家的要素。整个社会已经分化为国王、世俗贵族、教士、市民、农民等不同阶层。但由于最初既没有社会公众性的机构也没有统一政治性的机构，因而单个的组织力量和地方组织依然处于主要地位。

到了 17 世纪和 18 世纪，情况发生了根本性的变化。统一的政府和人民开始登上历史的舞台，所有单个的阶级和地方组织都退居次要地位，并逐渐从历史舞台上退出。

假使我说的没错的话，这就是古代欧洲和现代欧洲的基本区别，也是 13 世纪到 16 世纪这 300 年间逐渐实现的一系列转变。从这个转变的过程来看，这个时代的特点就是没有个性、一片混乱，各种力量像无头苍蝇一样骚动不已，始终找不到方向。不过，就其作为历史的过渡意义来说，该时期无疑是具有进步倾向的，因为在它的转变中，完成了一项伟大的工作，也就是欧洲文明的第二个阶段。这个阶段由尝试和实验组成，它承前启后，为正式的发展铺平了道路。

发生在这一时期的最著名的事件，就是十字军东征。这是一次空前团结的精神运动，是现代欧洲的真正英雄的举动，它的力量渗透到了各个阶级、各个国家。致使十字军东征的原因有很多方面，其一是宗教动力。通过这一事件，人们获得了拓展自己眼界的机会，也对自己的活动和冒险欲望放纵起来。也正是由于自由地取得了这种机会，社会的面貌也由此相应地得到了改观。通过与其他民族的交流，人们的头脑变得更加开放了，观念也更新了。欧洲社会摆脱了老一套的束缚，从整个社会的最内部发生了一种深刻的精神变化。

社会生活方面也发生了大量变化。由于封建小领主出卖了自己的领地，或者在参加十字军东征时沦为赤贫，或者有些人在外出时丧失了原来手中的权力，这些因素最终导致财富和权力集中到了少数人的手中。社会组织摆脱了以前的散漫状态，开始变得集中起来。同时，商人也不再满足于本地的工业和贸易，开始与海外的国家进行大规模的贸易活动。直到十字军东征的末期，这种社会稳定地向集中化发展的态势还一直持续着。

早在 12 世纪时，就开始出现了一种弱小但崭新的王权概念。在封建制度下，欧洲国家的国王大多都名不副实，无法执行自己的元首职务。但王位却始终存在着，而一个享有国王称号的人也始终存在着。整个社会渴望着真正的秩序与统一，并试图摆脱封建制度的残暴。于是，他们向国王试探着，看国王能为他们做些什么。在这种磨合的过程中，逐渐产生了一种新的观念，那就是作为最高统治者的国王，要维护公共秩序、正义和公共利益。正是在这种观念下，欧洲社会从阶层林立的国家变成了实行中央集权的国家。

旧的社会秩序不愿退出历史舞台，仍在做垂死挣扎。这种挣扎体现在两个方面：一方面是那些特殊的阶级对统治地位的觊觎；另一方面则是各阶级提出统一行动起来。教会制订的旨在统治整个欧洲的计划则是属于前一种的，在教皇格里高利七世，这种计划曾一度达到了高潮，但最终还是失败了。究其失败的原因，主要有三个方面：一个是因为基督教充其量只是一种纯粹的精神力量，而不是一种世俗的行政力量；另一个是因为封建贵族始终提防着教会的野心；还有一个是因为教士的独身生活使其很难形成一个能实行神权政治的等级。

任何试图阻止中央集权发展的想法，最终都失败了。法国人在反抗英国的法国独立战争中，产生了国家团结与国家意志的观念。之后，在路易十一的政策下，封建制度被推翻，中央权力获得了统治性的地位。在斐迪南统治时期，西班牙在对摩尔人的战争后也产生了同样的效果。而英吉利的封建主义则在蔷薇战争中寿终正寝，取而代之的是都铎王朝的专制主义。在德意志，奥地利皇族漫长的上升活动也在暗中生长。因此，在 15 世纪，新原则高奏凯歌，而旧形式和过时的自由权则被到处遗弃。这样，极权统治者的中央集权政府之路就迎来了光明的未来。

此时，欧洲历史上又出现了新情况：国王们开始有了交往，甚至结成了联盟。由此外交产生了。

显然，外交的发展对于王朝的巩固，是非常有利的。因为作为一种由少数人以不同程度的秘密方式操纵的形式，人民是不会也不可能对此加以干涉的。

04. 性灵的反抗

人们的性灵一直渴望着独立，但是直到 16 世纪，教会一直都在严密地压制着这种渴望。早在 15 世纪时，在精神领域中，就有许多反抗事迹在历史上留下了痕迹。其中，有三个不得不提的重要事件：一个是在康斯坦萨和巴塞尔等会议上，企图对教会进行内部改革遭到失败；另一个是波希米亚的胡斯尝试从外界改革教会同样遭到失败；还有一个是在文艺复兴运动的推动下而产生的精神革命。

路德于 1520 年在威丁堡烧毁教皇诏书的运动，并不是无缘无故的，它是十字军东征和后来的文艺复兴运动启蒙的产物。

这次宗教改革直指教会对人们精神事务的绝对控制。追求进步是人的天性。在这种天性的引导下，人的心灵深处在不断运动中。那时的教会在长期的保守和固执中逐渐落后，不仅已经无法满足人们的要求，甚至还企图以一种绝对的权威来控制人们的精神，这显然是不可能的。如果它想继续保持以前的权威状态，就必须与人们的思想融合，满足人们的需求。

宗教改革运动是一次人类精神的解放运动，在思想领域起到了重要的作用。无论它是去颠覆以前的思想观念，还是被以前的思想观念所颠覆，它都在人类争取自由权利、思想解放方面，有着重大的影响。宗教改革所倡导的自由，与世俗的极权主义之间，并没有直接发生冲突，但是两者却必定是不相容的。

05. 政治上的反抗

无论是在社会方面还是宗教方面，英国都在欧洲大陆中占据着较为特殊的地位。因而，在这里发生第一个震撼世界的政治事件，也是必然的。尽管这次由国王亲自实行的宗教改革并不彻底，但却正是由于它的不彻底，其他宗教改革者经过不断努力，才把矛头指向主教。同时，在政治方面，宪章、议会、法律、惯例等旧制度的改革也不到位，按照思想解放运动中追求政治自由的要求，这些方面都需要继续进行彻底的改革。

在这个时期，英国在宗教和政治方面的改革的效果都不乐观。宗教革命和自由、政治自由和推翻专制制度，成为两个全国性的愿望。通过这两个方面的某些同一性，政党和宗教团体于是联合起来进行改革。不过，由于两者性质和力量之间存在着差异，因而政党和宗教团体在斗争的整个过程中，始终是领导和被领导的关系。直到 1688 年后，政党才最终获得胜利，确立了自己的地位，使宗教和世俗方面的权力丧失了绝对的地位。那一年，奥兰治亲王威廉当上国王，英国大陆开始了专制原则和自由原则的斗争。

在英国，欧洲文化本质上的多样性得到了充分的展现。一般情况下，在被其他新势力推翻前，一种势力会一直维持它的统治地位，但在英国则不然。这里会同时存在许多不同的势力，尽管其中的一种处于统治地位，但其他的却也不能被忽略和轻视。英国的统治者需要更加谨慎小心地对待其贵族和臣民。因此，在公民自由方面，英国要比欧洲其他各国都要进步。

在法国方面，17 世纪的法国政府尽管也是落后的、专制的，但在欧洲却是最强大的。18 世纪时，法国那种无限自由的思想成为欧洲大陆的主流思想。正像奥兰治亲王威廉为了反对法国而不是反对专制主义，而策划了所有计划与征战一样，路易十四为了壮大法国的实力，也不断四处征战，不过，他并没有以此作为自己的原则。

路易十四是伟大的，他的统治也是有力的，然而，他的统治与当时整个社会的形势是不相符的，使得他的统治缺乏必要的社会根基。他所代表的绝对权力无法避免地会与自由思想发生冲突。因此，在他去世后，整个政府立刻腐化，沦落成一种与自由思考和自由研究精神相抗衡的顽固力量。

从本质上来说，人类的每一种权力都是不完美的、有弱点的，甚至是有毒的，因此绝对权力是非常危险的，无论它是以专制主义的形式还是以绝对的人类精神的形式出现。如果各种权力、利益和意见都不能得到普遍的自由，那么每一种权力也就都不能被约束在合法的范围内，思想自由也就不可能真正存在，并有益于整个社会。

八、普列斯科：《墨西哥征服史》

我们可以给《墨西哥征服史》这本书下一个定义，那就是它不只代表了在重重困难面前勇往直前的精神，更是对未知领域的一次冒险的新尝试。由于丧失了视力，普列斯科不得不放弃了他的法律工作，开始学习西班牙历史。在几位秘书的帮助下，他创作出几部著作，当今世人将这些著作认定为一流的史学作品。1843 年，《墨西哥征服史》首次出版，这是对一段激动人心的事件进行生动叙述的著作。普列斯科自己所说的写作动机，就是努力让读者感受当时的情景，一句话，让读者成为 16 世纪的人。

01. 墨西哥帝国

在新世界（指美洲大陆）的那个曾经由西班牙统治的整个辽阔

帝国中，墨西哥是所有部分中最重要和最吸引人的一部分。这里有各种各样的土壤和气候，有丰富多样的矿藏，也有无比壮丽的风景。

居住在这里的古老居民，不但在智慧上远远超过北美洲的其他民族，而且他们的遗迹也常常使我们联想到埃及和印度的原始文化。就像任何诺曼和意大利诗人歌颂骑士时所写的那些传奇故事一样，墨西哥被西班牙人征服的过程也是非常惊险离奇的。我之所以要写这本书，就是要说明征服墨西哥的经过，以及那位杰出人物完成这项征服的经历。

在现代墨西哥共和国的广大领土中，古代墨西哥人（或称阿兹特克人）的国土只占很小的一部分。在13世纪前夕，阿兹特克人开始从北方迁入这片领土。但是，直到1325年，在一个预示着幸福和吉祥的神兆的指引下，他们才决定在墨西哥盆地一个大湖的浅水处打下木桩建造房屋，并以此为基础一直发展出他们后来的城市。这座城市正是日后被欧洲人称为墨西哥城的首都。为了纪念那个指引人们选择这片地方建城的征兆，现代墨西哥共和国的国徽上刻下了这个征兆的图案——一只栖息在仙人掌上的雄鹰。

15世纪，那里出现了一个前所未有的重要联盟。根据这个联盟，墨西哥、特兹古克以及附近的一个小王国特拉古滂达成了一个协议，那就是在遇到敌人进攻时彼此支援，在胜利之后按照一定的比例分配战利品。在一个世纪的战争中，各个国家始终忠实地遵守着这项同盟的条款。由于这个联盟的力量，它们打了很多胜仗。到16世纪初，西班牙人到来之前的那段时间里，阿兹特克人的领土已经横跨大西洋和太平洋海岸之间的大片陆地。在它的领地内，很多不同的民族都居住在一起。这些民族都很好战，只是在社会组织上落后于阿兹特克人。关于阿兹特克人的社会组织情况，这里可以简略地说一下。阿兹特克人（或墨西哥人）的君主是由选举产生的，不过君主候选人经常来自同一个家族。君主的权力几乎是至高无上的，立法权完全掌握在君主一个人手里，不过司法权则由一个行政机构掌握，这一点不同于东方专制政体。除了把人（通常是战俘）当作祭祀的牺牲品这种在原始部落常见的现象之外，人的生命是受到法律保障的。虽然那里也实行奴隶制，但是使用人数和规模受到严格的限制。

一般来说，阿兹特克的法典还保留着野蛮人的残酷痕迹，它经常使用体罚而不采取道德规劝的手段来制裁罪犯。不过，它仍然对一些重要的道德原则表示充分的尊敬，而且像文明社会一样，他们对道德原则也有清楚的认识。

令我们惊奇的是，阿兹特克人有一个高度文明的现象：在主要城市都设有很多医治病人的医院，同时那些在战争中因伤残废的士兵都由国家终生供养，并且有专门的医生照顾。一位年老的编年史家在他的书里提到这些医生时说："他们远远好过欧洲的那些医生，因为他们不会因为钱的问题而延误治疗时间。"

在宗教方面，阿兹特克人信奉一位至高无上的造物主——一位主宰宇宙的神。在阿兹特克人眼中，"如果没有他，人就不会存在，他是一位无形体的、人的肉眼看不见的、绝对完美而纯洁的神。正是因为他的保护，我们才得到安宁和真正的庇护。"但是，除了信奉这位至高无上的造物主以外，他们还信奉许多其他的神，这些神掌管四季寒暑的更替和人世各种不同的行业。为了向这些神表示尊敬，阿兹特克人在祭祀的时候使用人作为祭品。

墨西哥人民的情况就是这样的，他们居住在美丽的盆地而其权力远远伸展到盆地之外。但是，在赫兰多·科尔提斯率领的西班牙远征队在海岸登陆以后，情况发生了变化。这次远征是那个特定时代的结果，同时也是那些热衷于冒险、掠夺、荣誉以及对野蛮民族传播基督教的信徒努力的结果。那时，西班牙人已经在西印度群岛稳住了他们的地盘，他们开始进一步向西方殖民。因为，他们听说过有关那里财富遍地的大量传说，这使得他们跃跃欲试。于是，古巴的西班牙总督维拉斯奎斯就派出了一个船队前去探察那片神奇的大陆。他们想用和平交易的手段来达到目的，比如用一些货物向当地土著换取他们的财富。同时，他们还计划无论怎样都要让土人改信基督教。科尔提斯被任命为这个船队的指挥官，他是一位十分勇敢而又兼具超凡领袖能力的人。几乎可以这样说，正是因为他具有的神奇的控制和鼓动的力量，他才能取得这次惊人冒险事业的成功。

02. 侵入墨西哥帝国

1519 年 2 月 18 日，由科尔提斯指挥的一支小船队从古巴出发，向尤卡坦海岸驶去。出发前，科尔提斯对他的士兵发表了演说。他演说的态度正好与他的性格相符，而他的语调也和在几次极其困难和危急的局面下对他们讲话的语调相同；在那种场合下，如果没有他高度勇敢的精神和坚强意志的感染力，那么这次远征就不可能取得任何成功。

在这里，我只能记下他讲话的大意：“我将要把一个巨大的荣耀奖赏给你们，但是你们必须付出极大的努力才能得到。只有那些付出了极大努力的人才能完成伟大的业绩，光荣永远不是给懒惰者的奖赏。我不辞辛苦来到这里，并把我的一切都献给远征，那只是因为我热爱名誉，这是上帝对人类勤劳的最高贵的奖赏。如果你们想发财，只要像我对你们一样地忠诚于我，干好你们的事业，那么我就会让你们拥有我们的同胞难以想象的巨大财富。

“我们的人数虽然少，但是我们有坚强的意志和决心。人数少永远不是我们害怕的理由，因为上帝是永远站在我们这边的。虽然，我们可能被一大群敌人包围，但是在西班牙人和异教徒的斗争中，每一次上帝都把胜利赐予了我们——因为我们的事业是正义的，我们的职责是在十字架的旗帜下战斗到底。现在，我们的事业已经有了顺利的开始，让我们愉快而充满信心地去完成那项光荣的事业吧！”

远征队第一站是科须墨尔岛，当地的土人被迫信仰基督教。后来，当远征队向大陆纵深前进的时候，遇到了塔巴斯科土人的抵抗。但是，他们很快就把这些土人击溃了。这些塔巴斯科土人向西班牙指挥官敬献了礼物，其中包括几千名女奴。有一个女奴，西班牙人叫她玛丽娜。玛丽娜成功地成了征服者的翻译，而她的忠实和智慧也大大影响了西班牙人的命运。

接下来，征服者要做的第一件重要的事情，就是在海滨建立新西班牙的第一个殖民地城市——维拉·利卡·德·委拉·克路斯。然后，他们征服了英勇好战的特拉斯卡拉共和国，并与这个共和国的人民缔结了同盟。后来的事实证明，缔结这一同盟对西班牙人和墨西哥人长期的战争是具有重大意义的。墨西哥皇帝蒙提祖玛多次派遣使者来到西班牙人的军营，带来丰厚的礼物和语气友善的信件。但是，蒙提祖玛拒绝在他的首都接待这群陌生的西班牙人。墨西哥皇帝以及他的大部分臣民之所以这样对待西班牙人，是因为一个古老的传说：据说有一位名叫奎萨尔科特的善神航行到东方去了，他临走时承诺，他一定会回来统治他的人民。

传说中，这位善神有着白色的皮肤和黑色的长发，而西班牙人正好具有这些特征。于是，他们就认为西班牙人是这位神派来的使者，因而他们很尊敬这些使者。同时，即使那些完全敌对的土著，听见西班牙人这个名称之后，他们心里也涌起了一种莫名其妙的恐慌和害怕。

在这种情况下，蒙提祖玛提议和西班牙人谈判，而且希望他们不要去进攻他的首都。可是，墨西哥的首都是西班牙人这次远征的首要目标，他们拒绝了国王的要求。于是，科尔提斯和他那支几百人的小部队，以及一些特拉斯卡拉人的外国援军，开始向墨西哥首都前进。

国王一听到他们向首都进军的消息，立刻感到万分的绝望。据说他曾喊道："既然神一定要让我们灭亡，抵抗又有什么用呢？但是，最让我难过的是那些不能打仗又不能逃跑的老人、残疾人、妇女和孩子们怎么办呢？谁来保护他们呢？至于我本人和在我周围的勇敢的战士，我们必须挺起胸膛抵抗到底，尽我们的力量阻止它！"

西班牙人继续向首都前进，当他们看到这座城市的美丽和富足时都惊呆了。这座城市建筑在大湖中的桩子上，当远征者走下盆地时，这座城市在他们看来是那样的美好、富庶，简直就和传说中的一模一样。他们沿着一条通向城市必经的建在水中的道路前进，来到城边时，蒙提祖玛亲自用最荣耀的仪式迎接他们。

蒙提祖玛似乎承认神的旨意，他把这些陌生人带到城里，把一座王宫让给他们居住，并殷勤地款待他们。可是，一个星期之后，西班牙人开始怀疑这是不是国王的一个圈套。为了确保他们的安全，科尔提斯大胆想出了一个俘虏蒙提祖玛本人的计划。科尔提斯凭着他那种无所畏惧的精神，带领一些人闯入皇宫，强迫蒙提祖玛同意他本人及其家属和西班牙人住在一起。后来，科尔提斯又要求这位国王正式承认西班牙国王对他的王国的最高统治权。

蒙提祖玛表示同意，同时为了表示他对神的忠诚，敬献给西班牙一宗价值高达 150 万英镑的财富。但是，当装载着这批财富前往西班牙的船在古巴靠岸时，古巴总督维拉斯奎斯对科尔提斯的迅速成功嫉妒不已，而且他早就后悔选择这个人来领导这次远征。1520年3月，维拉斯奎斯又派遣那发厄司率领另一支远征队去接替科尔提斯的位置，并且把虏获的战利品据为己有。

可是，维拉斯奎斯错误地估计了科尔提斯的性格和可能的反应。在得知这个消息后，科尔提斯留下一支卫队驻守墨西哥，自己率领剩下的人马急行军前去迎击那发厄司，出其不意地彻底打垮了兵力远远占上风的那发厄司。此外，在他的说服和劝诱之下，那发厄司军队中的大部分人都愿意归顺他。在与特拉斯卡拉的增援部队会合后，科尔提斯胜利回师墨西哥。这时，科尔提斯得到情报说墨西哥人已经起来反抗他们，留下来的卫队已经被包围，于是他命令全军迅速赶回墨西哥。

03. 退出墨西哥

回去后，科尔提斯发现形势确实已经非常危急，他们已经没有多少粮食了，而大批的敌人正包围着他们。但是，他坚信自己一定能平定这次暴动，在给委拉·克路斯的卫戍军报告他安抵首都的信中，他就表明了他的信心和镇定。不过，他的信使在半小时之后就遍体鳞伤、万分恐慌、气喘吁吁地跑了回来，说："所有的人都武装起来了！吊桥已经放好了，敌人马上就要冲过桥来了！"

信使说的确实是事实。过了一会儿，西班牙人就听到一种喧嚣和嘈杂声像海水一样在远处咆哮，声浪越来越大。从四周的围墙上，西班牙人可以看到成群的蜂拥而来的阿兹特克战士，黑压压地挤满了通向堡垒的大道。同时，挥舞着长矛的阿兹特克战士，出现在附近的露台和平坦的屋顶上，他们简直像是从地里冒出来的一样。看见这一片景象，即使最勇敢的人也要心跳不已。

但是，这还不是降临在西班牙人身上的最终灾难，这只是一个前奏而已。墨西哥人勇敢地冲击西班牙人的阵地，战斗中双方都伤亡惨重。最后，蒙提祖玛在科尔提斯的要求下提议停战谈判。可是，蒙提祖玛的人民认为他已经背弃了他们，已经没有资格做他们的国王，他们非常恨他，后来蒙提祖玛受伤死去。西班牙人的阵地眼看就要守不住了，科尔提斯决定立刻撤退。他选择在晚上撤退，计划是这样的：架一座便桥，然后越过堤道上由于吊桥被破坏而留下的缺口。可是，墨西哥人发现了他们的计划，然后发动了疯狂的进攻，西班牙人蒙受了巨大的损失。

当时，西班牙人被阻截在一条狭窄的堤道上，拥挤着的人群奋力想从缺口冲出去。好几次，他们几乎被蜂拥而来的敌人冲垮。后来，科尔提斯和一部分人已经冲到了比较安全的地带，可是他发现一些伙伴还在敌人的包围圈中，于是他们便又冲了回去，直到把伙伴们解救出来才开始撤退。在受到重大的损失后，科尔提斯率领残存的队伍终于到达了大陆。

科尔提斯把这支被打得七零八落、失魂落魄的军队重新整顿起来的故事，是我们这时看到的在全部墨西哥征服史上最惊人的一幕。科尔提斯竟然神奇地使他那些垂头丧气的军队重新恢复了秩序和士气。当时，军队受到重创，很多人在战斗中死去了，剩下来的人都疲惫不堪，像惊弓之鸟一样惊惶失措。他们请求科尔提斯放弃远征，带着他们回到古巴。

可是，不久之后，科尔提斯的智慧、勇气和镇静又使他们振作了起来，他们又充满了战斗精神，心中充满了新的征服欲望和复仇意志。但是，就在这紧要的关头，维拉斯奎斯又派了一支队伍来进攻科尔提斯。而科尔提斯则成功地说服这些人听从自己的领导，这大大增加了他的部队的人数。用同样的方法，他还顺利地说服了另一支进攻他的来自牙买加的部队归顺自己。最后，科尔提斯拥有了一支由将近600个西班牙人组成的军队以及一些特拉斯卡拉同盟军，他率领着这支军队再度向墨西哥发起进攻。

04. 围攻和占领墨西哥

墨西哥围攻战可能是历史上最有名和最残酷的围城战之一。科尔提斯派人占领了从墨西哥三个不同地方通向首都的大道，从而截断了墨西哥人的给养和武器供应。并且，因为拥有12只双桅船，科尔提斯占据了很大优势。这些船是他在早些时候命人建造的，船上装着可以向湖面上的敌人射击的大炮，从而能有效地破坏敌人的战术调动。在阿兹特克人看来，这些来去自如的船就像火枪和骑兵一样新鲜而恐怖。可是，对这些陌生的侵略者同仇敌忾的阿兹特克人在人数上占有很大优势，而且坚决反抗西班牙人的年轻皇帝格蒂墨金也和科尔提斯一样勇敢机智。阿兹特克人向西班牙人发起了一次次的猛攻，而且他们既能顽强战斗又能使用战略调动。他们成功地抵挡住了西班牙人的进攻，有时甚至给西班牙人造成了重大损失。西班牙人和他们的印第安同盟者很多都战死了，还有一部分人被阿兹特克人捉去做了祭祀神的祭品。主持祭祀的僧侣们说，神要严厉地惩罚这批陌生的入侵者。有一段时间，科尔提斯看到他的同盟者对这种可怕的祭祀恐惧不已，很多人逃走了。但是，过了一段时间之后，这些恢复了镇定的同盟者又回来了。于是，首都被攻破就是早晚的事情了。就在这时候，城内发生了严重的饥荒和黑死病，守城的居民不得不面对围攻战带来的残酷和恐怖。

即使面对这些情况，他们仍然顽强不屈，立志战斗到最后一刻，并且拒绝接受科尔提斯提出的要他们投降的建议——如果投降，他可以保证绝不破坏他们的生命和财产安全。1521 年 8 月 15 日，这场从 5 月下旬就开始的漫长的围攻战才宣告结束。在格蒂墨金拒绝了最后一次提出的投降条件之后，科尔提斯命令他的部队发起最后的猛攻，虽然阿兹特克人仍然在顽强抵抗，但西班牙人很快就攻破了十分软弱的防线，拿下了这座城市。

格蒂墨金带着他的妻子和随从在城破后逃向湖滨，可是一只西班牙的双桅船截住了他们，把这些俘虏送到科尔提斯面前。在他的征服者面前，这位国王英勇不屈、大义凛然，而科尔提斯也对他的勇敢和坚强表示了极大的敬佩。科尔提斯礼貌地迎接了这位墨西哥皇帝和他的随员，并命人很好地款待他们。

同时，科尔提斯答应了格蒂墨金的要求——准许墨西哥的居民离开首都到四周的乡镇去居住。随后，迫不及待的西班牙人便开始对这座城市进行清洗。结果却让西班牙人非常失望，因为阿兹特克人已经把他们希望得到的财富严密地藏了起来。他们预先梦想的那些金银财宝，只找到了很少一部分。在他的士兵的强求之下，为了获得埋藏财富的地点，科尔提斯命人用酷刑拷问格蒂墨金，这是这次战争史上的一个污点。格蒂墨金没有说出任何有价值的情报，西班牙人最终还是没有找到更多的财宝。

正当科尔提斯在墨西哥取得了巨大的成功时，在西班牙国内他却受到了控诉和猜疑。科尔提斯的敌人——古巴总督维拉斯奎斯及其在国内的党羽对科尔提斯的行动大加控诉，于是国王便派遣一位专员去委拉·克路斯逮捕科尔提斯，并要把他交付法庭审判。可是，这个阴谋失败了，那位专员两手空空地回到了古巴。

另一方面，科尔提斯的朋友则进行了反控诉，他们向议会说明，在科尔提斯为西班牙开辟新的殖民地的时候，科尔提斯的敌人是怎样千方百计地阻挠他。同时，他们质问议会是否准备惩罚这样一位忠诚的人物：他在重重阻挠之下，仅仅凭借着一支几百人的军队，竟能为卡斯提尔赢得了欧洲其他国王所没有的一个帝国。

虽然诉讼程序不合法，但没有人能抗拒这样有力的控诉和辩护，也没有人能抹杀这个伟大的成果。科尔提斯的努力和忠诚完全得到了承认，他被任命为新西班牙（当时墨西哥行省的名称）总督、大将军和大法官，他的军队也受到西班牙国王的嘉奖，承认他们有功于国家。这个消息传到新西班牙时，这些经过艰苦战斗的征服者发出一阵阵欢呼。对过去这一段征服历程，科尔提斯感到很满意，他看到展现在他面前的是一片新的供他冒险的广阔领域。他的事业始终充满了冒险和战斗，虽然有很多艰难和波折，但也越来越辉煌。不过，在西班牙他再次受到猜疑，最后他决定亲自到国王面前为自己辩解，并要求赔偿损失。他受到查理五世亲切的接待，随后他再度来到墨西哥，从事艰难和冒险的征服事业。最后，他回到西班牙安度晚年，于 1547 年逝世。

墨西哥的征服史就是科尔提斯的历史，他是这段历史的灵魂。科尔提斯不仅是一个出色的骑士，而且更是一个伟大的指挥官。历史上也许找不到这样的先例，竟然能以这样贫乏的部队和资源来完成如此伟大的征服事业。可以肯定地说，正是科尔提斯的个人能力成就了这次征服；科尔提斯之所以能说服印第安民族跟他合作，得归功于他的天才。

科尔提斯能让前来进攻他的部队归顺于他，并让他们为自己作战。当众叛亲离、形势危急的时候，科尔提斯能始终保持坚定的自信。雇佣兵之间几乎没有什么稳固的维系，并且存在严重的相互猜忌和派系纷争，而他竟能把这些来源复杂、桀骜不驯的雇佣兵联合起来向着一个共同的目标战斗到底。而土著野蛮民族更是难以驾驭——他们从摇篮里就开始咒骂敌人，但是这群原始的战士却能集合在一个阵营里共同战斗，根据一个共同的原则来行动，这也同样归功于他的天才。

对科尔提斯的整个征服事业，如果我们以一个现代人的眼光打量，似乎那是一场侵略印第安民族的战争，并且一开始就是很不正义的血腥掠夺。可是，我们不能忘记，科尔提斯和他的部下是在“他们的胜利就是十字架的胜利”的信念下坚持战斗的。在那时的任何一场战争，只要最后能使敌人成为基督的信徒（即使是通过强迫手段），都是最公正最正义的战争。这种牢固铭刻在他们心里的想法（当然还掺杂着对财富、荣誉的渴望），无疑大大激发了他们战斗的勇气。

总而言之，这是一段充满了灾难和血腥，同时又充满了勇敢坚韧和英雄精神的光辉历史。

九、托马斯·卡莱尔：《法国革命史》

1834年，卡莱尔开始创作《法国革命史》，第二年完成了第一册。不幸的是，他的手稿在一次意外中被烧毁了。卡莱尔只好重新开始写，于1837年1月完成，并于六个月后出版。这本书以法国大革命的领袖人物为中心，生动而又逼真地描写了这次轰轰烈烈的革命的历史。他从1774年路易十六继位开始写起，一直写到1794年热月9日的政变结束雅各宾派专政为止。作为一部朴实的史诗，他的这部著作无疑是具有永久且独特的价值的。

01．一个时代的终结

1774年5月10日，雷鸣般的钟声宣告了一个旧时代的终结。人们在猜测今后的十年法国会是什么样子，是依旧歌舞升平还是会进入多事之秋。路易十五的情妇蓬巴杜夫人，以及通过蓬巴杜夫人而获得路易十五宠信的大臣德吉龙的时代，是一去不复返了。当时的法国彰显出青春的气息。路易十六不仅年轻，而且温顺善良，他的王后年轻貌美、性情温顺，而且心胸宽广。财政大臣则是著名的经济学家、德高望重的杜尔高。在贵族的沙龙里，谈论诡辩哲学蔚然成风，尽管卢梭断言“革命的时代已经到来”，但对他们而言，这仍是一个快乐而幸福的时代。

不过，对于劳动人民而言，幸福快乐感并没有如此强烈。如果笼统地看，他们这样一个简单而迟钝的集体尽管可怕，却只是一群卑微而愚蠢的乌合之众。尽管法国人对大西洋彼岸已经产生的民主制度欢欣鼓舞，但他们自己却没有一个透明的政府。曾经参加过美国独立战争的三位法国将军罗商布、拉米特、拉法耶特回国后，尽管传播过国外自由的学说，但幸运之神给福庆那塔斯的那个取之不尽的钱袋，法国的财政却并没有得到，所以一切都只是枉然。

法国国库收支之间的巨大差额，使担心破产的人们陷入了恐慌。曾任财政大臣的杜尔高、尼克尔都曾做过一系列尝试，但最终和其他的改革尝试一样，都失败了。德・卡隆是一位无可争辩的天才，他甚至能对任何困难都有现成的补救方法，同时，他是一位财政天才，非常受到大家欢迎。他在三年之间接连启用了多个补救方案。尽管他有说服人的天才，尤其是劝人借贷的天才，但不幸的是，很快他就面临财政危机，法国的整个财政开始摇摇欲坠了。

对此，卡隆做了一个震惊世界的决定，这是 160 年来闻所未闻的事情：1787 年 2 月，他把各阶层名流聚集在一起，开了一个会。由于管理不当，卡隆造成明显的铺张浪费和巨大的亏空，还有人暗中提出了贪污问题，指明有的官员中饱私囊。于是，在与会各界人士的群攻下，他不得不潜逃到国外。之后，土鲁斯主教罗米尼・布利安接管财政。他沿用了卡隆的计划，获得了各界名流们纷纷传达的感谢、赞扬和期待。

然而，经过罗米尼调和后的财政法令不仅没有通过巴黎法院的批准，还因此遭到了很多抱怨。于是，罗米尼发出了120张传票，企图用恐吓的手段达到目的。不过，在两个月后举行的皇室会议的讨论中，他的法令仍然遭到拒绝。对此提出抗议的法国公爵奥尔良，也不得不在失败后逃到了国外。

巴黎法院呼吁召开三级会议，各省法院纷纷支持这一主张。最终，罗米尼的阴谋还在襁褓中时就被发觉，并由此遭到了大家的一致声讨。但达古斯特却动用法国和瑞士禁卫军，武力威胁巴黎法院通过法令，由于后者没有执行这一法令，就解散了巴黎法院。

这时形成了雅各宾派的萌芽——布列登俱乐部，它是由布列塔尼来的代表在出席会议的要求遭到拒绝后自发组成的。在各方压力下，罗米尼最后宣布于1789年5月召开三级会议。在这次会议的邀请名单中，也包括了诸位思想家们。

02. 三级会议

后来，罗米尼主教被罢免，尼克尔被召回。巴黎法院要求按照1614年时的样子，只需经过贵族和僧侣的同意，根本不需要第三等级参加。这导致了全体人民对巴黎法院的失望。思想家们则孜孜不倦地散发革命性质的小册子。阿贝·西耶士在巴黎提出了这样三个尖锐的问题：第一，第三等级是什么？是全体人民。第二，迄今为止，第三等级在我国政府里面居于什么样的地位？是什么也不是。第三，第三等级的愿望是什么？是变成稍有地位的等级。

对于贵族和僧侣而言，他们首先面临的大问题是，如果邀请第三等级来参加会议，三级会议开会和投票时如何进行？是分成三个院进行投票呢，还是聚在一起按人数投票呢？决定结果是取决于票数还是取决于人数呢？如果取决于票数，那么贵族和僧侣尽管人数少，但票数却占优势；如果取决于人数，则肯定是第三等级占优势。名流们被召集起来商量这个问题，但还没等到问题被解决，选举就开始了。于是全国代表就聚集到巴黎开始举行会议。期间，圣安东尼区出现了吵闹、捣乱等现象，不过都被瑞士禁卫军和葡萄弹镇压了下去。

5月4日星期一这天，是民主制度的受洗日，也是封建制度的临终涂油日。平民、贵族、僧侣和国王，都排成一队队走向圣母院。人们都在猜测，在这围着白围巾的600个人中，将成为他们的国王的人又是哪一个呢？难道是那个名闻世界的加布利尔·昂诺列·利克提·德·米拉博吗？他披着又黑又浓的卷发，浓眉、前额突出、有着难看的脸形。与伏尔泰一样，米拉博也是这个世纪典型的法国人。如果说他是这600人中最伟大的，那么谁又是最渺小的呢？是那个年纪不满三十的瘦高的人吗？是那个叫马希米连·罗伯斯庇尔的人吗？他铁青着脸，戴着一副眼镜，看起来很忧郁的样子，尽管貌不惊人，却早已因性格急躁而家喻户晓。

清晨，代表们刚刚进入大厅就产生了分歧。平民代表企图占有整个大厅，贵族代表和僧侣代表要求分开坐，并且都要坐在右边。双方相互争执不下。沉闷的六个星期后，平民代表首先采取行动，宣称自己不是第三等级，而是国民议会的组成部分。6月20日，由于要进行内部修理，大厅不得不被封闭，代表们只好转移到网球场继续争论。包括149名僧侣在内的所有代表，在那里庄严宣誓，表示一定要坚持到制定宪法为止。在紧接着的国王召开的御前会议上，国王提出了共计35条条款，并说如果各等级不同意的话，他只有自己执行了。然而，平民阶级的代表始终没有做出让步，其他的僧侣和 48 名贵族也发表了相同的意见。最终，这次会议以第三等级的胜利而告终。

战神布罗格利开始蠢蠢欲动，而葡萄弹并不是在任何情况下都有效的，法兰西禁卫队好像也不太愿意开火。不仅是他们，其他的军队也不想开火，那下一步该怎么办呢？这时，有消息传来说代表平民的大臣尼克尔被撤职了。当这个消息被证实后，卡米尔・德莫兰高呼："拿起武器来！"无数人纷纷大喊着响应他。于是骚乱开始了。选举俱乐部立即宣布自己是临时市政府。当天夜晚，他们派人到街道上维持秩序，征集了一批民兵，到各个地方去搜集武器。其实，这支军队最为确切的称号应该是国民自卫军！当危机正在潜滋暗长的时候，自顾不暇的米拉博却正在为他的奄奄一息且性格乖张的老父伤感。由于从伤病兵院那里找来了枪支，2.8 万名国民自卫军都配备了火绳枪，然后，大批队伍涌向巴士底狱。描写这次围攻的场面真不是一件容易的事情。经过四个小时震耳欲聋的攻打声后，巴士底狱投降了。狼狈的路易叫道："啊，这是一次叛乱。"李安可回答说："陛下，这不是叛乱，而是革命。"

第二天，路易在国民议会面前温和地宣告了自己的妥协。在欢呼声中，主席贝野被宣布为巴黎市长，拉法耶特担任国民自卫军司令。而对于不妥协的贵族来说，他们不得不开始第一次亡命国外的旅程。轰轰烈烈的革命一发而不可收。在圣安东尼区，群众把老阜隆和伯尔齐拖出来处以绞刑。自此，雾霭如同雷电风云般迅速飘散了。

03. 疯狂的妇女与全民宣誓节

法国革命是一场打破枷锁的自由主义战胜了腐朽政权的革命，

也是一场公开而激烈的叛变。狂暴的革命一直所向披靡，不过，汪洋恣肆的情势最后终于被控制住了。在人类历史上，这一现象几乎超越了人类的想象，它冲破一切的成规与经验的束缚，几乎可以说是现代绝无仅有的奇观。

国民议会改称制宪会议。在经过无数次辩论后，《人权宣言》起草并发表了。8 月 4 日夜，他们对不规则动词的理论进行了完善，彻底铲除了特权、豁免权和封建制度，这真是个值得纪念的夜晚啊。不过，在这时，就有一些领主要感到伤心了，仅在马康内和布约雷两地，就有 72 所别墅着了火。从巴塞尔凯旋的尼克尔的声誉则如日中天。

这时，小册子的宣传正进行得如火如荼，一发而不可收。那些才华横溢的编辑组成的第四等级发展得非常迅速，人数激增。

由于这次革命的成果还不太巩固，拉法耶特只有靠巡逻队来维持秩序。白帽徽、黑帽徽这下都出来了，情况真有点糟糕。粮食匮乏的情况越来越严重。某个星期一的早晨，母亲们被孩子们吵着要吃面包的哭声惊醒，无可奈何的她们只好走上街头。她们相互鼓励着去举行会议，去市政厅，去凡尔赛宫，去灯塔。妇女们聚集在一起，斗志昂扬地出发了。她们包围了所有楼梯口，要求全体妇女出来加入战斗。大街上到处都聚集着妇女。足智多谋的领袖梅拉德抢了一面鼓，号召大家冲到凡尔赛宫，于是人群潮水般涌向了市政厅。国民军司令试图制止她们的行为，但根本无济于事。于是司令只好跟在她们后面，因为圣安东尼区的手工业者已全部出动了。梅拉德带领着那群狂热的妇女，向凡尔赛宫索要面包，同时指派一名代表去和国王交涉。国王只能好言劝慰。可是，他的劝慰又有什么用呢？面包，她们要的是面包，而不是这些废话！

半夜时，在拉法耶特的努力下，局势似乎终于开始缓和。当第二天凌晨5点，他准备上床休息时，一群流氓又开始聚集在宫廷周围，并企图冲进去。混乱中，不知是哪名宫廷侍卫开了一枪，人群于是就像开了锅的沸水一般，向四面八方散去。如果不是国民自卫军及时赶到，凡尔赛宫恐怕早就被踏平了。侍卫挂起了三色旗。现在，国王已别无选择，只好穿过这个奇特的人群，离开凡尔赛宫，去了巴黎。1789年10月6日，星期二，他到达了荒废已久的丢勒里宫。

我们面临的是一个开阔的舞台和一种新的形势，于是，在一种新的庄严的气氛下，我们开展了一系列的新行动。我们的目标不仅是儿女们请求父亲恢复和平，也不仅呼吁巴黎提供粮食，而且是需要国王路易参与这项工作，共同为法国自由的恢复贡献力量！

经过一个人冷静的思考，米拉博清醒地洞察到了局势的发展情形。他的热情似乎在逐渐冷却，他不禁为爱国党感到惋惜。他的大胆、圆滑和很深的城府，是其性格里最有特色的东西。当时，法国财政也困难重重。为了弥补亏空，他们采取了一系列冒险步骤，如出卖教会地产，或者发行以地产作担保的纸币。由于饥饿的影响，青年左派蓬勃发展。这时，主席丹东，这个在眼光方面丝毫不比米拉博逊色的人，在哥德利哀政治俱乐部逐渐壮大了自己的势力。

当时，各种各样的俱乐部如雨后春笋般纷纷出现。其中有一个俱乐部发展势头尤其迅猛，最后简直强大到无以复加的程度。由于其租用的是雅各宾派修道院的大厅，于是它的名字就叫雅各宾俱乐部。这个名字将会家喻户晓。它不仅自身早已摆脱了总部即哥德利哀政治俱乐部和王权主义者斐扬派的约束，还成了总部，旗下有300个能说会道的分部。

在这种情况下，法国上下突然又迸发出了一种热情，一种向国王、法律、国民议会即将制定出的宪法宣誓效忠的热情。这种宣誓以巴黎为起点，很快就席卷了全国各个城市和地区，而以社会契约为基础的自由就是那个时代的真正福音。

通过这件事，法国人民得到了一个新的启发：“如果在整个法国结成一个联盟，举行一次全民宣誓，岂不是可以一劳永逸吗？”在其他地方，早就有了结盟的先例。这个全民联盟的地方当然非巴黎莫属了，因为只有巴黎才有如此宏伟的气魄。于是，1.5 万人聚集在马斯广场，计划修建一个全国性的圆形剧场。按照人们的计划，为了纪念取得的胜利，应该每年或每两年在此举行一次全民宣誓活动。

尽管整个巴黎的人都参加了这项工作，但工作的进程却不甚乐观。最终，结盟者从各个方向赶来。1790 年 7 月 13 日，20 万爱国男子和 10 万爱国妇女坐在了马斯广场上。将军以战斗的法兰西的名义宣誓，国民议会和国王也一一宣誓。欢呼万岁的声音响彻云霄；在欢歌笑语中，全民宣誓节的热闹渐渐归于沉寂。

04. 米拉博之死

当时的报刊总共有 133 种。虽然马拉从人们的视野中消失了，但他创办的《人民之友》却依然非常活跃，并继续发送着战斗的号角。俱乐部依然流行。雅各宾派的“爱国主义之母”尤其引人注目。这时，大约有 30 人的纯粹的爱国党人站在左边，但米拉博不包括在内。在这 30 人中，除了极富道德感的佩迪昂、清廉的罗伯斯庇尔，还有大名鼎鼎但很少公开发言的菲利浦·德·奥尔良、巴那夫和拉默三巨头。

王室方面一直非常安静，如果说他们还有什么计划的话，那就是企图逃越国境。王后和米拉博有过 次会晤，并互相做出了承诺。尽管这次会晤进行得极其隐秘，但还是被披露了出来，这真是不可思议。米拉博说 :“王后，君主政体不会崩溃的。”如果命运之神袖手旁观的话，这也许是可能的。爱国党对逃亡计划心存疑虑，所以这时的喧嚣并不是空穴来风。他们还怀疑凡森尼在修复碉堡。而拉法耶特将军则致力于委婉地与圣安东尼区的工人们周旋。

现在，米拉博可以依靠的王室人物只有王后了。如果米拉博能再活一年，又该是一种什么景象呢？可惜人的寿命是有定数的，他的故事也就到此结束了。无休止的工作，榨干了他原本如橡树般旺盛的精力，再加上过多的刺激，他的身体已经不行了。他说 :“在我死后，被我所遏止的那些不幸，将会从法国的各个角落全面爆发。”4 月 2 日，他感到自己将要离去了。他的死和他的生一样轰动。第三天晚上，人们为他举行了庄严的公葬。一个杰出的法国人就这样永远离开了。

如果没有奇迹出现，法国君主政体恐怕要就此结束了。于是，在多方面影响下，王室必须尽快逃亡了。一旦国王逃走，贵族统治下的奥地利会不会侵入法国呢？会不会导致全国性的大屠杀呢？封建主义会卷土重来吗？战争会不会波及国外？国王原本想去圣克劳德，但心有余而力不足。在爱国党的监督下，国王的马寸步难移。但这对于年轻机智的瑞典军人菲尔森伯爵来说，并不是一件难事。他制造了一辆柏林式新车，还同时准备了其他有用的东西。6 月 20 日星期日晚上，他亲自驾着他的玻璃马车，拉着他的王室成员，从克利奇关卡出去，与等候在那里的柏林式马车接头，然后到了庞提，那里有一辆双人双轮马车在等着他们。就这样，机灵的菲尔森对他们说了声再见，就消失了。

第二天早上，人们发现了这个出逃事件后，国民议会表现得十分镇静，巴黎的情绪也十分平静，但信使却在各地忙碌起来。在柏林式马车所要通过的圣墨内奥尔地方，警觉的爱国党党员开始盘查那些四处游荡的龙骑兵，却一直没有发现柏林式马车。

终于，柏林式马车来了，村里的邮政局长德罗埃发现有些疑似，便骑上马飞快地追了上去。马车在前面飞奔，其他人在后面死赶。到了瓦楞地方，马车停了下来。德罗埃追上马车，赶上前去阻止人员逃跑。这时，国王路易从车里走了出来，其他人也一一跟了出来。

05. 宪法不能实施

宪法终于修改完成了。在9月的最后两天，巴黎整晚灯火通明，莺歌燕舞。这部宪法起初由国王庄严地提议，最后又由国王庄严地接受。自此，将每隔年召开一次新的立法议会。制宪议会的议员没有资格再度当选，四年内也不能担任大臣或宫廷官职。制宪议会就这样解散了。

在新的立法议会中有哲学家、数学家康多塞，资产阶级革命家布利索，还包括引人注目的数学家、军事家卡诺。对于这些容易激动且处心积虑的上议员来说，待在这个火星四射的地方太危险了。他们奉命实施宪法，但对法国的人民、国王、贵族以及整个欧洲世界来说，宪法的实施无疑充满了艰难险阻。

这时，南方城市出现了骚乱的苗头。在亚威农，约尔旦的暴行惨不忍睹。柏尔比尼安和北方的卡茵也不例外。党派众多、处处猜忌、面包和糖的缺乏，使本来就遍体鳞伤的法国更是雪上加霜，这个可怜的国家奄奄一息了。在大洋彼岸的法属海地平原，冒出了一阵烟火，而这阵烟火，正是导致面包和糖缺少的原因之一。至于路易王的孤立无援和寂寞无助，是众所周知的。

欧洲世界的影响也是不能忽略的。其他国家大大小小的国王都异常激动，在他们眉宇间布满着恐怖的阴云。瑞典的古斯达夫提出要统率一支联军，德国和奥国在庇尔尼兹表明了自己的立场。瘦高个庇特对此疑虑重重。欧洲在痛苦地呻吟，而在这阵痛之后，似乎只有“战争”才能化解它的痛苦。而最糟糕的是，此时的逃亡者们都聚集到了国外的凡尔赛宫——科布兰兹。

巴黎的局面一团糟，用土地作担保的纸币就是工人的工资，军队已经分崩离析，不听从命令，没有任何秩序可言。还能怎么办呢？行动敏捷、足智多谋的杜摩利哀将军也被请到了巴黎。而立法工作却进展缓慢，只要想有所令行禁止，在保王党的诱骗下，国王就站出来否决，使之无法实行。

不过，在爱国党方面，还是有一丝希望的。在巴黎这个完全属于爱国党的城市中，难道我们不能让德行高尚的佩迪昂担任市长吗？不能让果断能干的雅各宾的本部支持市长的工作吗？不能让布利索、丹东和廉洁的罗伯斯庇尔来发表他们的言论吗？

随着爱国党内阁的建立，人们逐渐看到了希望。国王也表示愿意对此进行一次尝试。在内阁成员中，包括罗兰和罗兰夫人以及杜摩利哀等人。当自由被提出来时，与之同时出现的必然有“平等”二字。4 月，狼狈的路易“含着眼泪”向立法议会宣战。此次担任指挥的是前线的三位将军，因为布伦斯威克公爵正在训练士卒备战，于是法国决定成立一支 2 万人的国民志愿军。但世袭代表对此表示反对，于是，危机重重的罗兰和整个爱国党内阁垮台了。

巴巴罗写了一封信，请求马赛派 600 名敢死队员。6 月 20 日，一棵自由之树——以黑裤为旗帜的人群出现在圣安东尼区，他们像潮水一样涌向丢勒里宫，给国王和王子戴上了自由的帽子。就这样，人们告别了骑士时代，迎来了饥饿的时代。

这时，马赛派来的600名敢死队员高唱着《马赛曲》来到了。国家岌岌可危。志愿兵聚集起来，一致要求路易退位，让位给王子，这是立法议会无权宣布的。于是，在8月9日夜里，叛乱终于爆发了。

8月18日黑夜，规模巨大的威严的军队开始进军了。整个队伍秩序井然，没有一丝的混乱。在丢勒里宫，穿红衣的瑞士士兵准备点火开枪了。夹在国民卫队之间的王室成员向议会会场走去。瑞士人坚定地站在自己的岗位上，场面肃静极了。这时，一个在旁边观看的奇怪的爱国党人站了出来，他说，如果这些瑞士人有一个将军指挥，就能把这群人打退。这个人的名字叫拿破仑·波拿巴。但是，他们当时并没有将军。英勇的人啊，光荣属于你们，虽然你们不是殉道者，但你们却比殉道者更高贵。你们的任务就是赴死，事实上，你们也做到了这一点。就这样，包括罗兰在内的爱国党旧内阁又恢复了。丹东担任司法部长，罗伯斯庇尔也成为新的市政府成员之一。路易和他的家人迁往丹普尔堡。宪法失败了，杜摩利哀成了最高统帅。

06. 大屠杀

1792年9月间，最残酷的东西和最高尚的东西，也就是隐藏在由2500万人造成的恐怖行为中的和体现在2500万人的誓死抵抗中的东西，形成了一个强烈的对比。一方面是彻底的黑暗，一方面是通透的光明。为了抵抗外国暴君，为了使自己免于遭受贵族的欺凌，全体法兰西人涌向国境，涌向市政大厅。就这样，起义的巴黎公社成了事实上的法兰西统治者。

为了审判贵族，当时曾有一个新的法庭成立。但正在这个紧要关头，普鲁士人攻下了郎威，拉凡底叛变反对革命。于是丹东下令搜集武器，并前后共逮捕了400多名嫌疑犯。后来，普鲁士又攻下了凡尔登，但足智多谋的杜摩利哀找到了一个可能成为温泉关战役的据点——阿尔贡。只要誓死保卫阿尔贡，就可以击退敌国的侵犯，然而巴黎人却不知道阿尔贡在哪里。巴黎的街道，被恐怖、兴奋和狂热紧紧笼罩着。从9月2日至5日约100个小时的时间内，惨烈的巴塞罗缪大屠杀在这里上演。罪犯被疯狂的法庭揪出来，然后被立即杀掉。在这次大屠杀中，共有1089人被残忍地处死。这真是让人不寒而栗啊，尽管布伦斯威克离巴黎只有一天的路程。他们声称“必须给敌人一点颜色看看”，结果证明，他们确实做到了这一点。

新的国民公会即将诞生。人们即将迎来新的共和国。杜摩利哀夺取了阿尔贡山口。布伦斯威克必须绕道而行。9月20日，布伦斯威克进攻发尔密，与阿尔萨兴·克勒曼和法国的无套裤党展开了炮战，战斗持续了整整一天。这些无套裤党人并不是不堪一击，最终，普鲁士军兵败撤退。这对法国来说无疑是一个值得纪念的日子！

第二天，新国民公会召开了第一次会议，旧立法议会结束了。杜摩利哀只在巴黎露了一面，就立刻赶回前线，向尼德兰进发了。

此时，法国人民赶走了侵略者，也推翻了原有的宪法。这无疑是一个翻天覆地的变化。面对脱去了旧衣裳的赤身裸体的国家，这个后来被称为吉伦特派的这一派爱国党人，又该怎样去治理呢？他们首先开展的是立宪工作。在很多实际问题上，他们面临着很多困难。首先是粮食短缺，然后是如何处理退位的路易的问题。一切的一切，尤其是恐怖的事情，后来都集中到一个点上：过去不是有过查理一世受审的先例吗？

对于9月屠杀和罗伯斯庇尔专政，吉伦特派人曾经分别对其发动了攻击，但没有成功。12月11日，国民公会举行了对国王的审判，向他提了 57 个问题。在退出审判庭之前，面对大多数问题，国王的回答都是简单的“不是”二字。12 月 26 日，国王的律师德塞兹为他辩护。1 月 15 日，审判的结论是国王有罪，被判处死刑，超过 53 票的多数赞成这一结论，其中包括前奥尔良公爵爱加利德。最后的批示显示，要对国王立即执行死刑。

第二天，路易被送上了革命广场上的断头台。勇敢的爱琪渥士院长在他旁边大声说道：“圣·路易的后裔要上天堂了！”咔嚓一声，斧起头落，一个国王的生命结束了。国王被处死后，他在国内的很多朋友之间产生了分裂。同时，在国外，所有的敌人又联合起来，要给法国点颜色看看。于是，英国向法国宣战，西班牙向法国宣战，所有的国家都向法国宣战。法国人民高声呼喊着：“国王们联合起来威吓我们，为了表示应战，我们把死去国王的头颅扔到他们脚下。”

07. 恐怖的统治

一个多月后，法国爱国者愤怒地冲进杂货店，按照 11 便士一磅（1 磅约为 0.454 千克）的公平价格把糖卖掉，其他东西也照样被卖掉了。对此，杂货店的老板只有痛苦地沉默，扭着自己的双手。这是谁指使的呢？难道是庇特吗？也许正像吉伦特派所说的，他收买了马拉？或者像雅各宾派所说的，他收买了吉伦特派？无论如何，反正这都是庇特的财产。

此时，杜摩利哀的军队被挫败了，古斯坦在莱茵区也失利了。英国和西班牙都参加了战争，拉凡底又燃起了战火，并以上帝和国王的名义号召大家起来战争。法国处于万分危急的局面！这难道不是我们自己的叛徒引狼入室吗？于是，爱国志愿兵有了一个最大的愿望，就是“成立一个审判叛徒的法庭，规定一个谷物的最高限价”。甚至有人提出把22个吉伦特派成员抓起来！不过没有实行。为了逮捕嫌疑犯，法国的每一个城市都设立了革命委员会，甚至还设立了革命法庭和最高公安委员会。

这时，丹东与吉伦特派之间搞砸了。吉伦特派把丹东视为敌人，并同时与山岳党人展开了公开的斗争。马拉尽管也受到了攻击，但他成功地避开了。1793年5月31日这天，国民自卫军的反叛将领又把国民公会包围起来。在这些军队包围下，议会终于在3天之内开除并逮捕了32个吉伦特派成员。法国人民盼望着，真正博爱的统治是不是真的就要来到了呢？

吉伦特派人被打倒了，但吉伦特派接着就在农村发动了暴动。7月9日，一位名叫沙洛特·科尔戴的漂亮女人，带着巴巴罗致都伯涅的介绍信，从卡茵来到巴黎。她跟都伯涅见了面，并谈了有关家书的问题。7月13日，她坐着马车来到了马拉的住宅。当时，马拉这位为法国民众服务的公民正在病中。她来到他身边，在他的心口上刺了一刀，结束了这位“人民之友”的生命。最后，她庄严地接受了她无可逃避的命运。

随着一部新宪法的诞生，巴黎展开了一次新的全民宣誓活动。上帝和自由的雕像拉开了帷幕。宪法规定，法国是完整且不可分割的，自由、平等、博爱是人与人之关系的基本原则，否则毋宁死。然后又制定了新的历法，对月份都重新进行了命名。遗憾的是，土伦已经葬送在了英国人手里，英国人宣布要把它改造成一个新的直布罗陀。后来，法军向土伦进军，著名的炮兵少校拿破仑·波拿巴也在军队中。与此同时，法军也向里昂发起了进攻。

为了号召人民英勇地反击外国侵略者，公安委员会通过了普遍征兵法案，并对国内的敌人发布了嫌疑犯法令。断头台马不停蹄地运转着。作为“路易的遗孀”，玛丽·安托瓦内特也在被审讯后送上了断头台。其实，这个宫廷贵妇原本不该死的。在她之后，又有22个吉伦特派人被送上了断头台，恐怖的情绪笼罩了整个巴黎。

08. 高潮与反动

显然，嫌疑犯已经被吓得浑身发抖，而南方那些公开反叛的吉伦特省则更加惊慌失措。虽然断头台没有闲着，但还是显得有些不够用，也许采用集体枪决或更恐怖的办法要省事得多。不久后，被攻占的马赛已经处于军事管制之下了。土伦也被共和国收回了。

此外，天主教也遭受了毁灭性的打击。是的，在那样的时代，宗教本身被摧毁并不是一件罕见的事情。取而代之的是一种尊崇理性女神的新宗教。为了庆祝第一次理性节，人们唱起了卡马纽尔革命歌舞。

以屠杀、抢劫神坛为能事的赫伯特是不是对这一套感到厌倦了呢？最后，丹东、卡米叶·德莫兰都对这些厌恶到了极点。于是，赫伯特派被镇压了，其中的19个人在死囚车里结束了自己的生命。丹东和罗伯斯庇尔在争论时说道：“除非对共和国有利，否则我们不会发动攻击。”后来，执行宽大政策的丹东、卡米叶和其他人都被逮捕了。在接受审判时，证人被丹东那雷霆万钧的声音吓得胆战心惊，但最终，丹东还是被判处了死刑。在断头台上，他大声喊道：“丹东不是懦夫！你们可以把我的头示众，因为我的头值得示众。”就这样，丹东的生命也结束了。他是一个真正的人，是一块经过自然的火海淬取过的真金。在断头台上，斧头越来越快地挥舞着，与死亡一起一刻不停地活跃着。不过，到了牧月20日那一天，各个阶层的民众又穿上了节日的盛装，欢聚在国家公园里。

国民公会主席、清廉的罗伯斯庇尔，身穿天蓝色的上衣和黑色的裤子，自居为祭司和先知。他向民众宣布：至高无上的神是存在的。但即便是这样，断头台的转动却丝毫没有缓和的迹象。

终于，7 月 26 日，罗伯斯庇尔在国民公会发表演讲时，如同船上的火药库突然溅上了火星一样，会场上突然发生了激烈的暴乱。在国民公会的请求下，汉利奥特不得不进行肃清工作。第二天，罗伯斯庇尔、古通和圣·鞠斯特等被宣告有罪。群情激奋的群众得知后，不禁高呼着“暴君！专制主！”的口号。经过短暂的骚动，巴黎同意了国民公会的意见。1794 年 7 月 28 日，这批形形色色的罪犯被放进囚车送走了。至此，恐怖统治终于结束了，整个国家转入了宽大派委员会的控制之中。

然而，此时的法国依然面临着面包和宪法问题。于是，巴黎人又一次联合起来，向丢勒里宫奔去。荷兰征服者匹谢格鲁在经过的路上打了两发空炮弹，堵住了人群。西耶士院长制定了另一部宪法，但并没有使聚集的人群满意。为了镇压他们，一个年轻的炮兵军官受命为指挥官。终于，人群在葡萄弹的呼啸声中，很快就被压制下去了。至此，法国革命也就烟消云散了。

十、麦考莱：《英国史》

麦考莱能成为辉格党历史学派的创始人之一，是靠了《英国史》一书。此书让他获得了不朽的声誉。这部著作全名是《从詹姆士二世即位至威廉三世逝世时的英国史》。当麦考莱还在印度任职时，就开始为写作准备材料。回国后，他又到英、法、荷、比等国档案馆查阅了大量文献，从各个渠道搜集各种史料。原书计划是从詹姆士二世即位写起，到乔治四世结束，也就是截止到作者生活的时代。不过，由于作者过于精益求精，所以经常不厌其烦地修改。为了核定史实，他往往不辞劳苦地到历史现场去考察。因此，这本书进行得非常慢，到他去世时，只写到1703年，仅仅记述了17年的历史。不过，这丝毫不影响该书的价值，它压倒了英国当时的任何历史著作，甚至盖过了司各特浪漫主义小说的风头。这部书被译为多种文字，在世界各地争相传阅。有人认为这部书是古本以后英国文坛最伟大的作品。

01. 古代的英国

我准备写一部从詹姆士二世登基到我的记忆所及的英国史。在书中，我将详细描述那段让贵族和教士在短短几个月中就与斯图亚特王室不和的错误。那次革命具有重大的历史意义，它结束了英国的君主和议会之间的长期斗争，在英国实行了君主立宪制。这次革命把人民的权利和统治王朝的称号结合了起来，我将对这次革命的过程进行详细的描述。

除非我极大地违背了自己的意愿，我相信我的记述——这篇交织着苦难和辉煌的历史，必定会激发一切爱国者对自己国家的热诚，并将在他们的心中燃起希望。因为，这是一段辉煌的历史，英国在物质力量、道德、智慧三个方面都取得了举世瞩目的成就。

在早期，没有任何迹象表明，不列颠日后会成为一个强大的国家。那时，罗马皇帝统治着西方的许多领土，但不列颠是最后才被征服的，并且是最先摆脱罗马统治的。虽然罗马军队征服了不列颠，但是在文学和艺术上，不列颠却极少吸收罗马的风格。在不列颠，我们甚至都看不到罗马式柱廊和引水渠的宏伟遗迹。即便是南方的征服者带来的浅薄的文化，也早在5世纪的灾难中毁灭了。

随着西罗马帝国的灭亡，欧洲迎来了它的黑暗时代。正是这黑暗时代，孕育出了现代的英国。萨克逊移民改信基督教，由此开启了革命的大门，许多有益的改革接踵而至。人们常常把教会比作是《创世纪》里的方舟，但是只有在那些灾难的年代，教会才最无愧于这一称号。一切古代权力和智慧的伟大创造都被黑暗和暴风雨淹没了，唯有教会超越了它们，毅然独立，独领风骚，孕育着下一期文化的胚胎，由此产生出更加光辉灿烂的文化。

在黑暗的时代里，罗马教皇在精神上的绝对统治，使得西欧各民族联合成为一个伟大的联邦。9世纪，当北方蛮族开始最后一次大迁徙时，这个联绑接纳了我们的萨克逊祖先的加入。基督教的发展带动了学术的发展。在麦尔细亚和诺森伯兰的各修道院中，人们潜心钻研奥古斯都时代的诗篇和雄辩术。比达和阿尔琴尤其出色，说他们名声遍布全欧，也不夸张。

此后，由来自丹麦的冒险家组成的大批移民在不列颠定居了下来。丹麦人和同他们一样强悍的萨克逊人进行了多年的战斗，期间双方各有胜负。直到北方不再有大批海盗式的殖民向南方移来，两个民族之间的互相排斥才宣告结束。渐渐地，他们之间开始通婚，两个民族的融合逐渐开始了。丹麦人开始信奉萨克逊人的宗教，两个民族的语言渐渐融合在一起。当然，语言上的融合是相对容易的，因为两个民族的语言本是一种语言的两种方言。但是，他们之间的区别并没有完全消失，这从日后两个民族被第三个民族征服时发生的故事就能看出来。

诺曼人是来自斯堪的纳维亚半岛的一帮海盗，以勇猛强悍而出名。他们长期在英吉利海峡一带活动，并建立了一个强大的国家，将他们的势力逐渐从诺曼领土扩张到邻近的布列塔尼和曼恩等地区。诺曼人是基督教世界的主要民族。受到南方民族的同化，诺曼人逐渐摆脱了原来的粗野作风，形成了儒雅温顺、豪侠却不粗俗的风度，贵族更以举止文雅、长于辞令而著称。法语是他们自己的语言。

哈斯丁斯战役及其以后的事件使得一个国家将另一个国家彻底征服，这是自古少有的事情，甚至在亚洲也不多见。诺曼底公爵登上了英王宝座，开始统治着英国人民。严格地说，在此后的一个半世纪内，根本就没有英国史。英国之所以能够独立存在，就在于白朗塔日奈王朝没能在它统治的时期统一整个法国；在于它和诺曼底分开了，并摆脱了法兰西思想习俗的影响。可是，这一点常常被英国的历史学家认为是一个灾难。英国头六位法国国王德才兼备，他们才应是英国所深恶痛绝的。直到第七位昏庸无道的国王约翰从诺曼底被驱逐，萨克逊和丹麦两个民族因国王约翰的虐政之苦而同舟共济，英国的前景才豁然开朗，英国民族的历史才开始。

英国的种族仇恨虽然比任何国家都持续得长久，但是这种仇恨也比任何国家都消除得彻底。在 14 世纪初，条顿族的三个支系之间互相混合，并与当地的不列颠人混合，从而使英国各种族的融合趋于完成，由此形成了世界上又一个优秀的民族——英国人。

在此后的 100 多年间，用武力在大陆上建立大帝国成为英国的主要目标。爱德华三世和亨利五世曾把法国一度变成了英国的一个行省。法国国王被俘到了伦敦，而英国国王却在巴黎加冕。

在和平时期，我们的祖先也重视学术。那些顽固迷信的人满足于惊奇和不求甚解，而英国的思想家却敢于怀疑，一心想探索一切。在出现黑太子、德比、昌杜斯和豪克乌德的年代，英国也出现了杰弗利·乔叟和约翰·威克里夫。英国民族以灿烂辉煌的姿态首次出现在世界各国面前。好景不长，没多久，法国民族的精神也觉醒了。在经过多次激烈的斗争后，我们的祖先带着沉痛的悔恨放弃了这场竞赛。

02．玫瑰战争

因为再度被局限在狭小的海岛上，好战的本性使得这个民族又开始了内战。红白玫瑰战争，也就是以王族的两个支系为首的两派进行了长期残酷的斗争。斗争的结果，以都铎王室统一了白朗塔日奈王族互相争斗的两个支系而告终。

玫瑰战争以前，即争斗双方还没有统一的160年间，统治过英国的九位国王中就有六位被废，其中的五位被杀。但是，因为好战的英国人民始终保持了自己对国王的制约力量，所以，即使那些最骄横的国王也得有所收敛，必须服从道理。不管怎么说，比起在好心的腓力统治下的比利时人和被称为“人民之父”的路易统治下的法国人，英国人所受的统治还是很不错的。

中世纪时，因为欧洲大陆各国都没能保持住“有代表才纳税”这项自卫武器，使得兵权和财政大权都属于君主。但英国是个岛国，地势造成的优势，使得兵权虽然属于君主，但财政大权却保留在国民手中。结果，在整个欧洲大陆，只有英国保存了议会制。

从查理二世到他的兄弟詹姆士二世发生的传位危机，与都铎王朝和斯图亚特王朝统治期间发生的一些大事件紧密相连。尽管这位新国王曾因为是英国法律和宗教的死敌而被放逐过，甚至连他继承王位的权利也差点被剥夺，但他最终还是成功地登上了王位。即位后，他的第一项措施就是宣布保护教会、尊重民权，因此颇得民心。

在詹姆士即位不久，就发生了一系列的争论。第一个问题就是法律界的两位首脑人物对于关税和征税问题的争论。对于即将召开的议会，詹姆士心怀恐惧。而令所有英国人感到可耻和可恨的是，詹姆士害怕召开议会是因为怕得罪法国国王。内阁成员罗彻斯特、哥多芬和森德兰都知道，已故的查理二世把接受凡尔赛宫廷的津贴视作理所当然。而詹姆士对法国国王在他登位之初送给他的3.5万英镑的厚礼，则感激涕零，丝毫不觉得一点点的羞耻。尽管这些人知道如何去博取路易的欢心，但是詹姆士却不能决定是否召开议会。

当时的主要问题，仍然是困扰英国已有三朝之久的国王与议会之争。当时，国王致力于侵犯议会的权利，而议会则致力于夺取国王的特权。1685 年，詹姆士的即位引起了欧洲大陆各国的希望和不安。其他的欧洲国家，无论是共和政体还是君主政体，信仰新教还是信仰天主教，都希望纷争能够就此结束，只有法国政府喜欢这种混乱的局面。在斯图亚特王朝诸王统治期间，英国正处于一个过渡时期。它的政府既不是中世纪式的立宪君主政体，也不是一个现代式的政体。英国可以说是欧洲地图上的一块空白。

在基督教世界里，英国是一个资源丰富的国家，但君主和议会之间的互相猜忌却大大削弱了它在欧洲的力量，甚至就像萨伏衣或洛林公国一样无足轻重，连荷兰的一个小行省都不如。除法国外，国王早已考验过其他各国的那些新教徒朋友们的忠诚。还没有登基的时候，詹姆士就经常在为他的妻子特设的小教堂里关起门来举行弥撒。现在，他下令将小教堂的大门打开，让那些前来向他表示敬意的人都可以看到这种仪式。当受难周来临时，国王实行了一项更重大的改革。复活节时，国王在威斯敏斯特教堂里举行了已经中断了 127 年的罗马教会的仪式。詹姆士决定要极尽帝王的奢华，像他祖先那样举行弥撒，因此威斯敏斯特教堂的富丽豪华令所有人大开眼界。

03．蒙穆斯及其命运

1685 年 6 月 11 日，查理二世的私生子蒙穆斯公爵，在一群流亡荷兰的英国人的怂恿下，率领了大约 80 人在莱姆登陆。小城立刻骚动起来，人们四处奔走，高声喊叫着：“来了个蒙穆斯！来了个蒙穆斯！新教万岁！”叛乱开始了，人们潮涌般聚到莱姆。当时，议会还是效忠王室的。下议院宣布了蒙穆斯被处以叛国罪并被剥夺公民权的法令。在塞吉摩战役中，叛军被打败了。蒙穆斯抱怨那些乱出主意的人，说是他们引诱他，使他失去了布拉邦平静的隐居生活。在逃出战场后，这位不幸的公爵在他藏身的壕沟里被擒。接着，他被押到伦敦，关进了伦敦塔。被斩首时，他还顽固地说："我至死都是一个英国教会的新教徒。"

蒙穆斯被处死以后，品性极端恶劣的帕西·科克上校在那些反抗过政府的各郡烧杀抢掠。被屠杀的人数现在已经难以考证了。但是，詹姆士又在策划另一次更残酷的大屠杀。9月初，法官杰夫里斯出发作巡回裁判。阿丽斯·莱尔，一个善良的女人，竟因曾给向她求救的几个可怜逃亡者提供食宿，而在温彻斯特被判火刑烧死。这对我们来说是永远不能磨灭的记忆。温彻斯特的教士在残酷的法官面前为莱尔辩护，但最后争取到的也不过是把火刑改为斩首而已。

随后，司法大屠杀，也就是所谓血腥的巡回裁判开始了。在短短的几个星期中，杰夫里斯就狂妄地宣称，他所绞死的叛徒比"征服"以来所有前任绞死的人加起来还要多。同时，近千名囚徒被运到西印度群岛做奴隶。在所有的英国君主中，詹姆士二世是表现其残暴性格最露骨、最张狂的一个。当杰夫里斯这个最能迎合他主子心意的法官，留给人民一片血腥、哀号和恐怖，完成他的审判任务回到伦敦时，受到了詹姆士二世热情的接待。詹姆士一直都扬扬得意地注视着巡回裁判。这位酷吏和这位暴君，直到巡回审判遭到各党人士的同声谴责之时，居然都想把责任推卸到对方身上，争着为自己辩白。

不久，詹姆士二世就露出了他的本性。他毫不掩饰自己的阴谋，公开宣称：按照上天贤明的意旨，尊奉英王而否认教皇权力的法令将得到实行，由此来医治过去的致命伤。他试图有力地、有步骤地运用教会首领的一切权力，来破坏当时的国教会。在亨利和伊丽莎白统治的时期，他们篡夺了本该属于罗马教皇的统治权。这种权力随着王位继承被延续了下来，传给了信奉正教的太子，罗马教廷的权力也由国王掌控。在法律上，国王有权废除宗教上的弊端。因此，詹姆士二世一上任，便下令废除一项法令，即决定英国国教会牧师用来捍卫自己的宗教而攻击罗马教义的自由的法令。

事实上，罗马天主教的礼拜仪式早就被议会的法令禁止了。几个世纪以来，罗马天主教的教士甚至不敢戴上他们的职衔徽章出现在任何公共场所。任何一个耶稣会会员，一旦出现在这个国家，就面临被吊死、淹死和肢解的危险。现在，面对这种变本加厉的迫害，在几个月的时间内，不满的情绪就在全国各地散布开来。按理说，全国的激愤情绪本可以制约詹姆士二世的，没想到形势却越来越糟糕。罗马天主教的教堂不断涌现出来，在圣詹姆士宫，甚至住着一批本尼狄克特教团的修士。军队中，信仰基督新教的士兵和信仰天主教的士兵发生了争执。英国国教会的一个教师撒缪耳·约翰逊据此发表了一本题名《对军中全体英国新教徒的虔诚忠告》的小册子，却被投入了监牢。在狱中，他受到严刑拷打，并被撤销了牧师的职位。这样的行为激怒了英国国教会的教士们，他们在以梯洛森、斯梯林弗利特、普瑞多、帕特里克、滕尼生、魏克为领袖的一个联合团体的领导下，发表了大量辩论性的小册子来攻击教皇。

与此同时，苏格兰人也奋起反对国王的举措。但是，国王对一切警告都充耳不闻，国内的骚动根本不足以警告他。1687 年 3 月 18 日，国王通知枢密院，说他决定让议会休会到 11 月底，并以他自己的权力赋予所有臣民以宗教信仰的自由。4 月 4 日，他又颁布了一个历史上著名的信教自由令。在这个文告中，国王竟公开声明说他希望英国人民能加入他所属的教会。为了让别人加入他的教会，国王批准说罗马天主教徒和新教徒可以公开举行宗教仪式，宣称要保护人民信仰宗教的自由。

这是斯图亚特王朝对公民自由发起的一个最狂妄的进攻，人们都认为这个文告内容违反宪法，认为只有专制的君主才会发表这样的文告。一方面，英国国教派因为害怕受到各方敌人的肆意攻击而感到不安；另一方面，反对英国国教的人似乎得到了一个喘息的机会。此外，在颁布信教自由令的前几天，詹姆士就让一个名叫华尔纳的人做了自己的忏悔牧师，而这个人是背叛了英国国教转而成为耶稣会会员的人。毫无疑问，詹姆士已经完全处于耶稣会会员的控制中了。由此可见，詹姆士对耶稣会的信任程度有多么深了。

04. 七位主教的审判

一些主教和一些著名教士在兰姆贝斯宫召开了会议，会议主题正是针对在教堂里宣读国王诏书的行为。在做完庄严的祈祷，经过冗长的讨论后，大主教写了一份表示他们意见的亲笔请愿书。请愿书首先向国王保证了教会对国王的忠心，接着表明了他们认为国王诏书不合法的意见。因为，议会曾宣布在宪法上国王没有废止有关宗教法令的权力。最后，大主教和其他六位主教都在请愿书上签了名。

由于大主教曾经长期被禁止进入宫廷，因而只有六位主教能渡河到白厅去。詹姆士命令主教们入宫觐见，他已经听了心腹卡特莱特的报告，知道这些人会服从诏书，请愿的目的在于希望能在形式上有所变动。

当时，教士们都觉得国王挺和善的。没想到一读完请愿书，国王就脸色一沉，大声喝道："这简直是造反！"主教们再三强调他们对国王是如何忠心耿耿，国王却一口咬定他们是在造反。主教们最后只得躬身退出。当天晚上，那份请愿书就被复印了出来，或者张贴在各咖啡馆内，或者被沿街叫卖。一大早，人们就被门外的叫卖声惊醒，急忙出门叫住报贩，买份报纸看看发生了什么事情。据说印刷商人复印了一便士一份的单面传单，在短短几个钟头里净赚了 1000 英镑。那天报贩的生意也好得不得了。

但是，全伦敦约 100 个教堂只有四个教堂宣读了那份诏书。伦敦的牧师并不服从国王的命令。国王见群情如此激愤，也感到惊慌。可是，杰夫里斯却认为应严惩那七位主教。如果仅仅是责备一下就放过这样的不法之徒，实在是政府的失职。国王听从了他的意见，七位主教被召到枢密院受审。

6 月 8 日，七位主教审问的结果出来了，他们将全部被囚禁在伦敦塔。伦敦的群众听到这个消息一片哗然。在七位主教受审的时候，白厅四周被群众围得水泄不通。当七位主教被押送到枢密院时，成千上万的百姓跪倒在地上，为这几位反抗像玛丽般暴君的人高声祈祷。在审判日前，这种骚动甚至蔓延到了边远地区。从全国各地送来的报告也表明，很多主教也签了同样的请愿书，全国只有极少数牧师表示听从国王的命令。

七位主教被指控犯有蓄意印发内容纯属造谣、煽动人心的文件的诽谤罪。代表控方的皇家律师在法庭上受到了听众们嘘声的攻击，陪审委员团最后宣判被告“无罪”，他们失败了。消息传遍了整个伦敦，欢呼声响成一片。主教们所到的地方，人们高呼：“上帝保佑你们；今天你们也救了我们大家！”

当时，国王正在恒斯陆营地检阅军队，听到主教被释放的消息大吃一惊，脱口用法文喊道：“我要更严厉地收拾他们。”听到身后士兵的喊叫声，他便问这喊声的意思。身边的人回答说：“没有什么，主教被释放了，士兵们很高兴。”国王怒不可遏：“你能说那没有什么吗？”他又重复了一句：“我要更严厉地收拾他们。”国王生气极了，他遭到了最可耻的彻底的失败。

1688年5月，对教堂是否应当宣读这份诏书，人们还没有最后决定的时候，爱德华·罗素就向在海牙宫廷的玛丽（詹姆士二世的长女）的丈夫奥兰治亲王述说了国内的情况，力劝这位亲王驾临英国，号召人民武装起义。

威廉（奥兰治亲王）立刻意识到这个危机的重要性，用拉丁语脱口喊道：“不在今天动手，还等什么时候！”很快，英国方面就有很多人给了支持他的保证。1688年11月1日，各方准备工作都做好了，威廉就率领舰队启程，于11月4日在托贝登陆。詹姆士的军队成批地逃跑，根本就不作抵抗，也有许多人在荷尼顿就向荷兰兵营投降。英国各地纷纷起义，起初是西部，后来连北部也都起来反抗詹姆士。噩耗可以说像雪片一般飞来。12月11日，詹姆士偷偷逃出伦敦。后来，他流亡到法国，住在巴黎附近的圣日耳曼市镇。

威廉和玛丽被宣布为联合王国的国王和王后，这标志着英国革命的结束。在英国所有的革命中，这是使用暴力最少但效果最好的一次。这次革命解决了从菲兹华特和德·孟福尔时代，历经四个朝代之久，而始终没能得到解决的一个重大问题，也就是，在英国政治中一直存在着的人民势力，是应当受到君主力量的引导，还是顺其自然发展成统治力量。最后的决议是：经过上下两院慎重考虑所提出来的改革方案，国王也没有权力加以阻挠。人民胜利了。可以说，纹章院院长在白厅门前宣布威廉和玛丽登位，实际上就标志着这场大斗争已经结束。而国王与议会之间的完全合作，使得长期依附外国、国际地位降低的英国又一次成了头等强国。

05. 大革命以后

全国各地都在热烈庆祝着革命胜利，尤其是荷兰人民。在得知他们共和国的执政已经登上英国的王位时，他们庆祝得格外热烈。詹姆士在位的晚年，可以说英国的托利党人比辉格党人更加痛恨他。因为，他对辉格党来说只是一个仇敌，而对托利党来说却是一个忘恩负义的不忠实的朋友。

对威廉国王而言，他的一大不幸就是他不流利的英语水平。他不能欣赏或理解英国文学，那些用“品达”诗体歌颂威廉的诗人，也因为威廉不能了解他们的赞扬而大加埋怨。威廉也从来不进剧场。一些反动分子甚至说他的英语欠佳是一种罪过。但是，宫廷的优秀人物——王后却在尽最大的努力来弥补这种缺陷。她是完全属于英国的，不仅在血统上，更在爱好和感情上。她的私生活纯洁无瑕，对宗教礼仪也非常的虔诚。在她身上，既不会发生造谣生非的事，也不会产生不道德的行为。

1689 年，在英国宗教史上，和在政治史上一样，是非常重要的一年。这一年，那些不信国教的人第一次得到了法律上的信教自由。但是，信奉罗马天主教的爱尔兰人对此十分愤懑，詹姆士决定利用这种情绪实施在爱尔兰的复辟。1689 年 3 月 12 日，詹姆士登陆金塞尔。3 月 24 日，他抵达了都柏林。他率领一支由天主教教徒组成的爱尔兰军队开进乌尔斯德，并围攻伦敦德里城。英国从海上运了两团兵力到伦敦德里增援。这件事给英国造成了忧虑和恐慌。

伦敦德里的英勇防御战可以说是爱尔兰历史上最惊心动魄的事件了。这个城市的军事和市政因当地总督隆第弃城逃跑而陷入了无政府状态。虽然城内能够拿起武器的男子只有 7000 人，但他们明确的判断、大无畏的勇气和坚强的毅力，是在全世界也找不到的。

经过多次猛攻，守军仍占优势，围攻军队就实行封锁，改用铁索拦住港口。城内发生了严重的粮食短缺，可怕的饥饿折磨着市民们。他们虽然被围困了105天，但始终没有沮丧。这是英伦三岛编年史上最值得纪念的一页。最后，英格兰方面派来的三艘载运援兵和粮食的船只，冲破了封锁港口的铁索，才结束了这次围城。爱尔兰军队失败了，不得不撤退。

紧接着，爱尔兰军在博因战役中打了败仗。这是一次决定性的事件，战役的双方军队分别由威廉和詹姆士亲自指挥。最后，李默瑞克投降，詹姆士军队中占多数的法国兵都逃回了法国。

1692年，法国为了扶植詹姆士复辟，派军侵入了英国。这个计划可以说是天衣无缝，一支约有80艘舰艇的强大舰队载运法军驶向了英国海岸。在法国造船厂中，大量的船也都准备好了。詹姆士认为有着如此强大的海军力量，英国的舰队即使和他相遇也不应与他为敌。事实上，他是过分轻信了自己的英国谍报员发来的情报。

当时，在英吉利海峡上，由海军上将罗素指挥的英国和荷兰联合舰队出现了，这是前所未有的事情。5月19日，联合舰队与图尔维叶伯爵所率领的法国舰队相遇，双方在海上发生激烈的追击战，历时五天。最后，法国舰队在阿格角附近全军覆没。胜利的消息传到了英国，举国狂欢。自此，全国人心安定。

06. 繁荣时代

1694年，威廉王朝创立了英格兰银行。当时的老人对此有着深刻的印象。那时，伦敦连一家银行也没有，金匠都设有坚固的金库，把大量的金条藏在里面，并小心翼翼做好防火防盗的工作。所有人都必须到伦巴街的店铺去办理现金支付。后来，一位天才的设计者威廉·佩特逊起草了一个设立国家银行的计划呈给政府。经过反复的辩论后，这个计划得到上下两院通过。

1694年，玛丽王后因患天花而逝世，举国上下同声哀悼。在她患病期间，威廉日夜守候在她的病榻前。正如荷兰驻英大使所描写的那样，威廉的悲痛就连铁石心肠的人也会为他感到神伤的。当得知玛丽王后不久就要离开人世的时候，威廉忧伤地对柏奈特主教说："没有任何希望了。从前，我是世界上最快乐的人；现在，我是世界上最悲哀的人了。她没有过失——一点儿都没有。你很了解她，可是你不能了解她的善良，世界上只有我才真正了解她。"

玛丽王后的死，引起了欧洲大陆各界人士不同的反应。玛丽王后曾节省自己宫内的费用给那些受迫害的胡格诺教徒提供食宿，这些曾在欧洲各地到处流浪的人，同声哀悼这位"神选的王后"。而流亡的詹姆士和他的伙伴们则产生了新的希望。事实上，英国和欧洲大陆的大多数政治家们都认为如果威廉没有妻子的辅佐，那么他的王位就不可能保住了。因为许多人对威廉的荷兰口音和荷兰习惯的反感，都因为玛丽王后的温柔和蔼而冲淡了。但是，在玛丽王后去世后，威廉统治下的英国反而比她在世时还要繁荣。事实证明，欧洲所有的政治家都看错了。

在玛丽逝世的那个月，国王伤心至极，甚至连他那英武的锐气也因过度悲哀而消磨掉了。他根本无法治理国事。在给海因苏斯的信中，他这样写道："我坦白地告诉你，我觉得自己已经无法指挥军队了。但是，我将竭力尽我的职责，祈求上帝能给我力量。"虽然那时他对前途非常悲观，但是后来他却指挥了许多辉煌的战役。

此时，整个欧洲都在焦灼地注视着荷兰。在法兰德斯地区，一支法国军队在威勒洛埃率领下已经集结完毕。在根特，威廉担任集中在此地的荷英联军司令。在布鲁塞尔附近，巴伐利亚选帝侯率领一支大军在此集结。威廉决定拿下那慕尔城，在猛烈的围攻下，全欧洲最坚固的要塞终于在1695年8月26日被攻下。

1697年9月20日，法国、英国、西班牙和荷兰联合省各国大使签订了《立兹尉克条约》，标志着这次战争结束了。威廉返回伦敦，受到了群众的热烈欢迎。人民因英国经历了多次严酷考验，最终以强盛的崭新姿态出现在世界而欢腾和兴奋。

回想十年以前，英国似乎已经失去了独立和自由。现在，人们用正义和必要的革命赢得了英国的自由，又用同样的方式赢得了英国的独立。如今，国内外的局面都很平静，一切的艰难险阻都过去了。在英国，人们重新建立起了公共信托机构，贸易也恢复了，国库也变得充裕。无论是伦敦皇家交易所，还是威尔士山区中最荒僻的村落和林肯郡的沼泽地区，都呈现出一片欣欣向荣的景象。此情此景，让人有理由相信1688年的革命将是英国最后一次革命。

自1702年初，威廉国王健康状况日益下降的消息就在四处流传着。据说，他几乎天天都遭受着头痛和痉挛的折磨。2月20日，威廉在汉普敦宫的花园骑他的“索瑞耳”，这匹马在一个土丘前失蹄跌倒了，国王从马上摔下来，锁骨受伤。威廉的身体已经经不起最微小的震动，因此锁骨受伤造成的后果是非常严重的。他感到自己就要离开人世了，为自己的事业不得不半途而废而十分伤心，这种心情只有崇高的心灵才能理解。3月4日，随着体温的升高，威廉国王的身体开始衰弱。从他的日常谈吐中，人们可以看出他经常在做精神祈祷，他那顽强的精神实在令人钦佩。在临死前，威廉国王的理智也始终保持着清醒。清晨七八点钟，威廉国王去世了。入殓时，人们发现他贴身系着一条丝带，里面裹着一枚金戒指和一束玛丽王后的头发。可以说，他的死，是无愧于他那一生的。

十一、马可·波罗：《马可·波罗游记》

1298年，马可·波罗作为一名战俘，被关押在热那亚的一个要塞里。在关押期间，他向难友鲁思梯谦·达·比萨描述了自己在东方的冒险故事。马可·波罗对他在旅行中的所见所闻，都进行了详细的记录。目前，这些记录已被证实，确实是他亲眼所见的真实记载。这部著作被视为古代意大利散文的经典作品，已被译成多种文字。

01. 浪漫之旅的开端

13世纪中叶，尼古拉·波罗和马泰奥·波罗这两位威尼斯商人，乘坐满载货物的船只，航海到君士坦丁堡，然后又航行到了黑海。到克里米亚后，他们又骑马到了西鞑靼。在那里，他们做了一年生意。在此期间，他们赢得了最高部落首领巴卡的真挚友谊。

这时，鞑靼发生了部落之间的战争，阻碍了他们返回欧洲的行程。他们只好继续前进，到了布哈拉。他们在布哈拉住了三年。在那里，他们结识了著名的忽必烈大汗的使节。忽必烈被称为“大可汗”或鞑靼各部落的至高无上的王子。这位使节邀请他们去拜访了他的主人。

他们接受了邀请之后，经历了一段艰难的旅程，终于见到了忽必烈。对于这两位首次来访的意大利人，忽必烈可汗对他们盛情款待，并要他们带他的使节去拜见罗马教皇。但是，很不幸，数日之后，他的使节就在途经鞑靼时生病了，因而延误了旅程。到达阿克里时，这两位商人听说，他们的教皇克莱门特四世已经去世了。于是，他们只好先回到威尼斯。这时，尼古拉·波罗才得到消息，他的妻子早在他刚离家时，就因难产而死了，而他的儿子马可已经 15 岁了。

为了等待新教皇的选举，他们在威尼斯待了两年。但是，由于接二连三的阻碍，新教皇的选举被延迟下来。他们一则担心时间久了，大汗会很失望；二则担心大汗会认为，他们不再回来。因此，他们再次踏上了去东方的旅程。这一次，他们带上了年少的马可·波罗。当他们到达耶路撒冷时，又突然听说格里高利十世继任教皇的消息。于是，他们又急忙赶回了意大利。新教皇用最高的礼节规格，接见了他们，并向他们颁发了证书。他还派出两位知识渊博、才华过人的修道士，陪同他们一起前往东方。

这一行人带着罗马教皇送给大汗的礼物，登船前行。当他们到亚美尼亚时，却发现此地发生了战争。两位修道士由于害怕，回到了海岸，那里有骑士的保护；而这三位对危险已经习以为常的威尼斯人，则继续他们的旅行。由于正值冬季，他们的行程缓慢，在路上就花费了三年半的时间。

当他们到达时，忽必烈已经驻跸到一个名为开平府[1]的繁华城市。当他们再度相逢的时候，忽必烈还是盛情地款待了他们。他们向大汗报告了旅途中发生的一切和罗马方面的消息，并呈上教皇的礼物。大汗很赏识年少的马可·波罗，将其收为自己的侍从。

马可很快就通晓了四种语言，并且表现出卓越的才智，忽必烈派他前往哈剌章——一个距离都城需要六个月行程的地方。在此次任务中，马可表现得相当机智，从而使这次访察非常成功。在作为大汗侍从的 17 年中，马可曾经做过多次类似的访察，足迹几乎走遍了帝国的每一个地方。

这些威尼斯商人旅居鞑靼多年，积攒了相当多的财产。最终，他们还是因为思乡心切，提出了回国的请求。他们的要求取得了大汗的准许，大汗还要求他们把阔阔真公主带上，送她到印度的伊儿汗国去成亲。

不幸的是，这些人在路上中遇到了鞑靼王子之间的战争，他们只好转而返回。这时，马可·波罗恰好刚从东印度群岛出使归来。他告诉他们，海上的航行是安全的。于是，他们决定走水路。这一行人，包括 3 名威尼斯人、印度使节和即将成为王后的公主，以及 200 多名随员，分别乘坐 14 艘四桅十二帆的巨型帆船，经过三个月的海上航行后，到达爪哇。他们在那里做了短暂的停留后，又踏上了旅程。前后经过 18 个月的时间，他们终于到达了印度。

在印度登陆后，他们才得知原来伊儿汗国的大汗已经驾崩，继位的是他的儿子乞合都，而公主要嫁的，则是他的另外一个儿子合赞。当时，合赞正率领 6 万大军，驻守在波斯边境。他们把公主送

[1] 即上都，今多伦附近。——译者注

到了合赞处后，回到了原地。他们在那里又逗留了九个月，才踏上归程。

在返航途中，他们得到忽必烈大汗去世的消息，于是放弃了重返旧地的想法。他们继续沿着计划的路线前行，到达了特勒比遵德城，然后经由内革罗蓬特，最终在1295年带着巨额财富，安全地返回了威尼斯。

读者可通过以上记录，来了解马可·波罗是如何旅居东方多年并记录下他在东方的所见所闻的。

02. 古代波斯的传说

古时候，波斯是一个伟大的地方。但是，现在它的大部分地区已经被鞑靼人毁坏了。波斯有一座城市叫萨巴，三位博士从这里出发，去伯利恒拜访刚出生的耶稣。他们的名字分别是巴尔撒萨、哲斯帕和麦尔岐。现在，他们的遗体就埋葬在这里，他们的胡须和头发至今依旧完好无损。从这里出发，你只需走上三天，就可以到达仍然崇拜火神的城堡阿塔佩里斯坦。传说三位博士朝拜耶稣时，耶稣给了他们一个密封的箱子，让他们带在身边。几天后，他们出于好奇，打开了箱子，发现箱子里面装的是一块石头。这是一个暗示，意思是让他们像石头一样坚守信仰。

但是，他们当时并未理解其中的含义，认为自己上了当。于是，他们把石头扔进了沟里。令人意想不到的是，那里竟然瞬间燃起了熊熊大火。他们追悔莫及，只好将部分火种带了回去，安放在教堂里。此后，这些火种就像神一样被崇拜着，人们还在火神面前举行各种各样的祭祀仪式。这就是波斯人崇拜火神的来历。

在波斯的北部，流传着一个山中老人的故事。山中老人是个穆斯林，名叫亚洛丁。他在一个美丽的山谷里，建造了一个大花园和众多富丽堂皇的宫殿，并用管道输送葡萄酒、牛奶、蜂蜜和清澈的水，以此作为小溪。在这个世外桃源里，到处都有身着盛装、能歌善舞的美丽少女。他建造这个花园的目的是，以提供无限的色欲享受的方式，说服他的追随者们相信：他与穆罕默德一样，也能给穆斯林提供一个极乐园；他也是一位先知，能带他喜欢的人进入极乐园。这个山谷的入口处，有一座坚不可摧的城堡。要想进入这个梦幻山谷，则要通过一条秘密通道。

在这个宫殿里，亚洛丁款待了很多来自大山里的年轻人，他们个个都是骁勇善战的人。亚洛丁每天都会给他们描述在极乐园里的享乐，并答应带他们去极乐园。他会按时给其中一些年轻人喂食麻醉品，趁他们熟睡的时候，把他们送到他所建造的宫殿中。当这些年轻人醒来的时候，发现自身边围绕着一群美丽可爱的少女，她们唱歌、弹琴，还带来了美味的食物和香醇的美酒。这些年轻人乐极而醉，确信自己已经到了极乐园。他们在这里乐不思蜀。

四五天后，这些年轻人又进入麻醉状态，被抬出花园。亚洛丁就问他们曾去过什么地方，他们回答说，承蒙您的关爱，我们到过了极乐园。听到他们的叙述，人们都很惊诧。因此，那些追随者们就死心塌地的侍奉他，如果邻国的王公稍使他不快，这些愚蠢的追随者们就会很快将其置于死地。亚洛丁骇人听闻的暴行，在周围各国传播开来，人们都为此感到惊恐不已。

当然，这个故事也传到了忽必烈大汗的耳中。他听够了这种暴政，忍无可忍，终于在 1262 年，派兵围攻亚洛丁的城堡。由于城堡易守难攻，战斗进行得异常艰苦，一直到了三年后，亚洛丁因缺乏给养而投降，旋即就被处死。至此，臭名昭著的山中老人亚洛丁消失了。

03. 鞑靼人和他们的大可汗

现在，我说到了鞑靼人，接下来我会讲述更多关于他们的事情。鞑靼人是游牧民族，他们在任何地方都不会生活得太久。到了冬季降临的时候，为了让他们的牲口有充足的草可吃，他们就会迁徙到温暖的地方，居住上一段时间。他们有成群结队的牛羊。他们居住的房子，是用木杆支起的圆形帐篷，他们会在帐篷顶铺上细密的圆形毛毡，以便卷起打包携带。无论他们在什么地方支帐篷，他们的帐篷口总是朝南的。

鞑靼人迁徙时，乘坐牛和骆驼拉的车。无论走到什么地方，他们都分工明确。妇女主要负责所有家用物品的买卖，以及照顾她们的丈夫与家人；男子则把所有的精力都用来狩猎、兜售猎物以及参与战事。他们有世界上最好的猎鹰和狗。鞑靼人的食物主要是肉和奶，他们所吃的肉，可以是马、骆驼、狗及其他任何动物的肉，喝的是马奶，经过调制后有白葡萄酒的口感和味道，他们称这种饮料为科姆尔。

鞑靼人信仰一个品格高尚的神，这个神被他们称为纳蒂盖。他们除了向这位神祇烧香祈祷以外，每个家庭中还会供奉他的神像，神像平时用毛毡盖着。他们还为纳蒂盖塑了一个妻子和孩子。在鞑靼人看来，他掌控着人世间的一切，保护着他们的儿女，护卫着他们的牛羊和粮仓。他们非常尊崇这位神祇，就连吃饭时，也不忘切下一小块厚厚的肉，涂抹一下神像的嘴。

富裕的鞑靼人，穿的是金银丝线织就的衣服，披着貂皮或其他动物的皮，所用的饰品也非常昂贵。他们性情粗野、机智勇敢，擅长用弓箭作战。他们有着征服世界的战斗品质和超常的耐力。关于这一点，已经通过一些事实证明了。

鞑靼人作战时，从不与敌人混战。他们喜欢围住敌人，先后从两边向他们放箭；偶尔他们也会假装后退，而且边退边向后面的追兵射箭，射死敌兵和他们的战马，就像正面交战一样。这种打法会让敌人刚开始以为自己获胜了，实际上却是战败了。因为鞑靼人诱敌深入之后，便会四面包抄，再度飞驰回来反扑，击败敌人的残余部队。即使对手进行顽抗，最终也会被俘虏。忽必烈是鞑靼人的第六位大汗，在1256年开始了他的统治，1280年成为统治大元帝国的皇帝。[1] 从他开始统治鞑靼到现在已经42年了[2]，今年他正好85岁。“大汗”一词，是由他的祖父成吉思汗而来，他第一个获得了“汗”的头衔。

忽必烈是最具有雄才大略和最成功的统帅，最适合率领鞑靼人去战斗。他征服了中国南方的各省，灭掉了古老的王朝，统一了整个中国。在平定了中国南方和北方的反抗者之后，他就不再御驾亲征了。

每年二月初，是鞑靼人新的一年的开始。那时候，他们习惯于身着白色衣服，把数目巨大的漂亮的白马献给大汗。在那一天的白色盛宴上，大汗的5000多头大象会身披彩衣，列队检阅，其场面蔚为壮观。

大汗豢养了许多豹子和猞猁，用来捕猎麋鹿；他还养了许多狮子，用来捕捉野猪、野牛、驴、牡鹿等动物，以供其娱乐。当狮子被放开，开始追逐动物时，那难耐的野性和惊人的速度，真是令人叹为观止。在运送狮子时，大汗命令将一只小狗与狮子共同关在笼子里，放在车上，这是为了让狮子熟悉狗的习性。大汗还养了猎

[1] 该书作者对忽必烈的生平了解有误。实际上，忽必烈是大蒙古国的第五任可汗，1260年即位，1271年建国号为大元，是中国元朝的开国皇帝。——编者注

[2] 指1298年，当时忽必烈已经去世四年了。——译者注

鹰，训练它们向狼俯冲，老鹰的个头和力气都很大，其他动物，无论个头有多大，都难逃猎鹰的利爪。

在继续我们的故事之前，我们先来讲述一场发生在永昌的战争，这是一场值得纪念的战争。缅甸的国王缅听说鞑靼军队到达了永昌，马上决定乘机发动进攻，以便消灭大汗的军队，使大汗不敢再派军队侵犯他们的边界。

为了达到这个目的，缅甸国王集结了数量众多的军队，包括一大批的大象（这是这个国家盛产的动物），它们是主要的运输工具。大象的背上驮着能容纳 12~16 人的城垛和木制城堡。此外，他还率领大批骑兵、步兵向永昌进发，并驻扎在离大汗的军队不远的地方，以便让自己的军队恢复体力。

鞑靼人最擅长的就是使用弓箭，他们向目标发起了可怕的攻击。缅甸虽表现出最大的勇气，勇猛地进行抵抗，但仍然被打得望风而逃，大部分军队都伤亡惨重。

这个世界的北部，也居住着许多鞑靼人。他们的首领是与忽必烈大汗关系十分亲近的海都。这些鞑靼人都是偶像崇拜者，他们拥有大批的马、牛、羊和其他家畜。此外，这里还有躯体庞大的白熊、毛色全黑的狐狸和大群的野驴。在漫长而又寒冷的冬季，这里的鞑靼人一般乘坐多只大型犬拉的雪橇出行。

在这些最北部的鞑靼人居住区之外，还有一个一直延伸到极北的地区，被称为“黑暗地带”，因为在冬季，那里的大部分时间是看不见太阳的，天空黯淡朦胧如同黎明时分。在那里，即使是有见识的人，都是脑筋愚钝，带着一股愚蠢的气质。鞑靼人常常借着冬季的黑暗，掠夺他们的家畜和货物。

04. 锡兰和马拉巴尔

泽兰岛（即锡兰）是一个环境比世界上其他地方都要好的岛屿，由一个名叫森德拉慈的国王统治。当地人民崇拜偶像，并不依附于其他任何国家。在那里，无论男女，都差不多是赤身裸体。他们的食物主要是牛奶、大米和肉类，他们所喝的酒取自树上。这里到处都生长着最好的苏木。

岛上还盛产世界上最漂亮的红宝石和其他宝石。据说国王有一颗红宝石，最为美丽壮观，这颗红宝石的长度，有拇指和小指张开后那么长，有男人的胳膊那么粗，而且没有一点瑕疵，灿烂无比，难以言表。忽必烈大汗曾派使者谒见国王，愿以一座城来换取这块宝石。但是国王答复说，即便给了他全世界的所有宝藏，他也不想出卖这件宝物。因此，忽必烈大汗也没能得到它。

离开泽兰岛，就到了大城马拉巴尔。它是印度大陆的一部分，是世上最高贵和富有的国家。它由四个国王统治着，其中为首的一位国王叫森德班蒂。在他辖区内，有一个珍珠渔场。潜水员将长有珍珠的牡蛎养在袋子里，等珍珠长成后，就可以拿珍珠换钱了。国王身上装饰的各种珠宝，可以说是价值连城，其中有一条丝带，上面串着 104 颗美丽的珍珠和红宝石，是最著名的。

使徒圣·托马斯在马拉巴尔殉道，他的遗体就埋葬在这里。至今，在安葬他的那座小城里，还经常有许多基督徒和萨拉森人去朝拜。萨拉森人把他看作是伟大的先知，称其为亚纳尼亚斯，意思是“圣人”。

1288 年，这里的一位很有势力的王子，在收获时节囤积了大量的谷物。他自己的谷仓装不下了，因此不听看管人劝阻，强行把谷物存放在圣·托马斯教堂所属的宗教用房里。第二天夜里，圣人就在他面前显灵，手持长矛抵住他的喉咙，要求他立即把谷物移出教堂的房子，否则置他于死地。王子醒来之后，惊恐万分，立即遵照圣人的告诫，将谷物移出了教堂的房子。

在这里，每天都会有各种各样的奇迹发生。看护教堂的基督徒拥有一片椰树林，他们就以此为生。

这位光荣的圣人是这样殉道的，当他回到自己在林中的隐居处祈祷时，被这个地方盛产的孔雀围住了。这时，恰好有一位他的追随者路过这里，他没有看到圣·托马斯，就向一只孔雀射了一箭，结果误中了圣人。于是，圣人立刻向上帝祈祷宽恕，将自己的灵魂交到了上帝的手里。

离开马拉巴尔，继续向北前行五百英里，就能到达麦菲里（麦菲里意思是“宝山”）王国。在这里，有世界上最好和最可敬的商人。他们从来不撒谎，憎恶强取别人货物的行为。他们还非常自制，具有以一夫一妻为荣的美德。婆罗门有一个醒目的标志，就是他们佩戴的徽标，那是一根粗棉花线，从肩膀系到胳膊下。

当地人是虔诚的偶像崇拜者，很在意各种征兆和占卜。他们购买货物的时候，一定会观察自己在阳光下呈现出来的影子，如果影子大小与身体的大小相符，他们当天就一定要成交。甚至，当他们要去店里购买东西时，也会根据占卜来决定。当地有很多毒蜘蛛，如果他们在买东西时看到一只毒蜘蛛，就会根据蜘蛛来的方向，决定自己下一步做什么。此外，当他们想要外出时，如果听到有人打喷嚏，就会立刻返回家中，待在屋子里绝不出门了。

十二、柏拉图：《理想国》

在柏拉图的著作中，到底有多少主张是苏格拉底的，我们是很难说得清的。因为柏拉图的很多观点，都是继承并发展了老师的思想。柏拉图的这些系列对话集，是所有唯心论的基础，同时也是文学上的名篇。在柏拉图的所有著作中，《理想国》是影响最大的。在这部著作中，苏格拉底与人争论什么是正义。通过这次争论，他描绘出理想的共和国是什么样子的。

01. 辩论是怎样发生的

有一次，我和格劳孔一起，参加场面恢宏的朋迪斯女神（色雷斯的阿蒂米斯）的庆典。典礼结束后，我们结伴回家。途中，玻勒马霍斯强烈邀请我们去他父亲克法洛斯家做客。当我们到达时，那里已经聚集了一些人。老人家热情地招待了我们。他看上去很老了，但一个看开年龄问题的人，并不觉得年老有什么不好，其中一个原因是他非常富有。不过，这并不是唯一的原因。富有带给人的最大好处就是，可以不做违背神的旨意，从而被神惩罚的事情，可以不用撒谎、不用欠神或人的债务。如果一个人认为自己所做的事情是符合正义之事，那么他的内心自然会得到慰藉。

我说："那么正义是什么呢？是否就是一直讲真话，借了别人的钱按时奉还？有时候……"

他说："我必须走了，你问问玻勒马霍斯的看法吧。"

于是，我们围绕正义的性质这个主题，展开了讨论。我们和色拉叙马霍斯辩论了一会儿后，格劳孔说话了。

如果正义是人们希望拥有的，那么想拥有的原因是正义的本身，还是正义的结果，或者两者兼而有之呢？大家基本上都同意第二种观点，觉得正义虽然可能会带来一些麻烦，但却是必须拥有的。纵容不正义的行为是有害的。为了避免伤害，弱者应该团结起来抵制不正义的行为。如果有人因为带着古各斯的戒指，别人都看不到他，从而恣意妄为地做自己想做的事，纵情玩乐，那就谈不上合乎正义了。

再譬如，一个坏人用欺骗手段赢得了所有荣誉和财富；但是，一个心底正直的人，却因为误会而名声不佳。人们会抛弃、辱骂、迫害这个正直的人，而那个坏人却能得到财富、名誉和所有的一切。而且，钱能通神，他还能从神那里买到平安。

说到这里的时候，阿得曼托斯[1]也和他哥哥站在一起，加入到辩论中来。他说："诗人们常常赞颂美德在今生或者来世对人们的回报，但在现实中，却是做尽坏事的人生活安适。宗教的乞丐

[1] 格劳孔的弟弟。——译者注

们跑去，向富人兜售廉价的赦罪符。聪明的人都认为，为了荣华富贵，用正义装点一下门面就够了，获得神的谅解并不需要花太多钱。这种关于正义的现世回报的观点，有很大害处。我们希望你能告诉我们正义的内在价值是什么，我指的是正义本身，而非正义的外表。”

“辩论得好，”我回答说，“特别是你能反对自己的结论。尽管这不是个简单的问题，但我还是尽量给你一个满意的答复。我的观察力不够强，看小问题会比看大问题更透彻一些。实际上，我们可以通过‘一般的’问题去解释‘特殊的’问题。正义既是国家的美德，也是个人的美德。如果我们能在‘大’的国家里找到正义，那么就会有助于我们在‘小’的个人世界里找到正义。”

02. 苏格拉底的乌托邦

社会产生的原因，是不同的人们掌握了不同的技术，更大程度地满足了不同层次的需要，分工合作能满足所有人的需求。当这些需求日益增加时，社会也随之不断扩大。产品交换活动开始后，除了生产者，又出现了市场和商人。人们也逐渐开始雇佣仆人。由此，一个完全的城邦或简单的国家就这样出现了。

人类的文明程度，随着时间的推移而逐渐提高。但此时，当我们的城邦与邻近的城邦要互相争夺别人的土地的时候，军人也随之出现了。只有那些经过认真甄别、品行端正、受过严格训练的人，才能保护好我们，他们对待敌人应当凶猛异常，对待朋友则应友善大度，就像真正的哲学家——狗——那样。狗辨别敌友的方法是看是否认识，认识的人就是朋友，不认识的就是敌人。由此可知，知识能产生友善。

因此，我们必须向我们的保护者灌输知识，培养他们。我们一定要教给他们音乐与运动，尤其是文学。我们教给他们的知识应该先虚后实：先教语言后教事实。我们对他们学习的教材必须要严格把关，删掉其中所有本质虚伪的东西。

我们要删掉那些说神坏话的故事，我们要在教材中描述神的真实情形，神永远只做好事不做坏事，他不会犹豫不决，也不会改变计划，更用不着装模作样，神也痛恨那种灵魂深处的虚伪。至于人们认为不错甚至可以赞扬的欺瞒，神也不会接受。我们永远都要说神是绝对真实的。

同样，我们也要删除描写恐怖死亡的故事，譬如阿喀琉斯在地狱里说“宁愿活在人世做奴隶，也不愿在黄泉之下做主人”的故事，就要删除。所有的英雄人物，都不能过于悲伤和放纵，甚至不可以放声大笑，神就更应当这样。

真理是需要灌输的。除了统治者，任何人都没有向病人说假话之类的特权。节制——自我克制和服从命令，是非常重要的品质。但荷马笔下的神和英雄并不都具备这样的品质。因此一定要删掉书中那些不适合教育人的内容。至于描写正义的人受苦、坏人享福的部分，等我们给“正义”下过定义之后再谈。接下来，我们就开始讨论故事和传说都必须采用的诗的形式问题。

诗可以分为以下几种形式：简单的叙述、摹仿和这两种形式的结合，另外还有叙事戏剧和叙事与对话相结合的戏剧。我们的保护者绝不可以去模仿，就算要模仿也应该模仿那些杰出而高贵的人。模仿不好的性格无益于道德，因此必须尽量对模仿的范围进行限制。什么样的人才有资格做我们的实际统治者呢？唯有最优秀的长老。他们坚定的信念和一贯的作风能让他们完全抵御各种各样的诱惑。我们称他们为保护者，称比较年轻的为辅助者。我们要想方设法让包括保护者、战士和百姓在内的每个人都坚信一个谎言，即每个人都像卡德马斯神话里的武士那样，是从土地里长出来的。土地是所有人的母亲，大家都是兄弟姐妹，其区别不过是每个人分别是用金、银、铜、铁这四种不同金属制造的。每个人的金属成分不一定和自己父母的相同，可以根据每个人身体所含的金属成分划分等级。

战士们为了保护城邦必须修筑兵营，他们当兵是为了履行职责，而不是为了获得报酬。军人必须过集体生活，给养由国家提供，任何人不得拥有私有财产。

03. 正义与公有社会

讲到这里，我们再回过头来讨论一下正义。如果我们要了解正义，首先应当了解一下其他三种美德。第一种美德是智慧，这是保护者所必须具备的特质。如果保护者具有智慧，那么全国就会有智慧。第二种美德是勇敢，这是军人应当必备的特质。这种勇敢指的是军人必须在训练中学会真实地估量危险。第三种美德是节制，即自我控制，换句话说就是用自身高尚的品格压制住卑劣的品质，就像一个国家，永远是高尚的阶级统治着低贱的阶级一样。不同阶级之间的和谐关系就是节制的体现。国家的每个公民尽力做好自己分内的事，不越俎代庖，这也是一种美德。现在，让我们来看看这种美德是怎样具体体现在每个人身上的。

众所周知，每个人都具有三种不同品质：理智、情感（精神）和欲望。和前文所述的三种美德相同，这三种品质既各自独立，又同时发挥作用。一个物体的一部分不能同时做出相互矛盾的两件事。但欲望却能驱使人们做出不理智的事情，情感又不同于欲望和理智，它仅与理智存在稍许联系。理智和情感与前边提及的智慧和勇敢相似，节制指的就是控制欲望。把人灵魂里各种美德汇总到一起，就是正义，即每一部分的美德都尽力做好自己的本分。有了这样的定义，再讨论正义和非正义谁更有利就是一个滑稽的问题了。

美德是单一的，但恶行却有着多种多样的形式。最完美的国家形式就是我们国家的这种形式，不论只有一个保护者，还是有许多保护者的贵族共和国，都是如此。不完美的国家形式却有四种，即四种形式的恶。

谈到这里时，我的讲话突然被格劳孔和阿得曼托斯打断了，他们认为我回避了如何安排妇女儿童这个难题。我虽然曾说军人要过集体生活，但这句话比较含糊。我所希望的公有制是什么样呢？

这是两个截然不同的问题：一个是想要的是什么；一个是可能发生什么。

第一个问题：我们的保护者就好比是看家护院的狗。格劳孔很了解狗，我们并没有把公狗和母狗分开，母狗也一样能随狗群打猎。同样女子也能做男子做的事情，女子也应该和男子一样接受音乐教育和体能锻炼。女子们应该和男子承担同样的责任吗？难道就因女子和男子有差别，她们就不能做男子能做的事情吗？其实男女除了生儿育女的职能不同外，也只有能力高低的区别了，这与男子和男子之间的差别，本质是一样的。既然如此，那男女就应该接受同样的教育和职业，承担同样的责任。

第二个问题则很吓人：男女的社会生活。“你必须证明这是想要的还是可能发生的。”男人和女人一起接受教育和生活，但不可以有淫乱行为。男女配对时，一定要考虑未来生育子女的问题，在适当的时候，抽签决定，让最优秀的男人和女人结合。然后，对他们的后代进行集体教育，连母亲都分不清哪个是自己的孩子。男子的生育年龄应该限制在25~55岁之间，而女子则应限制在20~40岁之间。同一段时间出生的孩子彼此都是兄弟姐妹。

因为大家不分彼此地生活在一起，就非常团结，也就不会产生纠纷了。国家能满足人们的一切生活需求，这样就不会再有人去做卑鄙和奉承人的事情了。

谈到可行性，公有制非常适合战争。可以带少年们去战场上观战，懦夫被责罚，勇士被表彰。战死沙场的英雄和为国立功的人，被人们当作半神，立碑纪念。对希腊人的任何战争，都是对我们亲人的战争。至于这些能否实现，这就是最可怕的第三个问题了。

04. 哲学王

如果当国王的是位哲学家，那么这些事情才可能成为现实，也只有在这种情况下才可能实现。

哲学家需要的知识是多种多样的。善、美和正义等的形式虽然复杂多变，但却有着单一的实质。对各式具体事物好奇，并不能与求知欲混为一谈。知识针对的是唯一的永恒理念，即是针对实际存在而言的，就像无知是针对不存在而言一样。而那种既非存在又非不存在的经常变化的东西只是形成意见的材料，意见就是知识和无知的中间状态。无论何时何地“美”终究都是“美”，而对于那些看起来很美的东西，很可能换个角度看就变丑了。我们应该把对美的事物的体验和好奇与美的知识区别看待。哲学家和艺术鉴别家是不能混淆的，而知识和意见也同样不能相提并论。哲学家心里有着完整的美、真和正义，他掌握着永恒真理的知识，把所有的时间和存在当作自己的思考对象。这样的人无论得到怎样的夸赞都不为过。

“夸赞他们倒不算什么，但是在日常生活中，哲学家们为什么总是表现得像傻子或无赖呢？”

如果船上的水手不懂航海学的星象知识，那他肯定会把出色的舵手当成只会看星星的傻子，自然也不会让这个傻子来驾船了。普通人都认为哲学家的抽象理论很愚蠢，不愿接受哲学家的指引。其实哲学家是最好的人，而那些道德败坏的哲学家却是最坏的人。他们虽然影响不了那些意志坚定的人，但却对普通人造成了非常恶劣的影响。普通的专业哲学老师只会迎合别人，而不会适当地引导大家的意见，并赖此维生。这些害群之马挂着哲学家的名头到处招摇撞骗，而真正的哲学家却离这个混乱的世界远远的。现在，在世界各国，哲学已经找不到能自由生长的土地了。但是一旦哲学在合适的国家建立起来，那么它的神圣之处很快就会彰显出来。

现在我可以毫不犹豫地说，我们应该让保护者成为哲学家。但是，很少有人具有成为一个哲学家所必须具备的各种品质。我们应该彻底调查，保护者只有在得到立足于各种知识的基础之上的训练后，才会有能力去研究那比正义和智慧更高的“善”的理念。

善和智慧就好比是太阳与视力的关系。善是真理的来源和原因，真理则让我们看见理念之光。在本质上，善既不是真也不是被感受的理念，它高于这些东西，如同太阳是阳光的起源一样，它也是这些东西的起源。我们可以把平常所见的事物分为两部分，一是实体，一是实体的摹本、反映和影子。相对应的，理智感受到的东西也存在于这两个世界。第二世界的东西，例如数学，它的一切都是由假设的基本原理推导而得到的。在后面的范畴里，由这一系列的假设，最终得出基本原理。

通过进一步的推理，我们得出人类心灵具有四种能力，他们就像是四个部门，分别是纯粹理性、悟性、信念和影子的感受；其中前两种能力是就存在而言的，属于理智的范畴；后两种能力是就形成而言的，属于意见的范畴。

05. 影子与实体

打个比方，整个人类就像是一群披着枷锁、背对光线、藏在幽暗山洞里的人。我们身后的栏杆外生着一堆火。我们只能看到沿着那栏杆走动的人映在我们面前的墙上的影子，只能听到他们声音的回声。如果我们中有人转身迎着光线，正面看看那些人，最初肯定会感觉头眼发花，如果他们走出山洞看到太阳，眼睛肯定会更花。但适应一会儿，他们就能看清这些人了，而且还能感受到观看的乐趣。如果让他们重新回到山洞，他们的视力就远不如一直待在山洞里的人了。如果他们把自己在外面看到的东西告诉别人，别人肯定认为他们在胡说八道。因此，见到过光明的人肯定就不想再回到黑暗的山洞里了。

但我们要知道的是，山洞里的所有人只要能把身体转向光明，就都能看清外面的东西。如果去掉逼迫他们背对光明的肉欲枷锁，每个人都会有所改变并开始真正的生活。因此我们要找到最能面对光明的人，让他们回到山洞，告诉山洞里的人知识所具有的优势。如果他们觉得这样很辛苦，就应该让他们牢记，集体利益是最重要的，要把集体利益放在第一位，把个人利益放在次要位置。

我们怎样才能让他们转向光明呢？只教育音乐和体育是不行的，我们还要继续进行算术、几何、天文学的教育。另外就是抽象的和声学（不是声音的和声学）的教育。所有的这些课程都是辩证法的学习的基础，是学习辩证法的准备。辩证法是最高的科学，只有它能引导理智去思考最终的目标——“善”的理念。说到这里已经没有再进行解释的必要了。这就是纯粹理性的科学，是知识的巅峰。

很早以前我们就发现，统治者们应该具备身心方面的多种才能，每种才能都应该达到最高标准，他们必须经过严格选拔，而且在其 20 岁的时候还要再进行一次选拔，只有过关的人才能接受接下来十年的教育。到他们 30 岁，我们再从中挑选最能面对光明的人，这些人都经过了考验，是非常坚定的人，不会因为离开熟悉的环境而害怕。然后再让他们进行 5~6 年的哲学学习，才有资格在国家的重要职位上任职 15 年。当他们 50 岁时，应该再重新研究哲学，然后才有资格担任统治者和从事接班人的培养工作。

06. 国家类型与个人类型

在讨论这两个问题之前，我们先简单说明一下四种有缺点的国家类型和与此相对应的个人类型。希腊的国家类型有四种，分别是：第一种，斯巴达政体，在这种政体中，个人的野心和荣誉处在统治地位，我们可以称其为贵族政体；第二种，寡头政体，在这种政体中，财富处于统治地位；第三，民主政体；第四，僭主政体，这种政体中的统治者独断专行。僭主政体，是这四种国家类型中最不正义的，将它与最正义的类型相比，我们就知道是应该选择正义还是选择非正义了。

如果一个各方面都很完善的国家，运用的生育法则不合理，那么他的统治集团内部就会混入一些低劣的后代，完美的国家就会因此退化成贵族政体。而如果这个国家再采取财产私有制的话，统治者们对待国民的态度就会由保护者态度一跃转为主人态度。统治集团内部也会发生争斗。这样国家的教育就会使体育优先于音乐，而人们心中就会逐渐滋生野心和拉帮结派的想法。在一个社会秩序不稳定的国家，一些伟大人物为了明哲保身，势必会从政治中退隐。他们的孩子就成为与这种政体相对应的个人类型，这些孩子会在母亲和趋炎附势的友人的怂恿下，竭力夺回父亲所抛弃的一切，个人野心就成了他的主要性格。

采取财产私有制还会导致第二种政治形态，即寡头政体。在这种情况下，金钱胜过美德，人们对财富的欲望超过对荣誉的热爱，统治国家的也是有钱人。国家会因此而分裂成富人的国家和穷人的国家。穷人又分为两种：一种是忍受现状的；另一种则是敢于冒险的。与此相对应的个人形态是：曾得到过荣誉的父亲已经倒台了，儿子放弃了个人野心，转而追逐金钱，也许他还要带着自尊的假面具，但当面对钱时，他就会无所顾忌。

在寡头政体中，贪婪者会把奢侈放纵的毛病传染给其他人。无力还债的负债者会被迫起来反抗富有的统治者，甚至推翻他们，从而让人人都能参与政府的工作。国家因此而不再统一，也不再是对立的两部分，而是变得四分五裂。人们失去了约束，任何人都可以根据自己的意愿去做任何事。无论是谁，只要掌握了国旗，就俨然是个政治家了，这就是民主政体。而可怜的寡头统治者的儿子，就此结束了他的安逸与享乐，堕入了更加放荡的生活。由于没有受过教育，自然分不清是非黑白。他把自己的放荡行为当作美德，他的思想也变化无常。

最后，我们来讨论一下僭主政体和僭主。当民主政体发展到最后，就变成了完全无政府状态。此时，奴隶和主人地位相同。曾经的冒险家变成了善于鼓动人心的野心家。他们逼迫那些善良国民实行寡头政体。这时，那些所谓的保护者、勇士和英雄就以大家所熟知的方式，变成了军事寡头。军事寡头和他的雇佣军攫取了人民的大量财富，却置人民于水深火热而不顾，这就形成了僭主政体。以前在民主政体时期，受到民主思想和教育熏陶的人物的儿子，受到的却是最狂热和最野蛮的贪欲的影响，他们既是凶残的僭主又是贪欲的奴隶。各种各样的坏人都是这一类型，其中尤数窃国的僭主最坏。因此，实行僭主政体的国家，是饱受奴役的国家。世界上最不自由的，就是暴虐无道的人，因此国家僭主是其中最不自由的。

对此，阿里斯同的儿子慨叹道，无论神或其他人是否承认，最正义的人最擅长自律，也最快乐。

07. 正义者的幸福

现在，我们来谈谈第二个证明。与理性、情感和欲望这三种灵魂成分相对应的是三种快乐，即知识、荣誉和财富。每个人都会被这三者中的一个所主导。有人认为，财富比知识带给人更多的好处，有人认为知识无法和荣誉相提并论。哲学家却只关心真理，也唯有哲学家会根据三者的经验做出取舍。因此，只有哲学家才有做评判人的资格，在哲学家心里，排在第二位的是情感方面的满足，而排在最后的才是欲望的满足。

下面是第三个证明。我认为只有哲学家才拥有最真实的快乐。苦与乐之间有个过渡阶段，从乐的方向出发是苦；从苦的方向出发则是乐。与肉体的快乐相比，灵魂上的快乐更加真实。肉体的快乐只不过是快乐的影子而已，转瞬即逝。

虽然我对荷马的观点不敢苟同，但我认为我们对诗的处理还是正确的。关于摹拟的意义，我们可以做更进一步的讨论。如前所述，特殊的物体是某种一般理念的体现，譬如木匠做的床、椅子和桌子等东西，只是根据一个绝对理念所做出来的理念的摹本。造物主创造了一切理念，所有的物体都是他的理念的摹本。我们能够从镜子中看到物体的映像，并按照映像制造出某些东西，但这也不过是物体在某个角度的摹本，是理念摹本中的一部分。

画家和诗人的创造都属于这种部分摹本。他们了解和临摹的并不是实体，而是现象。如果诗人知道实体，他们所创造的就不是对摹本的模仿，而是别的东西了。另外，他们所摹拟的既不是最高级的东西，也不是理性的真理，而只不过是较低级的东西和各种情绪而已。对于这些情绪，我们应当进行抑制，而不能激发。无论摹拟的诗作有多出色，我们都应该制止。我们只允许赞美神和颂扬伟大人物的诗作。这就像不能让野心和金钱引诱我们那样，也不能让诗诱惑我们。就前文所述，只不过是美德的回报的一小部分，不朽的灵魂对非永恒的东西，根本不屑一顾。

“什么？不朽的灵魂？你如何证明灵魂是不朽的？”

当然可以证明。万物都有善恶之分，物体之所以灭亡并非外界因素，而是因为它自身内部的腐朽。肉体上的疾病和伤害都损伤不了灵魂，更不会毁灭灵魂。灵魂的损伤，就是非正义，这不是由肉体上的伤害导致的。如果连罪恶都无法毁灭灵魂的话，更何谈其他的东西。故此，我们说灵魂不朽。灵魂有固定的数量，既不会增加也不会减少。如果灵魂能够增加，那必定是从可灭的东西来的，这就毫无道理了。

以前我们常说正义对灵魂的好处，现在我们看到了正义的丰厚回报。神知道谁是正义的，因此即使活着时没有回报，也一定会在死后有所回报的。从长远来看，正义的人才是最幸运的。因此，让我们相信灵魂不朽吧，只要坚持知识和正义，相信快乐会一直伴随着我们，不论生前死后。

十三、亚里士多德：《尼各马可伦理学》

这部《尼各马可伦理学》（又称《伦理学》），是亚里士多德在道德方面的最后主张，它整理与补充了作者此前的两部著作《欧台谟伦理学》和《密格拉伦理学》（即《大伦理学》）中的思想。这部作品极其简明扼要，可见它是由作者多次演讲的摘要编辑而成的。这部著作对伦理学思想产生了非常深远的影响，尤其是书中对美德的分类法以及美德中关于中庸的主张。

01. 生命的目的与美德的意义

"善"是所有艺术、科学或行为的终极目标。这种目的或是行为本身，或是行为结果。低级艺术的目的不过是用来实现高级艺术之目的的手段。如果有最高目的，那必定是"善"。要想研究

“善”，就必须借助于最高的社会科学（政治学）。最高的善是幸福、美好生活或福利，而政治学就是要实现这一目标的一门科学。

但不同的人对幸福的理解也不相同，有人认为快乐就是幸福，有人认为荣誉就是幸福。这两种观点都不合适。柏拉图学派认为幸福是一种抽象的善，这种概念去掉了所有的“特殊”，只保留了“普遍”。就算仅从逻辑学或形而上学的角度来审视此观点，也能够找出它的许多破绽。但如果不从逻辑学或形而上学的角度看，这就是个毫无意义且毫无价值的观点。换句话说，这种抽象的善的知识完全不能应用于我们的日常生活，但我们的基本出发点却正是实际用途。

如果人们要寻求一个最高层次的“善”，那这个“善”的主要性质是什么呢？最高层次的善，即至善，它应该是完全的、美满的。而任何用来实现自身之外之目的的手段，都是不完全的。“完全”的目的就必须只是目的，而不应该是手段。它应该是善中之最，并能包含全部的善。就个人而言，不论独处之时还是融入社会之际，它都应该是完全的。

现在，我们把幸福界定为人的工作，即作为人的职能的工作。所有事物都有其特定职能，而善就是执行自己的这种职能。人当然也有自己的特殊职能。在执行这些职能时，人不可能像动植物那样恣意，而是要依据理性而生活。所谓理性的生活，就是终其一生都遵循着一种或多种德行，使生活趋于完美的生活方式。如果我们用日常生活经验来检验这个结论，就可以得到很多证实。善可以分为外部之善、身体之善和灵魂之善，其中灵魂之善是最高的善，因为灵魂指挥着所有的行动。如果说幸福是德行，那么我们应该把德性和力行的德行区分开来。辅助力行的德行的善，可以看成是幸福的一部分。幸福不是上天赐予的，也不是高深莫测的，我们可以通过教育和努力来获得幸福。

德行可以分为智慧的德行和行为的德行，前者可以通过学习获得，后者则要通过实践实现。行为的德行不是上天赋予的，但获得这种德行的能力却是上天赋予的，必须通过实践才能获得行为的德行，就像要想得到优越的艺术和控制激情的能力必须进行实践一样。从这个角度来说，教育是非常重要的，因为德行就是道德实践的结果。

行为方式或者如何行动一定要符合正确的理性。需要注意的是，我们现在并不是要制定一般的命题，而是要制定随环境变化而变化的一般规则。我们必须把行为控制在“过”和“不及”之间，这才是适合产生和体现德行的正确规则。德行还与苦和乐相关，因为苦、乐具有诱惑或对抗德行的力量。美、利、乐这三者是永久存在的诱因，当乐加入了美与利，从某种角度而言，对乐最好的行动就是德行。

但是，单纯的行动中并不存在德，只有通过知识和选择进行的行动才有德，有德的行动应该是为着行动自身的行动，是执着不变的行动。最无足轻重的应该是第一项的知识，谁认为它最重要，谁就犯了思辨的错误。

感情或激情、能力、习性，是心灵的三种形式。我们无法评判感情或能力本身，因此我们认为在感情或能力中无法寻找德，只有去习性或制约中寻找。德的习性或制约能帮助具有德的人完成自己的职能，就人而言，即是灵魂的活动，经过辨别取舍，它就会一直保持在过与不及之间。

另外，我们也要清楚，有些品质本身就不正确，因此德行不能是中庸的东西，而必须是极点。我们在讨论勇敢、节制和慷慨等美德和社会的德行（好的行为方式）、感情的德行时，就能看到与之对应的过和不及。我们也要对正义和理性的德行进行专门的讨论。

所有的德行都和两个相互对立的极端对立。有时，德行和一个极端的对立会比它和另一个极端的对立大。比如，勇敢和怯懦的对立就比勇敢和莽撞的对立大。

在进行分析之前，我们应先研究一下选择的问题。如果要赞扬一种行为，那它就应该是主动的行为。在外界的压力下做出的行为是被动的。如果一种行为不是自愿的，但仍有选择的余地，那也应算作是主动的。被动行为还应分为无意的和不肯的。如果是无意的被动行为，如果事先知道，也就不会那么做了。

选择与自愿的行为、欲望或感情不同，与希望也不尽相同。我们虽然能期望那些无法实现的东西，但却不能选择。选择不是考虑，是考虑之后决定的那个动作。如果一个人有说“行”或者“不行”的权利，那他就能够决定自己的行为。如果我们因为无知而做出了错误的选择，并且需要自己承担责任，那就应该谴责自己的“无知”，而不是把它当作原谅自己做出错误选择的借口。如果是因为自身的坏习惯而导致判断出错，从而做出了错误的选择，那就更不应该把责任推脱给别人，而要承认是自己的失误。因为身不由己才做错事，不过是一个借口而已。

02. 德行之研究

德行是在正确理性的引导下，通过行动表现出来的一种行为习惯。这样的行为及其全过程都是出于主动的。

现在，我们就几种德行的情况进行详细分析。

勇敢需要摒弃恐惧，但却不代表摒弃一切恐惧。我们也应该有所恐惧，譬如对丧失荣誉、贫穷等的恐惧。这些恐惧并不与大无畏的勇敢相矛盾；相反，只有怯懦的人才会丝毫不忌惮这些。为了真正的荣誉，不畏惧自己所能掌控的东西，能忍受自己所不能掌控的东西，这就是勇敢的习性。过之则是莽撞，是蛮勇；不及则是懦弱。

有一种勇敢，表面上与上文所述的勇敢十分相似，但其本质却是虚假的，这种勇敢不以获得荣誉为动机，而是以获得体面或虚名为动机的。那些不顾危险，因为盲目的恼怒、自大或根本不了解将面临的危险而产生的勇敢都是虚假的勇敢。真正的勇敢是，为了真正的荣誉能经受得住寻求享乐和躲避疾苦（尤其是逃避死亡）的诱惑。在对这一德行进行实践时，如果达不到实践的目的，很有可能会产生很不愉快的后果。

节制与快乐的感觉是相对而言的，所谓的感觉主要是指触觉，此外，只涉及很少一部分味觉，和视觉、嗅觉、听觉则不过是有些间接关系而已，因此它们不被列入感觉之列。有些肉体上的快乐是每个人都有的，有些却只有个别人才有。节制就是在得不到这种快乐时也很满足，而且只有在这种快乐能带给身体健康和舒适时，才想要拥有它。所谓纵欲，就是一味贪图快乐、逃避痛苦。纵欲比懦弱更具有主动性，受外界的影响很小，不过实际情况也并非全都如此。

慷慨指的是对待财富的态度，介于奢侈和吝啬之间。它主要指对金钱正确的获得和消费，尤其是消费。如果一个人拿钱做卑鄙的事情，或获取不义之财，或一点也不关心财富，他就不是真正的慷慨。慷慨的人容易变得奢侈，他往往不管钱的来处和去向，只知道取钱花钱。也许奢侈的陋习还能够改正，但吝啬的习性却难以根除，这在获取钱财和积聚钱财上都能表现出来。

大方包含慷慨，是大量花费钱财的一种德行，介于摆阔和吝啬之间。大方是富人才具有的德行，大多体现在公益事业上，不过有的在个人庆典上也有所体现。摆阔的弊端是没把钱用在正当的用途上，而不是钱花得过多。吝啬则是在该花钱的地方舍不得花。

豪放是贵族的特有德行。过之则自大，不及则自卑。豪放者会牢牢抓住荣誉、权势和财富的权利，但也并非是锱铢必较，而是想得到自己应得的一份。只有具有豪迈气度和雄伟风范的人才能体现出这种品质，他了解自己的优势且不加掩饰，并能充分发挥这种优势。自大的人往往过高估计自己的能力，而自卑的人则是过低估计自己的能力，并以此逃避责任，因此，自卑的人比自大的人还要卑劣。

还有一种无法为其命名的德行，它与豪放的关系犹如慷慨与大方的关系，不同的是前者关乎荣誉，后者关乎金钱。这种德行过之则为野心，不及则为胸无大志。

温顺介于暴戾（包括暴躁、乖张和残忍）和懦弱之间，是一种中庸的德行。

友善也是一种中庸之道，介于逢迎和粗野之间。它是一种社会道德，其本质就是善意加周到。本分不仅与浮夸相对，还与虚伪相对，只有知道自身优点但不向外炫耀的人才具有这种德行。众所周知，在机智和幽默备受推崇的社会，在那些玩世不恭、粗俗野蛮和一本正经的态度之间存在着明显的中庸之道。

与其将羞耻定义为一种习性，倒不如定义为一种感情，更确切地说，羞耻是对耻辱的畏惧。它和恐惧一样，也是一种生理反应，会使人双颊发红。对年轻人来说，它能防止恶。但对有德之士而言，则完全没有羞耻的必要，因为羞耻中往往蕴含着恶的习性。确切地说，节欲并不属于行为的德行。

03. 公平与不公

现在，我们来探讨一下公平的问题。公平是一种特殊的习性，与特殊才能或科学不同。特殊才能和科学往往包含着对立的两面，例如关于健康的科学也是关于疾病的科学。但是公平的习性不可能包含不公平的习性，它们是完全对立的。“公平”一词可以适用于不同的意义，因此，“不公平”也有其不同的用法。

不公平包括不遵守法律、掠夺和不公正。掠夺是指过度获得本不属于自己的好东西，不公正则涉及善和有害。从法律的角度来讲，凡是法律确定的都是公平的。法律也包括了所有能影响他人的德行行为。广义的公平，其含义非常宽泛，相当于正义。而我们现在只讨论狭义的公平。掠夺其实也是不公正的一种。不公正才是真正能与狭义的公平相对的名词。法律上的不公正往往是特指为了自己的利益而违背法律的行为。

我们可以从以下两个方面来讨论公平问题：一是分配上的公平，即国家对公民荣誉等的分配和根据契约与协商进行的财产等方面的分配是否公平；二是补救的公平，即纠正和补救那些不公正的分配。任何事情都涉及两个方面，公正就是采取中间态度，既不偏袒甲方也不庇护乙方。

公平分配的前提是对所有功绩全面考虑，而补救的公平目的则是恢复已被打乱的平衡。公平分配并不是要搞平均，而是要为分配确定一个正确比例。报复亦然，因为报复是分配的一个组成部分。例如官兵互相攻击的报复行动就是一个这样的例子。按照一定比例支付报酬是社会经济的基础，要实现这一点，就必须确定一种较为稳定的货币计算标准。

一个国家的公平，取决于这个国家的法律和执法者。公平也被视为官吏的一种美德，因为这和他的自身的利益没有直接关系，因此通常认为公平是对别人的好处，自己在其中没有任何利益。在一个家庭当中，是无所谓公平的，因为就某种意义而言，家庭只是家长身体的各部分。正如一个人对自己而言，谈不上公平不公平一样，家庭内部也不涉及公平与否。在整个国家中，公平取决于事物的性质和当时的法律或习俗。

就个人行为而言，之所以会发生伤害事件，有时是因为判断失误，有时则是因为无法预料的意外。故意但无预谋的伤害事件只是一种错误，而有预谋的伤害事件就是不公平。有些行为表面上看起来不公平，但如果事先征得了被害人的许可，那么就是公平的。就分配者与领受者而言，如果分配者与领受者不是同一个人，那么制造不公平的必然是分配者。同理，在分配者与分配物之间，制造不公平的也必是分配者。但如果分配者这样做并不是为了自身利益，就不能将这种行为视为不公平。

行为上标新立异并不难，难的是由正确的习性做出正确的举动。与此同时，在某些特定的情况下，要对某些事情做出正确的判断也有一定的难度。但一个人如果养成了公平的习惯，要他做不公平的事也是不太容易的。

从法律意义上来讲，平衡法和公平是有区别的。法律条文针对的是一般的情况，而平衡法则是在法律无法界定的特殊情况下，为避免错误的公平而产生的。自虐或自杀行为中都存在着不公平，法律之所以要惩罚自杀者，并不是因为他这样做对自己不公平，而是因为对社会不公平。只有在类比的情况下，我们才说一个人对自己不公平，这样说的原因是，我们已将某人与其自身某一部分的关系视为了人与人之间的关系。

04. 智慧、谨慎与节制

在讨论理性的美德之前，我们必须先说明一下灵魂。我们把灵魂分为两部分：理性的部分，即知识的部分，它是关于不变现象的部分；推理的部分，它是关于可变现象的部分。我们的知性和嗜好——不是我们与动物所共有的感官知觉——指导我们的行为与我们对真理的认识。吸引与排斥相对、肯定与否定相对，只有把两者结合起来，才能做出正确的选择。实践理性——它是与纯粹理性相对的——以一个外界的事物为目标，是行为的原动力。

通向真理的途径有五条：第一条，对不变事物的研究，称为论证科学；第二条，关于可变事物的创造，即艺术；第三条，关于可变事物形成的思考；第四条，直觉理性，它是论证科学的基础；第五条，智慧，它是直觉理性与科学的结合。

智慧与思虑是理性的两种德行。智慧包括能够掌握无法论证之基本原理的直觉理性。思虑则是一种很实用的德行，负责短暂的、个人的或局部的利益。智慧与政治才能不同，政治才能和思虑也有所区别。思虑适用于个人、家庭和国家，但它与智慧不同的是：它必须具有实际经验。

智慧所涉及的是最低层基础的知识，它对养成与没有养成良好习惯的人，都没有实际意义，就像医学知识对普通人没有意义一样。但是，智慧是一种能产生幸福的灵魂活动。思虑则是指能够实现行为的德行目标的方法。尽管它本身并不属于行为的德行，但行为的德行却需要它的支持。要想达到善，智慧与思虑，二者缺一不可。

现在，我们来讨论一下行为的第二种品质。前面我们已经讨论过德行和与其相对的恶了。我们不讨论低于人的兽行和高于人的神性，但要探讨节制和与其相对的激情。

通常说，节制就是对自己成形的想法进行压抑。纵性则是指虽然知道不应该，但仍然无法抵御激情的诱惑，并且无所顾忌地追求荣誉、利益和复仇。

用世俗的观点来看，这似乎存在着一些表面矛盾，其实不然。一个人是不会违背完整的知识或自己认知的知识而做出行动的。而人在纵性时，其知识还是存在的，只不过是中断了，最显著的例子就是醉汉。

纵性是相对快乐而言的。有些快乐是人体必需的，如维持生命；有些快乐是人可欲但并非必需的，如追求荣誉。对于不是必需的快乐，纵性只有类比的意义，真正与之相关的则是前者，就像我们把行为的恶称为放荡一样。纵性受到的是极强欲望的推动，而放荡却没有。这些欲望病态最常见的例子就是癫狂。纵性正当的用法只是限于常态。

因为愤怒导致的纵性比因为欲望导致的纵性要好一些。愤怒是一种气质，它自身痛苦但绝不淫荡，这足以证明它和欲望上的纵性不同。通常人们说兽行比恶和纵性更可怕，这是由于它不人道，但其危害却很小。纵性则超越了一般的苦乐准则。如果故意做这种超越，且事后不后悔，那就无可救药了，它会演变成放荡，变成一种行为的恶。虽然放荡不受极强欲望的驱使，但它比纵性更糟糕，因为纵性是公开的行为，是可以改正的，而放荡则不然。由于放荡和纵性的行为表现十分相近，有时会让人混淆。感情冲动是短暂的，并不是因选择错误而形成的固定习性。

凭借坚定的信念而压抑激情即为自制。这种压制并非只遵循一种观点，如若不然，反倒与纵性接近了。极端的自制会使人变得冷淡，当然这种情况并不多见。自制与节制的差别是，前者欲望强烈，但被压制了，后者的欲望则是停止不动的。如同思考和精明不同一样，它和纵性也互不相容。那种由于克制不了欲望而产生的纵性，是非常难以根除的。

接下来，我们再谈谈苦和乐的问题。有人认为快乐本就不是善的，有人认为它只有部分是善的，还有人认为快乐是善的，但算不上至善。就快乐的本质而言，快乐不是恶的，它是一种已经形成的能力不受妨碍的活动，因此它也不会妨碍任何行动，仅仅是行动的实现而已。比如，思辨研究的快乐不会妨碍研究的行为。

所有人都在追寻快乐，说快乐是不善的人，是因为他们所谓的快乐只是肉体的快乐。但肉体上的快乐也并非都是恶的，只有过分追寻肉体快乐才是恶的。有人认为快乐不能永恒，实则是受到了环境的影响。快乐是不变之物，是永恒的。

05. 友谊的基础与类型

友谊是指一个人与另外某个或某些人的关系。失去友谊，生活就变得毫无意义。有人认为友谊是依据“同类相求”的原则产生的，而有人却提出了与之相反的观点。可爱是由善、喜悦和有用共同产生的。任何一种生物都有自己的爱。爱是相互的，这一点与善和虔诚都不同，因为善和虔诚不一定具有相互性。

真正的友谊必须建立在善意的基础上，而以愉悦为基础的友谊，如年轻人的爱，以利用为基础的友谊，如老年人的爱，则只不过是通常意义上的友谊，并非真正的友谊。如果相互之间没有彻底的了解，那么就不会产生真挚的友谊，只有善人之间才会产生完美的友谊。因此，一个人不可能有很多朋友。就通常意义上的友谊而言由于理性的同情而产生的友谊，往往比因性的吸引产生的友谊更持久，因利用而产生的友谊则具有偶然性。当双方都具有德行时，因理性的同情而产生的友谊，就可能发展成真正的友谊。但无论如何，与人交往都是必不可少的。

不同地位的人之间，可能会发生友谊的变种。譬如亲子之间、君臣之间和男女之间，由于双方地位不同，因此感情也会不同。如果彼此之间地位差异达到一定程度（虽然我们无法制定确定的标准），那么就不再是“友谊”了。谁也不愿意自己被朋友看成神，因为那样会让自己显得高不可攀，同时会失去和朋友之间的友谊。世上大多数人的求爱之心要甚于爱人之心，与其说友谊存在于被爱中，倒不如说存在于爱中。

所有的社会团体，或多或少都存在着友谊，其中国家就是一个典型的例子。若以家庭和国家作类比，君臣关系就相当于父亲和子女的关系，暴君对臣子就像是主人对奴仆，专制政治就像夫权，寡头政治就像妻权，贵族政体则如同兄弟关系，民主政体就像是毫无秩序的家庭。友谊在一些关系中，表现为团体精神。不同地位的人之间的友谊，和地位相同但却因利益而缔结的友谊，都非常容易产生矛盾。

友谊是一种交换，在地位相同的人之间，是对等交换；在地位不同的人之间，则按照比例交换。同时，它也是一种报偿，有偿付先后的问题，比如缴纳父亲的赎金和还清借款，虽然同为还债，但也必须有先后顺序。解决这类问题没有什么规律可言，因为没有哪一种债务，是无论怎样都要优先偿还的。

如果朋友学坏了，那么他就不再是你友谊的对象，我们就应当和他断绝友谊。但如果他还能够挽救，那么就不要放弃他。

产生友谊的先决条件是好感，但好感却并非友谊。对于从未见过面谈过话的人，我们只能对他产生好感，却不会产生友谊。对国家而言，和友谊类似的则是共同的感情，这种共同的感情并非就事实而言，而是就方法和目的而言的。施恩比受惠带来的感情更加深厚，因为施恩者会觉得是自己给了受惠者“再生”的机会。每个人都喜爱自己所创造的东西，就像父母喜欢自己的孩子，艺术家钟爱自己的作品一样。

善者是自足的，对他而言，朋友即使不是必需的，也还是可欲的。有了朋友，他就有了施恩而不是受惠的条件。况且，人的最高行为只能在他成为社会的一分子时才能实现，如果离开人群，那么将无法实现。因此，没有朋友的生活是不完整的。只有在有朋友的地方，在与其他人的共同生活中，才能获得最完全最真挚的友谊。

06. 关于幸福的结论

回过头来，我们再谈谈苦和乐的问题。有一种观点认为快乐不是善的，这种观点不但错误，而且还自相矛盾。

快乐之所以可欲，是因为自身原因，与其相反的必然不可欲。快乐可以依托于其他善的东西之上，因此，快乐本身不是善。说每个人想得到的东西都是不善的，这种观点显然是错误的。有人认为快乐不是一种品质，也有人认为它的形态不具稳定性，这些争论与快乐是否是善，都不相关，因为这两种说法都可以用于通常认为属于善的东西。

有人认为快乐是一种行动的过程，这种观点也是错误的。快乐是完整的，而行动的过程只有在结束时才完整。快乐就是完成与之对应的动作。这不是说快乐是可以让行为完整的一种习性，而是说快乐随行动的完成而产生，并是对行动完成的补充。快乐和行动一样，不是持续不断的。快乐不是生活的全部，只是和生活密不可分。

由于快乐所属行为的性质不同，其种类和价值也不同。只有人才有的快乐，必定与人特有的行为相关，而人类和动物共同具有的快乐，这种关联程度必然较为微弱。

现在，我们来概括一下幸福的观点。幸福不是一种习性，但它存在于仔细思考后做出的行为中，而在那些仅以娱乐为目的的行为中，则不存在幸福。这种为其自身的行为，其本身是可欲的，但却不能成为一种手段。人类拥有的最高能力就是直觉理性，直觉理性的活动叫作玄想，故而，人类最大的幸福就是玄想。玄想是持久而自足的，但它只能作为追求的对象，而不能作为手段。

神的幸福也是如此。比它低的人类的幸福，是实现行为道德的生活。由于人类社会的局限，这种幸福在很大程度上也受到了物质要求和环境的影响。进行玄想，只需要最基本的物质必需品。然而，由于玄想与行动分离，所以，玄想无法形成行为道德的生活。

仅有知识是不够的，无法形成行为道德，还必须具有正确的行为习性。习性无法从知识中获得，况且在即便没有知识也无法说服的情况下，通过强迫的方式，同样能够成功地培养一种习性；因此，强迫是国家应该采用的一种方式。

十四、亚里士多德：《政治学》

虽然亚里士多德的《政治学》比柏拉图的《理想国》出现的晚，但它却是把政治学作为应用科学的一个部门来研究的最早的著作。亚里士多德为了搜集研究资料，曾经考察了100多个希腊城邦的宪法。亚里士多德也和所有的希腊人一样，认为只要“城邦”具有很高程度的组织，就可以被称为国家。这部著作直到今天还站得住脚。书中的一部分内容表明了古代世界和现代世界的不同，另外一部分内容却不仅适用于古希腊，也同样适用于今天的欧洲。

01. 政治科学的基础

政治的各种形式，其性质并不是完全一样的。如果要把其中的差异弄明白，我们必须从国家的起源之时谈起。

首先，我们来谈谈家庭。在家庭之中，存在着父母和子女、丈夫和妻子以及主人和奴隶这三种关系。对于主人而言，奴隶是他的私有财产，是帮助主人实现更好生活的工具，不过是有生命的活的工具而已。

奴隶作为财产，会引发一个有关财产的获得与使用的问题。日常生活用品都是通过打猎、捕鱼或者耕种等简单劳动获得的。除此之外，交换也能获得财物。以物易物是获取日用品的自然的方式，但以货币作为一种标准的媒介进行的交换，就不再是自然的方式了。

我们前文所讲到的财产，无论是获得还是使用，都会有所限制。但是，由于货币是一种潜在财富，其获得和使用就没有限制。

与获取财富相关联的问题，是货币的积累；与家庭经济相关联的问题，却是实际的财产。无论哪种情况，金融都不是自然的，而最不自然的金融方式就是放高利贷。获得财产的简单方式是自然的，包括农业和畜牧业的知识在内。但真正的金融本身还包括商业。处于二者之间的，是那些对生活起间接作用的产品的生产。同时，我们还能发现，供应的垄断权是最有效的金融方法。

接下来，我们再谈一谈家庭的管理。我们认为，家长应该有行为道德，但这并不意味着家庭中的其他成员，如妇女、儿童或奴隶等，就不需要道德，而是因为他们和家长的地位不同，对他们的道德要求也不相同。

我们再谈谈柏拉图的理想国。首先，对柏拉图提出建立同一状态国家的观点，我们要进行批判。他不知道国家应该建立在多样化的服务上，这种所谓的同一，只能破坏国家。我们必须坚持国家状态的多样化。

其次，柏拉图提出的共产主义，尤其是妻子和子女的共有制度，在现实中是无法实现的。在共有的制度下，每个人只能依靠所分得的一点儿东西生活，这不但减弱了个人兴趣，而且还容易引发事端，根本无法产生协调。与此同时，一切关爱家庭的力量，也都会化为乌有；由于人们不知道谁是自己的真正亲属，因而任何令人难堪的事情都可能会出现。

其他物品的共有，也会产生普遍的争执。当然，在大家全部出于自愿的情况下，或是有法律规定，人们可以共同使用那些所有权明确的私人物品，那样的话自然另当别论。但是，假如柏拉图的这种设想具有可行性，那么早就应该有人试行过了。

再次，苏格拉底从来就没说清楚过，适用于保护者的法则有哪些适用于普通公民，更没有谈到过它们的同等关系，也没有说明过它们之间的从属关系。除了这三点主要的批评外，当然还有一些次要的批评。

柏拉图在他的《法律篇》中，提出了与“理想国”不同的各种形式，但对我们仍然没有多少帮助。例如，他在书中说，应该有5000名职业军人，这样的比例对任何一个国家来说，都大得令人不敢相信。同时，他还完全忽略了外交关系，也没有提到限制人口数量的问题。总之，这种政体，表面上看类似民主和专制政体的混合，但实际上，它却最接近于寡头政体。

让我们先抛开理论问题，来看看那些大家熟知国家的组织法。首先，我们研究一下《斯巴达宪法》。该宪法规定，为了让自由公民有空闲时间，需要保留大量奴隶。这里就潜藏着奴隶暴动的危险。准许妇女卖淫——这是军国主义国家的一大特点——也起到了腐化作用。因为土地分配不均，大量的土地就集中到少数人的手中——妇女手中，这将最终导致斯巴达人口锐减，甚至有可能绝种。真正的统治者和元老都是从所有自由民中推选而出的，但他们所使用的选举方法却如同儿戏一般。而且，从法律角度而言，公众对他们并不太信任。穷人和富人共同承担公共膳食费用，这明显对穷人不公平。在整个国家制度中，过分以军国主义为其唯一的目标。此外，财政制度也使贪婪之风愈演愈烈。

通常认为，斯巴达的政治制度是抄袭了克里特政治制度，因为两者之间除了一些细微差别外，基本上是相同的，克里特的政治制度当然也存在着同样的缺点。迦太基的政治制度比较接近于上面的两种，但它与它们却有着不同之处，显得更为高明。在迦太基的选举里，能力比机会所起的作用更大，但与能力相比，财富却具有更大的优势。

在雅典，梭伦的立法取代了旧的寡头政治。他们通过对国家官吏的选举方式的改革，加强了贵族的地位。同时，司法制度的改革也增加了民主的因素。梭伦之后的僭主，把梭伦的立法演变成了众所周知的民主制度。我们只需要简单提一下另外五六位立法者的名字，加以简约的说明就可以了。

02. 公民身份、政府与君主政体

公民与贤人的德行是不同的。公民的德行是相对于政体而言的，因此它并不固定，会随着政体的变化而变化。统治者的德行是贤人的德行和行为道德的总和，我们在《伦理学》中已经把行为道德称之为“思虑”。公民不是统治者，不需要“思虑”。公民应该具有治人和被人治的德行，被人治指的是以自由人的身份受人统治，而不是以奴隶的身份受人统治。这是两个范畴不同的德行。

我们可以根据政府是掌握在一个人、几个人还是公众的手里，来对政体分类。正常情况下，以社会利益为目标的政体有：君主政体、贵族政体（即贤人政治）和立宪政体；以统治者的利益为目标的则有僭主政体、寡头政体和民主政体。在寡头政体中，富人统治穷人；在民主政体中，穷人统治富人。从某种意义上说，平等即公平；但若以另外的意义而论，不平等才是公平。民主政体认可前者，而否定后者；寡头政体恰好相反。事实上，财富上的优越，不能形成基本的优越。同理，自由权的平等，也不等于通常所认为的各方面的平等。应该根据德行，来分配政治权利。

至于“少数”和“多数”哪个更好，比较有说服力的观点是：总结多数人的意见后，再得出的判断，要比总结少数人的意见得出的判断好，多数人代表了更广泛的集体利益。但是，我们不能不经选择，就让公众加入政权机关，而是应该让他们参与选举官员。

良好的行政管理，是拥有多种性质的，而不是只有一方面优越。若一个人仅仅是血统和财富占优势，并不能说明他在其他方面的品质也同样好。因此，它们不能作为划分优良性质的唯一标准。如果一个阶级只有一种比较优越的性质，那么，它也不能得到统治权。因为当公众团结起来的时候，似乎比所有的阶级都要高明。

以斯巴达为代表的希腊式君主政体，并不是专制主义，而完全是一种军事统治。僭主政体和君主政体的本质区别是，僭主政体管辖的是雇佣士兵，君主政体管辖的是武装的公民。另外，还有一种与希腊式君主政体不同的君主政体，如果它不是世袭王位的话，就和僭主政体一样；而民选调解官的僭主政体如果实行世袭制，就会变成这种君主政体。在英雄时代，国王们以勇武之力取得权力，然后再以世袭的方式传给自己的后代。他们的权力虽然比斯巴达国王要大，但后来却逐渐被削弱了。从历史上看，政体的演变顺序是贵族政体代替君主政体，寡头政体代替贵族政体，僭主政体代替贵族政体，民主政体代替僭主政体。最后，取代民主政体的是君主专制政体。

反对君主专制政体最有力的观点是，除了说它不自然以外，还说专制者容易专断和腐败。但是，法律却不会这样。甚至可以说，法律由多人掌握也比让一个人掌握更加妥当一些。

03. 国家的必要条件

理想的政体与理想的个人生活，有着非常密切的关系。我们确定个人的幸福并非只看外表的善，还要看对道德的践行。同样，国家的德行也是这样。因此，国家的幸福和个人的幸福是一样的。那么个人是否应该参与国家事务呢？换句话说，国家是否应该让每个公民都参与到国家事务当中呢？一般的观点认为国家要片面地统治个人，或个人要片面地统治国家，但这都是错的。如果自己能在指导和管理别人的事务中承担相应的责任，情况就会随之变化。这样，在指导和管理别人的同时，自己也要受到指导和管理。

国家，正像个人一样，充分的外部条件是必不可少的。一个国家只有辽阔的疆域，并不是一个优点。但是，辽阔的疆域却是一个国家的必要条件，因为这是国家得以自给自足和独立的基础。国家疆域的限度不能太大，因为那样将导致公民之间不能相互了解，也不能集合在一起召开会议。

至于国家的位置，必须有海上交通，这样既有利于商业发展，也符合战略要求。但是，要注意不应让海外因素（这是每个港口都有的）败坏了公民的道德。希腊人是幸运的，所处的地理位置非常优越，不但有利于发展冒险精神，而且也有利于学术的发展。亚洲人的地理位置只适合发展学术，但却不适合发展冒险精神；欧洲人则只能发展冒险精神，却发展不了学术。如果希腊人能团结起来，联合组成一个国家，就有可能统治世界。

国家离不开食品保证，因此应该有农民；国家也需要各种技艺，于是就要有工匠。同时，国家还需要有一支军队、一个有产阶级、一个政府、一个司法机构和祭司。

只有那些不具有公民身份的人才不允许购置产业，公民和非公民之间，其差别是永久性的。等级制度虽有优点，但是公民之间的差别应该是暂时性的。国家可以为公民提供公共饮食，但财产却不能共有。土地也应该一部分归公有，一部分归私有。实际从事耕作工作的是奴隶。

城市的地理位置也非常重要，它不仅要能满足一定的卫生条件，而且有必要修建一些防御设施，使其适于防守。公共饮食的详细安排以及公共建筑，应该遵循方便各阶层公民执行公务的原则。城市郊区的公共建筑，也要遵循这样的原则。

必须充分考虑那些能够影响幸福的外部环境。只有具备了这样的环境，才能在道德行为的习惯中得到幸福。这种习惯可以通过人的天性、经常性的运动锻炼和人的理性来培养。运用好这些习惯，就是教育的任务。

教育要从关注人的身体入手，然后逐步进入灵魂中的非理性部分，最后再进入灵魂中的理性部分。立法应该从管理婚姻开始，这样才能保证父母都具备合格的身体。如果生下有残疾的孩子，父母就不应养育他们。

教育是不是应该制定固定的制度呢？应该由国家办教育还是由私人办教育呢？教育制度应该怎样定性呢？

对国家来说，培养公民的品格，使之适应国家的整体需要，是一件极其重要的事情。这是国家的责任，不能让私人随意负责。最好的教育方法是什么呢？在这方面，有很多的观点。传授实用科学、训练道德和培养理智，哪些才应该成为教育内容呢？我认为，实用科学不会妨碍智力和道德的发展，是可以传授的。阅读、书法、美术、运动和音乐等，是通用的课程。前四种课程具有实用性，音乐则是让人们更好地利用空闲时间，而且它也并非纯粹的娱乐。这几种科目，除了具有实用性外，还另有目的。

运动这门学科，常常将人引入残忍的歧途。但是，残忍并不等于就是勇敢。

音乐是一种休闲而又快乐的消遣，同时能直接影响人的道德修养。对于儿童来说，学好这门课程，能聆听音乐、欣赏音乐，这是有好处的。但是，有些乐器却会让孩子们变得机械，或者会在其他方面阻碍儿童的发展。因此，只有那种具有道德意义的“和声”，才能被列入教育之中。

04. 寡头政体、民主政体与专制政体

研究政治科学时，必须要研究下面的问题：第一，什么是理想中最完美的政体；第二，哪种政体是在某一国家可以实行的完美政体；第三，什么是一般国家实行的完美政体；第四，什么是在某种假设的条件下，可以实行的最完美政体。在前面，我们已经讨论过了一位或几位理想的贤人管理的政府，接下来我们要讨论一下多种不同形式的寡头政体、民主政体和暴君政体。

之所以有多种政体形式存在，是因为国家内部存在很多不同的党派或阶层。一般来说，我们可以把政体分为两类，即一类是包括立宪政体在内的民主政体，一类是包括贵族政体在内的寡头政体。民主政体是多数穷人统治少数富人，寡头政体正好与之相反。阶层首先可以划分为农民、工匠、商人、佣工，其次还有军人、僧侣、有产阶层、行政人员、审议者和司法官等多种阶层。一个人可能属

于一个或多个阶层。

从理论上讲，民主政体最基本的原则是平等。有些民主政体还规定，只需很少的财产，就能获得出任公职所具有的权利。这些政体形式的最根本差别是：某些政体规定法律至上，某些政体规定僭主的命令至上。而后者根本就不是立宪形式的政府。

高额的财产限制，就会导致寡头政体的产生，这就是由少数有产阶层统治的政体。寡头政体的一种变异形式，是行政官员具有任命官吏的权力；另一种变化是，行政官员的职位可以世袭。在第四种变异形式里，行政官员还能随意推翻法律。习惯能把名义上的民主政体变为实质上的寡头政体；反之，它也能把名义上的寡头政体变成实质上的民主政体。

民主政体里的大多数公职并不限制资格。但是，有时也会根据实际情况，对候选人的候选机会进行一定的限制。在一些寡头政体里，个人的道德因素会起作用。因此，很多人会误把寡头政体称为贵族政体。

其实，立宪政体就相当于民主政体和寡头政体的混合。在立宪政体里，平等有三个标准，即自由的平等、财产的平等和品德的平等。立宪政体与贵族政体非常相似，它结合了民主政体和寡头政体中的矛盾性质，或者说选择的是介于两者之间的道路。所以，由于看法的不同，它有时被称为民主政体，有时又被称为寡头政体。

僭主政体或君主政体都存在着两种半王权的形式：东方式和选举式（民选调解官式）。另外，还存在极权的僭主政体。

在任何国家当中，太富有的人容易变得傲慢蛮横；过分贫穷的人，又容易变得诡诈。在大部分人都比较富裕的国家中，最适合实行立宪政体。否则，统治者和被统治者的关系，就会像主人和奴隶的关系一样。如果富裕的中产阶层人数众多，就能够维护和保障社会秩序；反之，就可能出现寡头政体或者民主政体。

寡头政体只有在富人不参与维持政权的公共活动时，才能对他们实行惩罚，否则惩罚富人的策略就是错误的。民主政体应该尽量鼓励穷人参加社会活动。立宪政体则应该采取这两种方法，使穷人和富人都参加活动，同时还要把公民权利和从军的义务联系起来。而限制财产的唯一标准，应该是保证大多数人都能参与政治生活。

纵观历史，我们可以看到，在早期的立宪政府中，只有成为骑兵的人才能参加政治活动。后来，那些能执武器的重步兵才逐渐被接受加入这种活动。

每个国家都会有审议、行政和司法三个部门。审议部门负责与战争、议和、选举和立法等有关的事情。在民主政体的国家，行使审议权的是全体公民或公民代表。如果用巨额财产或其他条件对行使审议权的人进行限制，就会造成不同程度的寡头政治。应该给予群众否决权，但不能让他们有积极的创制权。

行政部门应该具有独立审议、制定政策，特别是自行发号施令的权力和功能。在小国中，一个官员能担任几种职务。适合某种政体的行政机关（特别是行政会议），不一定适合其他的政体。例如，向审议会提交议案的预备会议，其本质就是具有寡头性质的会议。

司法机关也存在着问题，比如，如何向法庭分配司法权的问题。我们为讨论这个问题，收集了很多有关希腊各城邦不同法律程序的资料。

实行民主政体的国家人口成分（农民、工匠、雇工或混合人口）不同，其表现形式也不同，相应的制度也就不同。但他们都同时具有人身自由和在政府任职的自由这两种自由权利，所谓政府任职自由，即是每个人都可以成为统治者和被统治者，都有选举和被选举的资格，以抽签的原则来确定职位，并有很多补充规则，譬如不能连任等。

人人平等和多数人统治，是民主制度的基本原则。因此，民主政体认为多数人的表决可以体现公平，而寡头政体则认为少数富人的表决就可以体现公平。也许有人会因此认为，规模巨大的剥夺是公平的，或者说当富人占据多数时，僭主政体也可以说是公平的。而如果富人和穷人相互对立时，公平原则将会在两者之间做出真正的裁决。

农民和牧民是民主政体里最好的人民，他们不像工匠、商人或雇工那样堕落，而且他们也不太容易参与政治活动。在各种选举形式中，成人普选制存在最大危险。要想维系民主制度，富人就必须向穷人让步，通过捐款的方式来减除徭役，从而减轻穷人的负担，让他们不至于为了生活而抢劫。同时，还要保护富人不受到各种犯罪行为的伤害。

在寡头政体里，如果不对大部分官职加以限制，让任何公民都有机会担任的话，那就接近于立宪政体了。但是，如果限制这些官职，只让富人担任的话，那它就接近于僭主政体了。这种政体不应该过分排斥新进人员。

一个国家的行政人员，或者说是国家的官员，应该包括那些负责立法的委员会、军队的指挥官、一般的民选官员、官吏、宗教教师和僧侣，以及其他特殊地方的各式各样的特别官员。

05．各政体革命的原因

革命是由量或者质方面的不平等关系造成的，多数人的阶级为了夺回平等权利，或少数人为了争取优势地位，都会触发革命。革命的后果，可能会完全改变现存的政体，也可能改变一部分。在寡头政体里，寡头集团内部派别众多，不如民主政体稳定。

归纳起来，发生革命的原因，不是多数人想得到平等地位，就是少数人想得到优势地位。其目标都是避免损失和耻辱，得到利益和荣誉。革命的因素多种多样，如忌妒他人的财产和荣誉、官吏的欺压、对法律的惧怕或滥用法律、个人的争权夺利、中产阶级无法维系平衡、种族的对立、地区的对立等。

在民主政体里，革命的主要原因是有财产的人被攻击，富人们因而联合起来，从而导致寡头政体或僭主政体的出现。有时也可能是很有威望的军事领袖独揽大权，有时则由一种极端民主制取代了温和的民主制。

在寡头政体里，革命的起因是统治者的高压行为或富人寡头集团的内部矛盾，即排斥那些自认为有资格的人，集团内部有人想当僭主，或者是雇佣军首领之间的权力之争等。

而在贵族政体里，革命则起源于失意者的忌妒、个人的野心、贫富差距过大等。在这样的政体和立宪政府（最为稳固的政体）里，财产、人数和品德三种标准的不协调会导致革命。立宪政体稳固的原因，则是人数标准占了很大的比重。

但是，如果有外在的压力，这种政府发生革命的可能性就会大大增加。要想真正稳固这种政权，其必要条件是按品德比例进行平等和对权利进行保护。

要巩固政体，就要特别注意预防那些细小的违法行为。寡头政治需要注意预防的是个人的争权夺利和滥用职权（缩短官员的任期也许能解决这个问题）、特权人士的骄横和对群众的欺骗等。实行寡头政体和立宪政体的国家，则应该预防权力过分集中于少数人或几个阶层手中。实行民主政体的国家，应当预防迫害少数富人，而实行寡头政体的国家，则应该预防迫害多数穷人。

君主政体又可分为王权政体和僭主政体。一个国家的国王应该使富人免遭抢劫，使穷人免受欺侮。国王之所以能得到王位，依靠的是自身或本家族的才能、品德和功劳。他的目的就是得到最崇高的荣誉，他的权威则由公民组成的卫队维护。僭主则已经不再是人民的保护者，他的所作所为都只为了满足自己的各种欲求。

在君主政体里，不公平、欺侮、恐怖的统治、个人的野心以及对君主之无能的蔑视，都会成为权力转换的主要原因。僭主政体被推翻的原因，或者是与外来势力产生矛盾，或者是国内有人密谋叛乱，这与极端寡头政体和极端民主政体被推翻的方式是一样的。王室成员预谋篡位、国王昏庸无能或者残暴，都可能导致爆发革命。如果是世袭王位，而继任国王却没有才能，王位就会更加危险。在复杂的社会里，很难推行真正的王权政体。

要想维系王权政体，国王就必须严格克己。僭主维系权位的办法，只能取决于臣民们物质生活和道德方面的堕落以及他们的软弱无能和彼此的猜忌。他通过密探、刑罚、苛捐杂税和鼓励放纵等方法，来创造这些条件。僭主为了维持自己的权位，有时也需要伪装出国王应有的样子或者假装具有国王应有的品德。精明的僭主更会想方设法赢得人民的同情。

事实证明，不论僭主政体还是寡头政体，都是长久不了的。

十五、马可·奥勒留：《沉思录》

马可·奥勒留·安东尼称这本书为他的“自省”。因为本书是这位皇帝利用闲暇时间，匆匆记下的自我反省。这本书经久不衰，一代代人争相阅读。这些零散的沉思片段，其魅力就在于它那可爱的直率，以及作者那些难以动摇的淡泊思想。但是，它主要的魅力是这些片段中呈现出的那些令人赞叹的、迷人的人性特征。

01. 我的哲学思想形成

我的祖父维卢斯教会我做人要正直、不任性。父亲教会我谦虚和果敢。母亲则教会我信仰宗教、仁爱，不做坏事，也不要有坏的念头。她还教育我应该过俭朴的生活。

由于祖父的影响，我没有去公共学校上学，而是跟着几位优秀的家庭教师学习。老师们教我不要像其他人那样整天游乐，要能忍受劳苦，不干预他人的事务。戴奥尼图斯先生告诉我应该宽以待人，是他引领我接近哲学。罗斯蒂克先生则训练我的品格，让我不沉迷于诡辩。阿玻罗尼先生教导我要适当地保持心灵的自由，不理会虚伪和非理性的事，在危急关头要泰然自若。萨克斯图斯则教导我真诚待人，容忍无知者。马克西谟斯先生则让我学会了自制，有效率地做事，任劳任怨。

我从父亲那里明白了人应该性情温良、心胸宽广，既不虚伪也不高高在上。同时，我还学会了，作为一个国王，应该远离小人，并使国库充盈，注意节俭，尊敬神灵但不流于迷信。做人应该保持清醒、敏捷而深沉。

我感激神明，因为他们赐予了我正直的祖父母、父母、姐妹、老师、同伴和亲朋，我对他们不会有丝毫的冒犯。由于神的好意，我还没有遇到恰巧能使我暴露自己弱点的刺激。神还让我拥有一个十分温顺、深情和朴实的妻子。我没有在有意想研究哲学时，一味沉迷于书本，也没有进行任何诡辩。我感谢神明对这一切的提醒。

02. 哲学给人最好的心灵慰藉

每天早晨我都会提醒自己，我会在今天遇到好管闲事之人、举止粗鲁之人、傲慢之人、欺诈之人、嫉妒之人和孤僻之人。他们乖张骄横的原因是，他们不清楚何为善恶，因此我的必修课就是要明白善是美的，恶是丑的。这些人和我有一样的本性，因为我们同样分享着神性。他们中的任何一个人都不可能伤害我，因为没人能逼我做坏事。我也不会迁怒和憎恨这些与我一样的人。人类天生是应该互相帮助的，就像身体的每个部分需要共同协作一样。而争斗都是有违本性的。因此，冲突和矛盾与自然相背。

无论何人，其身体都包括肉体、呼吸以及支配各部分的心灵，不妨丢开书本，来看看自己身体的本原意义吧。肉体不过是血液、骨骼等的集合体而已，因此不要将它看得比你在濒临死亡的时候宝贵。呼吸只不过是排气和吸气。剩余的就是支配各部分的心灵。假如现在你是个老人，不要去压抑这最宝贵的东西而让自己消沉。不要不满现状，恐惧未来。从神而来的东西都包含着神意。你应该满足于这些想法，并把它当成一种必然。不要过分渴望书本，只有这样，你才会在死去时，真诚地衷心感谢神灵。

随时都要记住你是人，而且是罗马人。因此，你的任何行动都必须保持着高贵、庄严、仁慈、正直和公平的气度，要向珍惜最后一次似的珍惜你的每一次行动。做人既不可虚伪，也不可自私。一个人只要把握了很简单的一点儿东西，就可以过神那样宁静的生活。

人为何要恐惧死亡呢？只要神存在，我们就不会被伤害。若神不存在，或存在但对我们置之不理，那生存在没有神的世界里还有什么意义呢？神是存在的，神眷顾着人类，这是不容置疑的事实。是神赋予了人远离真正的苦难的能力。

人无论好坏都要面对生死、荣誉、苦乐和贫富等问题，它们的本质没有善恶之分。人的一生转瞬即逝，能力会随之减弱，身体会随之衰老。灵魂就如同一个涡流，难以解释命运之谜，人们也会迅速忘记我们曾经的名声。我们应该将心灵寄于何处？能让心灵安息的唯有哲学。我们要让自己的心灵不受摧残和伤害，超越于痛苦和快乐之外，不带任何虚伪和矫饰，泰然地接受自己的命运。

03. 决心去寻求“至善”

人会因为自然界里最细微的东西和最琐碎的变化而喜悦。比如面包上的小裂痕，这并不是面包师特意做的，但却能悦目且刺激食欲。熟透的无花果会裂开口，成熟的橄榄特别好看。就连谷穗的低垂、狮子的凶残、野猪嘴里流下的涎水等，孤立地看待它们时，它们确实是不美好的，但它们却是自然形成的事物，而且各有其特殊作用。所以，只要你仔细地观察自然，你将发现最普通的事物也有其动人之处。

不要将自己的心思花在别人身上，不要探听或随意猜度别人的事情。除了你想告诉别人事情，不要去想其他任何事。你的灵魂会因此只有真诚、善良和无私的东西。有了这些品质，你就和神司和神佐没什么区别，而你也就可以准确运用自己的品质了。要乐观，不要依赖外在的帮助，也无须向别人乞求幸福，只有这样，一个人才能不需要拐杖而独自站立。

如果你在生活中发现了比正义、真理、节制和坚定更好的东西，或者发现了比听从理性和天命更好的生活，那就全身心地去追求这样的幸福吧。但如果你找不到比你自己宝贵的神性更好的东西，如果和它相比别的一切都微不足道，那就不要为此而分心。你应该始终如一地选择朝向至善。摒除你脑子里所有的繁杂事务吧。

04. 忠于智慧的原则

人们喜欢隐居到海边、山谷或其他人烟稀少的地方。你也一样向往这种清幽僻静之所。但这是种流于庸俗的想法，如果你愿意，你能退隐到自己的心灵中。最洁净最清幽的居所就是恬淡、平和的心灵。因此我们要善于利用心灵，彻底地净化心灵，并祛除心灵里的所有杂念。要这样做，就要准备一些精准简洁的概念，让你的悟性不致失于虚假。退隐到这个没有烦恼和忧愁的幽僻角落吧，这里的一切都是那么平静。

如果我们的悟性相同，那么作为悟性之原因的理性也就是相同的，那么指挥我们该做什么不该做什么的理性也是共同的。支配我们的规律都是一样的，大家都是同类，从某种意义上说，全世界就是一个国家，因为没有其他的社会能把人类组合起来。

如果你不认为自己被伤害了，那么你也不会有抱怨。

如果你被别人冒犯，就不要计较他的观点，更不要用他的方式去看待问题，而要实事求是。撒落在一个祭坛上的乳香，落下时总会有先后，但它们之间并没有什么区别。

如果我们坚持理性的原则，那么现在认为你是野兽、猿猴的人，一段时间后会把你当成神来敬拜。称赞绝对改变不了事物自身的好坏。品德也不会因为人的褒贬或好或坏。即使人们说不出一块美玉的价值，但却无人否认它的光芒。

啊，宇宙！我认为您认可的一切都是合理的。您的运行是那么准确。啊，自然，您的季节所带来的一切都成了我的果实。万物来自于你，因你而生，又重新回到你的怀抱。诗人说："亲爱的西克洛普城！"我也仿效他们说："亲爱的宙斯之城！"

我们说的话和做的事，大都是没有意义的。如果取消这些话，我们的空闲会更多，而麻烦却会更少。同样，我们也要舍弃那些无用的只会导致无聊行动的思想。

人生转瞬即逝，且微不足道，今天活着，明天就化为灰尘。如此短暂的过程，需要我们妥善安排，然后再满意地离去。就像成熟后脱落的果实一样，你也应该感谢承载你生长的那棵果树。

05. 行为要真挚

当你早晨不想起床时，你不妨告诉自己："我要起床去做作为人应该做的工作，难道我应该对此有什么不满吗？难道我活着就是为了在被窝里睡觉吗？"毋庸置疑，我们每个人存在的目的就是行动。就连植物、飞鸟、蚂蚁、蜘蛛和蜜蜂都在为它们应做的事忙碌着，履行着自己的职责。难道人不也应该这样工作吗？

做符合你本性的工作吧，不要让别人的话语或批评影响你。遵循本性所做的事情，不怕别人的意见。你只需为自己和大家的利益奋勇前进。

有人向你施予恩惠后就索要报答，有人虽没这样做，但却念念不忘自己做过的好事，将你看成是他的受惠者。还有人做了好事，却丝毫不放在心上。这种人就像葡萄藤，只要结出葡萄就心满意足，却不指望别人的感恩。真正仁慈的人绝不会夸耀自己的善行，他只会努力寻找下一个行善的机会，就像葡萄藤会在第二年继续开花结果一样。

我们常说，伊斯丘勒在给人开药方时，让第一个病人骑马、第二个病人散步，而让第三个病人去洗冷水浴。我们也同样可以把宇宙的本性看成是生病、肢体受损或者损失财物及其他类似的事。正如伊斯丘勒开给病人不同的"药方"一样，自然也用不同的办法适应他的命运。

不要因你的举动与格言的标准有所偏差而沮丧或失望。失败了可以从头再来，只要你做的大部分事情符合人的本性，就应该欣慰。

我们应与神同在。我们心中的神性就是神明的代表，如果我们做了心灵之神希望我们做的一切事情，我们就会与神同在。

06. 做人要达观

最好的报复方法是不去仿效害人者的行为。经常做对人有益的事情，在宽以待人中感受做人的乐趣。同时要感激神明。

世界或者是一堆原子，或者就是由神支配的统一体。如果是前者，世界就一片混乱，万物的结合都是偶然的，毫无秩序可言。既然如此，我们继续活在世上又有什么意义呢？但如果是后者，我们就应该敬拜神，并坚定地信仰他。

如果你同时有生母和后母，虽然你也要孝敬后母，但你更亲近的肯定是你的生母。对我来说，政务和哲学就像是我的后母和生母一样。

如果有人在体育竞技中划伤了我们的皮肤，用脑袋冲撞我们，我们绝不会认为他要杀人，也不会因此而气愤，事后也不会把他当成危险分子。我们也可以把它用在别的情况，当别人欺侮我们时，不妨把那当作一场竞赛，结束时也不要心怀愤恨。

做好自己分内之事就足够了，无须牵挂其他的事情。

欧罗巴和亚细亚不过是宇宙的一个小角落，海洋和亚陀斯山也只是宇宙的一滴水珠和一粒沙尘，现在的时光只是永恒的一瞬间。

如果你希望得到快乐，那就想想你朋友的美好品德，譬如冒险、谦让、慷慨等。应随时做好这样的准备，以防不时之需。

07. 要有忍耐和宽容精神

恶并不是什么新鲜东西。你最好在遇到危险时，把它当成司空见惯的事。无论何时何地，你都可能遇到这样的事情，而不是更新奇的东西。所有事物都是普通的、短暂的。

自然像捏蜡那样把物质做成各种东西，或是马，或是树，或是人，或是别的东西。而每个东西存在的时间都是很短暂的。

安第斯丹尼曾说：“国王的命运就是做好事而留骂名。”

仰望天上运动的群星，仿佛你和它们在一起运行。这会涤除人世间的诸多污秽。

理性动物天生就应该彼此互助。人与人之间必须坚持友爱的原则。

哲学家曾认为，所有的人都会不自觉地偏离真理、正义、节制和仁爱等。只有牢记这一点，你才会和善地对待所有的人。

诸神是永恒的。我们在历史长河里，以极大的耐心忍受了许多人世沧桑，但他们赐予我们的东西依然如此丰厚。你注定了是一个不幸的凡人，难道已经厌倦了忍受恶人吗？

08. 人的三大责任

每一个人都要把以下三种关系处理好：与自己的关系、与神的关系和与别人的关系。

你是否见过被切断一只手或一条腿的情形？如果一个人不满命运、脱离他人或做出反社会的事情，那么他就如同被割断了四肢。但神却赐给了我们重新接好它们的能力。由此可见，神是多么眷顾我们啊！神让人根本脱离不了宇宙，而如果人脱离了，神也允许他回来，就像被切断的部分能重新和整体结合一样。

想要一次准备好自己的一生，只会徒增烦恼，不要考虑未来还没有发生的事。过去和将来都不重要，唯一重要的是现在。只考虑现在会简化问题。你应该制止自己，不让自己日日沉迷于忧愁之中。

我的心灵在任何条件下都是满足的。世界上没有什么苦难能让我心绪不宁，也没有任何苦难能让我变得卑鄙和贪婪，所以没有什么能造成我心灵的苦难。

行动要敏捷，说话要条理清楚，情绪稳定。自己不去包揽过多的事情。有人在诅咒你吗？不要让他干扰你纯净、明智和公正的心灵。如果他诅咒一泓清澈的泉水，这清泉绝不会因他的脏话而有丝毫玷污。如果他向清泉中抛掷泥土，清泉也会迅速冲散它，而不会使自己受到污染。你如何才能拥有清泉而不是一潭死水呢？那就需要你保持满足、谦虚和温厚的美德。

09. 事业和希望中的克制

不要忙碌得像个摇桨的奴隶，也不要为了得到人们的怜悯或注意像苦力那样做事情。

善恶只存在于积极的行动之中，而非感官印象里。因此，是行动让人类快乐或痛苦，而不是感觉。

有人为了得到某个女人而向神祷告，但你的祷告词却是：神啊，让我不要有这样的欲望吧。有人希望能脱离困境，但你却祈求神让你摆脱这种想法。有人为了不让儿子死去向神祷告，我却认为你应该祈求神让你没有这种害怕儿子死掉的恐惧。用这种方式祷告吧，然后再来看结果。

10. 真诚与真诚的回报

啊，我的灵魂，你会一直这么善良、坦白和纯洁吗？能够使你比身体还要更为明显吗？你不喜欢享受宽厚和仁慈吗？你会满足地不渴望其他东西，不希望从任何外物身上得到快乐和享受吗？在你与神灵和人类共同生活时，你能不抱怨他们，也不被他们谴责吗？

一个人应让所有的人都不能将恶名加诸到他的身上，如果有人说你虚伪，那你就应该让自己的行动去否定他的话。做到这样后，谁还能妨碍你做个正直、诚实的人呢？

没有人能这么幸运：当他临死时，他身边没有人因他的死感到轻松。就算他是个好人，依旧有人会说："这位好人走了，我们终于可以畅快地呼吸了。"这就是一个好人所能得到的结果。

11. 身处逆境要镇定

如果一个灵魂随时准备与身体分离，不管它消失还是毁灭，它都是个无比勇敢的灵魂！但这种准备必须根据它自己的判断而来，而不能像基督徒那样只是出于单纯的固执。这种勇气充满了庄重和严肃的气质，而不是悲剧式的做作。

如果有人说他要真心对你好，这显得多么不正常、不真诚啊！根本没必要说这种话。一切是用行动来说明的。你的眼睛能表露你的品格。一眼就能看出一个人是否诚实、善良，因为善良、朴实和仁慈都显露在眼睛里。

只要你的温厚、儒雅是真实而非虚伪的，那你就会勇往直前。你会对敌视你的人笑脸相迎，并在适当的时机对他进以忠言，那么即使再跋扈之人也会被你折服。当然，仁爱是这一切的前提。

12. 罗马人的勇敢精神

每个人最爱的都是自己，但他重视别人对自己的看法的程度远远超过了自我的评价。对此我非常纳闷。但是如果你命令一个人随时直接说出他所有的想法和念头，他很难这样坚持一天。也许正因为如此，我们才更在乎别人对自己的意见。

只要不超出神许可的范围做事，就能得到最大的满足。这特权是如此之大！

想想当年那些大名鼎鼎的人物现在都去了哪里？他们已经消失了，化为尘土，成为传说，甚至连传说都够不上。让我们想一下法壁阿斯·卡特利卢斯在别墅里的行为，卢修斯·卢帕斯在花园、斯德丁尼阿斯在拜依阿、第比留斯在卡帕里、洛菲斯在维利亚的举动，总之，让我们回忆一下这些在当年震撼人心的故事。他们的追求是毫无价值的。一个哲学家应该清心寡欲、真诚正直，绝对服从神的安排。要记住，最可笑的就是那些寄居人下却仍然自高自大的人。

听着，朋友！你是这个伟大国家的公民，多在这里住几年或少在这里住几年没什么关系。只要你遵守这里的法律，就无所谓居住时间的长短。是自然送你到这里，也是自然将你带走，这有什么不公平吗？你不能说是不公正的暴君赶走了你。你离开这里，就像主人在狂欢的盛会上辞退的一个演员一样。

"我才演了三幕，应该演完第五幕啊！"

的确，三幕也是人生中的一出戏了。决定这一切的只有当初让你进来现在又让你出去的人，你没有裁夺的能力。既然是神心平气和地让你离开，那么，就请心安理得地退场吧。

十六、圣·奥古斯丁：《忏悔录》

公元 354 年 11 月 13 日，圣·奥古斯丁出生在努米底亚[1]的塔加斯特城。他是拉丁基督教最伟大的教父。他经历过与异端教派摩尼教的决裂，经历过柏拉图思想带来的内心挣扎。最终，他感受到了基督教的光明。宗教祈祷以及始终不渝对虔诚信奉基督教的母亲的爱，影响了他的一生。他用心灵自传的形式，把这些经历记录下来，形成了独树一帜的文学风格。公元 386 年，他克服了心中的犹疑，皈依基督教。公元 395 年，他接受了希波主教的职位，一直任职到他去世。圣·奥古斯丁一生著述很多，因此也确立了他在知识界的卓越地位。这些相当有分量的著作，对后世产生了巨大的影响。他的代表作应该是《忏悔录》和《上帝之城》。

[1] 古代柏柏尔人在北非建立的一个王国，后来被罗马帝国吞并，成为罗马阿非利加省的一部分。——译者注

01. 对青年时代虚度时光的忏悔

伟大的主，你应受一切赞美；主，我的信仰要向你呼吁，你通过你的“圣子”的人性给我的信仰，通过布道者的工作而灌输给我的信仰向你呼吁。我的灵魂太过狭隘，我心中是否有足够的地方容纳我的天主的降临；是否扩大心房，就能让我感受到你的降临。如果我们的心没有在你怀中安息，便不会安宁。

我从孩童时就开始向您祷告，祈求我在校不会挨打；但是我却在违抗长辈的管教、为竞争中取得的胜利沾沾自喜时，犯下了种种罪过。我从不热爱学习，并且憎恨被迫学习。除非被逼，我从不读书。即使一个人能做好所有事，但在违背他自己的意愿时，他也不会做好任何事。但上帝，你给予我很多美好的东西，因为你规定了任何过度的热爱都将带来相应的惩罚。

从小我就莫名地憎恨读希腊文，直到今天我也没有弄明白原因。我酷爱拉丁文，但教我拉丁文的却不是启蒙老师，而是所谓的文法先生，由于学习阅读、书写、计算时所读的初级拉丁文就像所有的希腊文，那令我厌烦和不堪重负。但我从其他书里读到了埃涅阿斯[1]的流浪故事，忘却了自己的流离；我为因失恋而自尽的狄多哭泣，尽管眼中毫无泪滴。我在这些故事中度过了自己的沉沦，但却远离了你，我的上帝，我的生命。

但我当时为什么憎恨讴歌这些故事的希腊文呢？荷马不愧是个迷人的小说家，他精心而巧妙地编写了这些故事，然而一点儿不合童年时的我的胃口。阅读外国文学很艰苦，甜蜜的希腊神话

---

[1] 古希腊神话故事中的迦太基勇士，曾与当时最勇猛的武士阿喀琉斯比武。他和女王狄多恋爱，但女巫作梗迫使埃涅阿斯离开迦太基，最后狄多悲伤地死去。——译者注

故事上好像撒了一层苦胆。我一个字也理解不了，人们便用威吓和责罚督促我读。我是满怀喜悦地阅读这些拉丁文所写的故事的，因此我还被誉为前途光明的孩子，得到了比同龄或同班孩子们都要多的喝彩。

现在我回忆起过往的不洁净，以及灵魂深处肉欲的腐化；我并不热衷这些。我爱的是你，我的上帝。但是什么让我乐此不疲呢？是爱和被爱吗？但是我没有保持对灵魂的爱，也没能分清友谊的界限，因为我还没有从欲望的迷雾中找到爱的光亮。我到底在何方，被驱逐了多远？在我 16 岁的年月里，疯狂的放纵是何时掌控了我？家人没有用婚姻阻止我的堕落，他们只希望我能学到最好的辞令，高谈阔论。我在那一年停学了。我在邻近的马都拉城攻读了文法和雄辩书。然后我离城回乡，家中为我准备了留学费，让我前往更远的迦太基[1]求学。这是因为父亲的望子成龙，而并不是家庭经济上的牺牲，我的父亲不过是塔加斯特城的一个普通市民。但那时父亲并不考虑我在你面前如何成长，能否保持纯洁；他的要求很简单，只要我能娴于辞令，却不管我的心是否荒芜不治，天主。

16 岁时，我和父母在一起生活。情欲的荆棘长得比我还高，但没有拔掉它的人。父亲反而为我的发育成熟兴奋不已。但我的母亲已经开始在心中为你建造宫殿，准备你的居处。我的父亲不过是最近才成了一个“望教者”。

还记得母亲为此怀着虔诚的忧惧惊恐，她担心我，曾私下告诫

[1] 非洲北部的一个古代城邦，位于今突尼斯东北部突尼斯湾沿岸。由腓尼基人在公元前9世纪创立，并在公元前6世纪之后成为地中海上迦太基政权中心。该城在第三次布匿战争结束时即公元前146年被罗马人毁灭，但不久即被尤利乌斯·恺撒重建。此后，在1698年被阿拉伯人灭掉之前是汪达尔人的首都。——译者注

我不要犯奸淫。我却把这些话当作妇人的唠叨，认为听从这种话是可耻的。其实我不知道的是，这都是你的话。

我如此盲目地奔向堕落，以致我会因不如同辈的无耻而羞愧；我乐于模仿他们夸耀自己的丑史，越秽亵越觉得自豪；我甚至捏造我从未做过的事情，害怕我越天真越显得不堪。

02. 在莫尼加的祷告

到达迦太基，我的周围沸腾震响的全是罪恶恋爱的鼎镬。肉欲的垢秽玷污了友谊的清泉，欲望的阴霾掩盖了友谊的光辉。

我被满是我悲惨生活的写照以及灼烧我欲望的炉灶一般的戏剧攫取了。看着剧中无耻作乐的恋人，虽明知是排演虚构的故事，我却依旧和他们同感愉快；我亦会因他们恋爱的失败而觉得凄惶欲绝。

根据规定的课程，我读了西塞罗的著作，里面有一篇劝人读哲学的文章，篇名是《荷尔顿西乌斯》。这本书转变了我的思想，让我开始向你祈祷。我突然怀着一种不可思议的热情，开始向往起那不朽的智慧，开始起身归向你。因此我下决心要读读《圣经》的内容，但当时由于傲气，我藐视了《圣经》的质朴，只体会到入门时的隘陋。

因此，我蹈入了骄傲、狂妄、巧言令色的人们的圈子之中，那些人经常用各种方法向渴求着你的我高呼着你的名字！可惜那只是你创造的美丽的太阳、月亮，但不是真正的你。你创造的精神体，比满天的星辰还要灿烂，我如饥如渴地扑向它们，却不能恣意饱啖，因为感受不到你的滋味。那时我不知道真正的内心正义并不是由习俗审判世事，而是依照上帝最正义的法律。由于摩尼教徒的影响，我开始鄙视上帝的圣徒、先知。多亏了上帝，你从上用手抚摸我，从那团漆黑的深渊中解救了我的灵魂。

我的母亲是你忠心的婢女，她为了我向你痛哭，因为她看见，在来自你的信仰和精神方面，我已经死去。主，你应允了她的祈祷，并在梦中告诉了她答案。我在满是污垢和错误的黑暗深坑中挣扎了长达九年的时间。

你还通过你的祭司，一个在教会中长大、精通《圣经》的主教答复她。我的母亲请他来驳斥我的错误。他回答说，我还不肯受教，我还在为了新近接受的异端而得意扬扬。他说："让他去吧。你只需为他祈求天主，他会渐渐从书本中发现自己的错误和狂妄。"

他还说，摩尼教也迷惑了他的母亲，他年幼时被送给摩尼教徒，后来他自己发觉这只是个令人深恶痛绝的教，因此他放弃了。他如此劝服我的母亲，她为儿子流下了许多眼泪，这样一个母亲的儿子是不可能死亡的！这句话对我母亲来说，恍如是天国的圣谕。

从 19 岁到 28 岁的九年来，我一直在追求众人给予的渺茫名誉——诗歌竞赛的花冠，私下则信奉着虚妄宗教。在那段时间，我教授着雄辩术；同时我也和一个女子同居着——没有经过当时所谓合法的婚姻而结合的——但我仅有她一人，也始终忠诚于她一人。我会毫不迟疑地向那些自命为星相家招摇撞骗的人咨询。

这些年中，当我开始在本城的教书生涯时，与一个非常知己的朋友相识，我们一起研究学问，又同处在旺盛的青年时代。他和我本是一起长大、一起就学、一起游戏的。但小时候我们的感情却没有这么深切，虽然后来的也不可能是真正的友谊，因为真正的友谊是你把那些具有"因我们所领受的圣神而倾注于我们心中的爱"而依附你的人联结在一起的友谊。但当时我们的友谊真是甜蜜无比，而且相同的嗜好也增加了我们的默契。我又使他放弃了他青年时代尚未真诚彻底认识的真正信仰，把他带入了我母亲为我痛哭的荒诞危险的迷信之中。他的思想随我一起走上了歧途，而我的心也已经离不开他。你是复仇的天主，也是慈爱的泉源，那些逃避你的人总会被你追上，你用奇妙的方式让他转向你。

对我来说，这温柔的友谊超过我一生的任何幸福，但不到一年，你便让他脱离了人世。他发高烧，好长时间不省人事，浑身浸满死亡的汗液；由于病势令人绝望，便有人乘此为失去知觉的他行了“洗礼”。后来他病势转好，也恢复了一些精神，我想用他在昏迷中接受“洗礼”之事打趣他，以为他会为此自嘲。没料到他竟然把我当成仇人一般，警告我不许再说这种话。因为我的蠢行，他在几天之后便归于你的身边，这也成了我日后的安慰。他寒热再次发作，并溘然长逝时我却并不在他身边。极大的痛苦吞噬了我的心，我沦入了一片黑暗。此时家乡就像是我的刑罚，家庭也有一种陌生的凄凉。我逃离了我的故乡。因为只有在不经常看见我朋友的地方，我才不会像在故乡一样找寻他。我离开塔加斯特城，来到了迦太基。

03. 圣·安布罗斯的影响

我将在天主面前，畅谈我 29 岁那年的经历。当时迦太基来了一位摩尼教的主教——福斯图斯，他就像魔鬼撒下的一张巨网，他优美的辞令吸引很多人堕入网中。但我很快就明白地看出，他对于我认为他应该擅长的学问一无所知，本来我还希望他能解决我的疑难问题呢，但我却绝望了。他知道自己不懂这些问题，且坦白告诉了我，自此我对摩尼教的兴趣被打碎了。本来那个福斯图斯是许多人“死亡的罗网”，他却在不知不觉中解开了束缚我的罗网。

你又促使我听从别人的意见奔赴罗马，宁愿在罗马而不是在迦太基教书。我愿意去罗马的主要原因，也几乎是唯一的原因，就是我听说罗马的青年能比较安静地读书，有比较严格的纪律约束。母亲对着我的背影祈祷痛哭。我刚到罗马，就被一场疾病击倒了，我带着这一生对你、对我、对别人所犯的罪孽一步步走向地狱。你为我治愈了疾病，为了我能继续为你延续生命，你给了我更好、更可靠的健康。

于是我开始在罗马教授雄辩术。我听说罗马有一种非洲没有的情况。别人告诉我，这里的确没有非洲那些败坏青年的捣乱行为，但许多学生会为了赖学费而互相串通好，突然转到另一个教师那里。这时米兰派人来请求罗马市长委任一位雄辩术教授，并向教授授予公费旅行的权利。为申请此职，我向当时的市长西玛库斯递交了一篇演说稿，他表示满意，因此派我去了米兰。

我到米兰后，便去拜谒举世闻名的杰出人物——安布罗斯主教[1]，他也是你的一个门徒。我不自知地被你引导着走向他，使我自觉地受他引导归向你。这位“天主的人”像慈父一样接纳了我，并以主教的风度欢迎我来此做客。我开始敬爱他，并热衷于他所做的布道。不过当时我刻意关注的，不是他讲授的内容，而是他论述的方式。

我告诉追踪而来的母亲，我已不是摩尼教徒，但也不是基督公教徒。听到此事，她并没有像听到意外的喜事一般欢欣鼓舞。她加紧祷告，苦求你的援助加速。她全神贯注地聆听安布罗斯的言论，把安布罗斯当作天主的使者一般敬爱，因为她知道引导我进入这种彷徨境界的正是安布罗斯。我每个星期日都去听他对群众讨论真理的正确言论，我逐渐相信，以前那些欺骗我的摩尼教徒们对《圣

[1] 罗马人，基督教神学家、政治家和音乐家，基督教拉丁教父，米兰大主教。——译者注

经》造成的一系列症结都可以消解。我的心在困惑后发生了很大转变，我开始皈依基督。但我仍然热衷名利、渴望婚姻，这些欲望让我遭受了最深的磨难。

这时我的罪孽正在增长。不断有人催促我结婚，主要因为我母亲极在意这件事，她希望我能在婚后领受生命的“洗礼”，并因此而洁净身心。和我同居的那个女子被看作我结婚的障碍，被迫离开了我。我的心本来只有她，因此心如刀割。她把我们的私生子留在我身边，独自回到非洲。我伤心之余又找了另一个女子，依旧没有结婚。

赞美和光荣都归于你，慈爱的源泉！你会在我的处境越发悲惨时，越发接近我，救我脱离困苦的深渊。

04. 我的新生

随着我败坏而罪恶的青年时代的死去，我逐渐步入了壮年时代。这时我读了一些由希腊文翻译成拉丁文的柏拉图派的著作，其中有以下这些话，虽然文字不同，但意义没什么差别：“太初有道，道和天主同在，道即为天主。”但却没有：“道成为血肉，寓居于我们中间。”也没有：耶稣无比卑微地在十字架上殉难，然后从死亡中复活，提升了荣耀，听到他的名字，每个人都应该顶礼膜拜。为了获取这种力量，我一直在探寻方法，直到我拥抱了“在天主与人类之间，又降生为人的基督”。早年我认为保罗有时自相矛盾，会与《旧约》的律法、先知书抵触；现在这些疑难涣然冰释，我也清楚地明白，这些纯粹的言论没有丝毫歧异之处，我学会了“战战兢兢地欢乐”。

我本来应该变卖一切，购进我找到的这颗“明珠”，但我依旧在犹豫。我去谒见当时的主教安布罗斯的圣父——西姆普利齐亚努斯时，向他讲述了我犹疑的所有曲折经历。对于我曾阅读过一些柏拉图派的著作，而没有涉猎其他满纸滥言的形而下的哲学作品，他甚感欣喜。

从他那里，我又得知了维克托利努斯转教的事迹。维克托利努斯曾翻译过很多柏拉图派的著作，而且他多年来一直用惊人的口才激励人们去热爱犬首人身的阿努俾斯[1]及各种妖神，他们曾对抗过涅普敦、维纳斯、密涅瓦[2]，战胜他们的罗马人，反而崇拜他们。但他却毫无顾虑地成了基督的奴隶。这个骄傲的魔鬼崇拜者，突然出乎意料地向西姆普利齐亚努斯说："让我们去教堂吧，我想信奉基督。"果然，他不久后就接受了洗礼，这让罗马都震惊了，教会也为此由衷欢欣。

我为这个故事所鼓舞，渴望全心奉献给主，但是内心深处分属精神和无知的新旧两重意志彼此交锋，撕裂着我的灵魂。而其中最令我难以挣脱的就是肉体的欲望，现在我敢于承认了。

一天，我和阿利比乌斯在家，来了一位名叫蓬提齐亚努斯的非洲客人，和我们是同乡，他在宫中担任要职，是受过洗礼的基督徒。他说起某一天在特里尔城中的经历。那天午后，皇帝来观看马车竞赛，他和另两位同事在城墙附近一个花园中散步，后来那两人信步走进了一间小屋，住在屋里的是几位你的仆人。他们在屋里看到一卷安东尼的传记。其中一个朋友取来阅读，顿觉惊奇、兴奋，一边读，一边考虑应该如此度过人生。他的内心在读完这本书后发

[1] 古埃及神话中的死神，长着胡狼头、人身。——译者注

[2] 三者均为古罗马十二主神。涅普敦是罗马神话中的海神和马匹之神；维纳斯是罗马神话中爱与美的女神；密涅瓦是罗马神话中的智慧、战争、月亮和记忆女神。——译者注

生了彻底转变，他的另一个同伴也是。他们都订婚了，但那两位未婚妻听到这消息后，便也守贞，献身于天主。

05．上帝的指引和莫尼加病逝

我突然听见邻近屋中有一个声音——我分不清是男孩还是女孩——反复唱着："拿着，读吧！拿着，读吧！"

我理解为这是神让我读书的命令，就立刻起身翻书，翻到哪一章就读哪一章。我如饥似渴地读起最先看到的一章："不可耽于酒食，不可溺于淫荡，不可趋于竞争、嫉妒，应服主耶稣基督，勿纵恣于肉体的嗜欲。"我没再继续读下去，也无须再读下去了。这一节宛如一道恬静的光，照射到我心中，击散了阴霾笼罩的疑阵。

何时才能重拾那些圣洁日子里的美好回忆呢？我在秋收节结束后通知米兰人，请他们再为自己的学生另外聘请一位言语贩卖者，因为我已决定献身于你，为你服务。阿利比乌斯听到这个消息也很开心，他希望能和我一起受洗，同享新生的恩宠。除了我们两个，我那降生在孽海中的儿子阿得奥达多斯也一起受洗了。蒙你恩惠，他资质很好，虽还未满 15 岁，但其聪慧却超过了许多青年博学之士。我们一起受了洗礼，就此远离了过去生活中的种种焦虑。

你的女仆、我的母亲莫尼加也逐渐走到了生命的尽头。由于发热，她病倒了，这颗虔诚圣德的灵魂终于在病后的第九天，从肉体中解脱出来，享年 65 岁，而我当年 33 岁。我的灵魂因失去慈母的关爱而受到重创。此后随着我不断回忆早年母亲与你虔诚的对话，以及对我圣洁的关爱，我的创伤竟慢慢愈合了。我希望母亲能和她那始终守贞的丈夫巴特利西乌斯在和平中安息。她会"把辛勤得来的果实献给你"，最终赢得她归向你。

主啊，这就是我的忏悔，不仅为我的过往，也为现在；不仅是在你的面前，而且是在所有信仰你的子民面前。我对你的爱来得太迟了！早年，我曾无视你对我的眷顾。而如今，我全部的期望都存在于你无上的慈悲中。

你教会我遵从节制，但我仍有对过去恶习的回忆。你教会我正确对待吃喝，进食如同服药，我每天都需要努力克制美酒佳肴的诱惑。你教会我远离巧言令色，我的感官却仍悲苦地游离在这些陷阱中，但是你却用慈悲为我放生。

深受骄傲、虚荣、赞誉诱惑的我仍然在索求你的慈悲，直到我的心找回原来的缺失。你深知我的拙劣，所以教我学会书本之外的奇妙事物，获得救赎。

十七、托马斯·莫尔：《乌托邦》

这部著作出版于1516年，是托马斯·莫尔爵士的一部政治空想作品，最初是用拉丁文写成的，原名是“关于最完美的国家制度和乌托邦新岛的既有益又有趣的全书”。1551年，本书的英文版本问世。这部著作是文艺复兴时代关于冒险与探索的伟大精神的代表，它的一部分思想来源于莫尔对柏拉图《理想国》、韦斯浦契的《航海记》和奥古斯丁的《上帝之城》的研究。尽管“理想的共和国”这个主题并不是莫尔首创的，但莫尔却给了人类进行社会变革的空想计划一个特有的名称。在莫尔之后，培根的《新大西岛》和康帕纳勒的《太阳之城》等类似作品，都从这本书中得到过启示。

01. 莫尔会见拉斐尔·希斯拉德

英王亨利八世是那个时代战无不胜、威名赫赫的国王，他为了商议解决一些重要的事务，派我加入卡思伯特·滕斯托尔的代表团，出使法兰德斯。卡思伯特·滕斯托尔有着渊博的学识和高尚的品德，我怎么称赞他都不过分。这时，我因事要在安特卫普停留几天，有一位名叫彼得·贾尔斯的当地人曾多次来拜访我。一天，我偶然看到他和一位陌生人谈话，他让我也加入了谈话中。这位陌生人名叫拉斐尔·希斯拉德，曾与亚美利哥·韦斯浦契的船队一起远航。后来，他与韦斯浦契分手，只身一人经塔普罗巴奈岛和卡利卡特，返回了家乡。

他向我们讲述了他的经历，说他去过的地方，不是沙漠就是原野，毒蛇、野兽随处可见；有的地方有良好的法律、有许多的人民；也有许多地方法律还处于蛮荒状态。于是，我问他，既然他如此见识广博且阅历丰富，那么为什么不去侍奉一位国王，担任他的治国顾问呢？

“你受骗了”，他说，“大部分的国王，都只是关心战事和武功，他们对和平却毫不在意。”

后来，他谈到了英格兰。我问他：“您到过我的国家吗？”

他回答说：“是的，我确实去过那里。当时任红衣主教、坎特伯雷大主教和大法官的约翰·莫顿先生，深得英王的宠信，我对他很尊敬并心怀感激。”

他继续说道：“一天，我正在大法官家吃饭，当时有一位精通法律但是未奉圣职的俗人也在座，他对法律严厉惩罚窃贼的事大加赞扬了一番，但他很不理解，为什么盗窃行为依旧猖獗不止。

“我对他说，先生，你的说法是不正确的。对窃贼的惩罚，是有失公平的。小偷小摸并不是什么罪大恶极的事儿，不该被处死。死刑之所以解决不了盗窃问题，是因为窃贼不偷，就无法生存，因此他们只能去偷盗。而那些养尊处优的达官贵人，雇佣着许多仆人。这些仆人会在他们死后被扫地出门，他们既没有谋生的技艺又没人肯雇佣他们。为了生存，他们只能铤而走险去偷东西了。

“你再回头看看，你们的羊群，是如何毁灭和蹂躏田地、房屋和城市的吧。贵族豪绅们、那些不知来自何处的修道院院长和教士们，在能生产细羊毛的地方，圈起了所有田园，作为他们的牧场，他们拆毁了除了教堂之外的一切房屋。那些被赶出家园的农民们，他们又能做什么呢？他们只能去偷窃，被抓到后就要被绞死，这又天理何在？粮食和其他用品的价格越来越贵，有钱人垄断了所有的商品，随意控制价格。除非你能找到一个办法，把这些弊端都解决掉，否则你只是嘴上说说要严厉惩处窃贼，又有什么用处呢？

“还有，你们把盗窃犯处以杀人犯那样的刑罚，是有害无益的。这样做，只能逼窃贼去做杀人犯才会做的事情。在波斯，波利来赖塔人有一种习惯，他们惩罚盗窃者的做法是，让盗窃者给公众做苦役，但在生活上并不亏待他们。如果他们在做苦役时企图逃跑，被抓到后才被判处死刑。他们穿的衣服颜色一样，如果有自由人胆敢帮助他们逃跑，那么这个人就会被罚为奴隶。

“说到这里，大法官开口了，他说：‘这确实是对付那些流民的好办法。’有一位清客开玩笑说，这个办法最适合于托钵僧，他们才是第一号的流民呢。当时，一位在场的托钵僧听了这话，火冒三丈，辱骂那个清客是该下地狱的无赖。看来托钵僧真被那个客人激怒了。

“我能继续讲下去，多亏了大法官的支持。如果我是法国国王的顾问，当他的谋士们建议他出征时，我会说你别去管意大利，还是在家修身养性吧。假如是这样，我愿意向他们讲述阿科里亚人——他们住在乌托邦岛东南方的大陆上——所做的决定，告诉他们阿科里亚人是如何帮国王征服了一个新的王国，然后劝国王不要奢望，而是把新征服的国土让给他的一位朋友。莫尔先生，您认为他们会认真倾听并接受我的这些意见吗？”

我说：“当然，他们不会乐意接受的。”

“而且，莫尔先生”，他说，“无论在什么地方，如果财产是私有的，金钱是万能的，那么国家就无法实现公平，也不会繁荣昌盛。每当我想到乌托邦那完美的法律时，就知道他们是个例外。那里所有财产都是公有的，每个人都很满足，但法律却很简单。我充分相信，不废除财产的私有制，人类完美的幸福就无从谈起。如果你和我一样也在乌托邦生活过，你一定会同意我的观点。”

“所以，拉斐尔先生，”我说，“那就请您给我们讲讲那个地方的情况吧。”

02. 乌托邦岛及其民风民俗

乌托邦岛的形状，看起来像是一轮新月。它的中部最宽，宽达200英里，两边逐渐变得狭窄；它的周长大约有500英里，新月形的两角之间约有11英里的距离，中部是一片汪洋，整个海岸看上去就是个海湾。港口的进出口处，遍布着浅滩和暗礁，约在中间位置有一块巨大的礁石，对乌托邦岛起着保护作用。全岛有54座城市，无不巨大壮丽。它们的建筑布局，也是完全相同的，其风俗习惯、法律和制度也都完全相同。亚马乌罗提位于岛的中部地区，是乌托邦岛的首府。每个城市的辖区面积都是一样的，都有自己的农庄。每年有一半人从农村返回城市，而城市则派遣同样数目的人，去农村工作。

亚马乌罗提城略呈正方形，毗邻阿尼德罗河，还有一条小河从城中穿过。城里的房屋排列整齐，非常漂亮，街道宽约 20 英尺（1 英尺约为 0.3 米）。每栋房屋的后面，都有一个花园，在花园的附近则建有巨大的粮仓。

他们的官员通过选举选出，每 30 家选举出一名叫摄护格朗特的官员；每 10 名摄护格朗特上面，设有一个特朗尼菩的官员。摄护格朗特推选出城市的总督，这个职位实行的是终身制，其余的官职则一年一选，期满后再重新选举，但他们轻易不会更换特朗尼菩的人选。每隔三天，总督就会和特朗尼菩举行一次会议，每次会议，都要从摄护格朗特中轮流派出两名成员参加。为了避免因时间仓促而造成失误，在会上提出的问题，并不当场决定。城市里的每个人，除了有自己的特殊技艺外，也都熟练掌握了农业技能，很多家庭一连几代人都从事相同的行业。他们每天只需工作 6 小时，就足以满足社会的物质需求，还能略有节余。每个人都有工作，自然就不会有人无事可做，或从事歪门邪道了。除了年老体弱者，城市中还有 500 多人不用参加劳动，因为他们要从事研究工作。这些人中很多都成了使节、僧侣、特朗尼菩和总督。

至于他们的衣服，在城市中，人们工作时穿的衣服样式是统一的，里边是皮衣，外边是羊毛长外套。他们只要求衣服洁净，并不很在意质地的粗细。因此，他们在穿着上的花费很少。

城市是由许多个家庭组成的。关于家庭，他们的法律规定：每个家庭应该具有 13 ～ 16 个 13 岁以上的成年人。他们是怎么维持这个人数的呢？他们会让超出人数的家庭，把家中多出的人员抽出来，补充到别的家庭中去；如果家庭人数不足，那么就从别的家庭中补充过来。如果城市的人数不平衡，那就在城与城之间进行平衡，或者重新建立一个城市，让多出来的人到那里生活。每个家庭都由最年长的人管理。城市里的每个区域，都有一个市场，每个家庭都要把自己的产品送过去，然后再拿回自己所需要的东西。在这中间，既没有通过货币的买卖也没有交换。

每 30 个家庭，有一个公共大厅。归同一个摄护格朗特管理的家庭，都在规定的午饭、晚饭时间聚集到这里，这里还有一个幼儿园。住在农村或者路途较远的人，自行在家里吃饭。如果有人想去别的城市旅游，就要由城市的总督开具批准文件。公民不管在什么地方，都要从事自己的本职工作。大家都是朋友，平均分配所得产品，没有任何人会陷于贫穷的境地。每个城市都把自己的产品送到亚马乌罗提，以便于所有城市的产品能够进行交流。

乌托邦岛的公民也会用多余的产品去和其他国家交换，以获得自己没有的东西或者金钱。但是，他们只需要铁，并且只有雇佣士兵时才需要花钱。他们的金银不是用来做首饰、器皿的，而是用来做手铐、脚镣等粗俗的物件，孩子们则把那些价值连城的珠宝当作玩具。

虽然专门从事研究的人不多，但所有人从小都能够接到教育，并且大部分人在工作之余也不忘学习。他们每个人对天文学都了如指掌，但从不沉迷于占卜、算命等荒诞迷信的事情。

他们尊重灵魂的性质、道德的理性以及快乐，他们认为人类的幸福可以在快乐中找到。他们信奉灵魂不朽，认为灵魂在上帝的关爱下肯定是快乐的。生前行善，死后必得善报；生前作恶，死后必得恶报。若非如此，人们就会为了寻求快乐而不择手段。他们认为，幸福只有在好的、正直的快乐中才能找到。自然已经为人们确定了快乐的生活，只要顺应自然去生活，那就是道德的。

对于那些炫耀首饰珠宝、卖弄虚荣、参与赌博等行为，他们丝毫不关心，甚至会表示蔑视。他们不喜欢狩猎，认为那是一种野蛮的屠杀。他们认为，人类只有在得到灵魂的智慧、思考真理和回忆美好生活时，才能得到真正的快乐。在身体快乐方面，他们最注重那些感官能够感觉到的，其次是与身体健康有关的，如果没有健康，就不会有什么快乐。但是他们最重视的，还是心灵上的快乐，即从拥有美德和善良生活中得到的快乐。相反，对于物质上的满足，他们倒并不太在意。但是，他们也认为，只是为了美德的虚名而放弃嗜好的人，其实是愚蠢的狂人。

至于奴隶，乌托邦岛上也有。这些奴隶是他们本国那些犯罪的人，或是在国外被判处死刑的人，或是一些自愿来这里当奴隶的外国的穷人。他们对病人是十分爱护的，如果病人确实到了无药可医的地步，要承受巨大的痛苦，那么就会有教士或官员去劝导他们，让他们在自愿的基础上，主动结束自己的生命。

在乌托邦岛，女子只有年满 18 岁才可以结婚，男子则要再多 4 岁。但是，如果有人婚前犯了私通的罪，那么男女双方都会受到严厉惩罚。在选择配偶时，必须在一位德高望重的长者的陪同下，赤身裸体地站在对方面前。在这里，嘲弄身体有残疾的人，要受到非常严厉的责备。

他们既用严厉的刑罚禁阻人们的犯罪行为，又会高度褒扬那些做了善事的人们。他们的法律很少，但是已经够用了。因此，对于那些虽有很多法律，但却无法阻止人们犯罪的国家，这是一件十分讽刺的事儿。他们废除了那些专门操弄法律的人，认为每个人都应该处理自己的法律事务。

03. 乌托邦人的战争与宗教

他们不和任何国家缔结盟约，因为他们根本就不相信这个；缔结盟约的仪式越是隆重，盟约就越容易破裂。乌托邦人相信，不应该把没有伤害你的任何人当作敌人，天然的伙伴关系才是最好的盟约。

他们认为，通过战争获得的光荣，其实是最大的不光荣。他们也每天都在进行军事训练，但这只是为了保卫本国的领土和友好邻邦，或者是为了征讨其他国家犯下的众所周知的罪行，否则他们绝不会发动战争。通过无数流血牺牲而赢得的胜利并不光荣，但是如果用计谋征服敌人，他们就很高兴了。在战争中，他们会拿出巨额赏金，来奖赏那些擒住或者杀死敌国国王或敌军重要人物的勇士们。他们认为，这样可以极大地减少战争中的伤亡人数。他们也鼓励邻国的人民起来反对敌人。

他们招募各个国家的勇士，为他们作战。特别是对那些以凶狠著称的塞波雷得人，他们支付的酬金是所有国家中最高的。如果本国公民不愿当兵，那么乌托邦政府绝不强求。如果妇女也想出征，那就让她和丈夫一起去，这样她就能陪伴在丈夫身边了。乌托邦的战士们都非常勇敢，对他们而言，战败是最可耻的事情。乌托邦人善用计谋，同时也能巧妙应对敌人的阴谋。乌托邦人的武器设计得非常巧妙。在战争中，他们用弓箭做武器；如果是肉搏战，他们则用巨斧，而不用利剑。

乌托邦岛的宗教有很多种。有人崇拜太阳神，有人崇拜月神，有人崇拜本国历史上的著名人物，还有人信仰一种不可知的、万世不灭的神。但大家都知道，世上只有一个神，他创造和统治着这个世界。当我们对他们传播基督教时，他们也很高兴地赞同。

而且，这里有一条历史最为悠久的律法，那就是一个人为自己的宗教信仰而思考，任何人都无权惩罚。但是没有人可以有那样低下的见解，认为灵魂是随着肉体的消灭而消灭的，或者认为世界是无规则的，不相信有统治这个世界的神存在。这样的观点是不被允许的。

在这里，教士的地位是神圣的，但是他们人数有限。他们负责对儿童和少年进行教导，主要是针对学问和品德这两个方面。

他说："这些就是这个国家的制度。它不仅是最好的制度，而且是唯一名副其实的制度。"

当拉斐尔说完他的故事，我觉得他所讲述的岛上居民的很多习惯和法律，有些东西规定得十分荒谬。但是，我知道他已经讲得很累了。因此，我就对他说，我们换个时间，再来好好评判与考察一下这些事情。虽然我，托马斯·莫尔，目前并不能完全认同他所说的一切；但是，我不得不承认，虽然乌托邦国有非常多的特征，是我愿意我们的国家也具有的，但是毕竟难以期待看到这些特征的实现。

十八、马基雅弗利：《君主论》

尼科洛·马基雅弗利的名声，主要来自他的《君主论》。这部著作大约是1514年写成的，但直到1532年才得以出版，那时他已经去世五年了。本书讨论的主题是：君主如何建立和维持强有力的政府。按照马基雅弗利的意见，道德的原则必须完全服从纯粹利益的要求。君主面对的世界都是一样的：人民既没有变好，也没有变坏。因为人们对他的研究方法没有完全理解，所以马基雅弗利主义一直被用来作为指责人的名词。但是，即便是他的批评者也认为，他的著作思想之精密、文风之晓畅，还是值得肯定的。

01. 靠能力成为君主

有史以来，所有国家和政府，不是共和国，就是君主国。这些君主国不是世袭的，就是新创的。统治一个世袭王国，要比统治一个新创的王国更容易些，因为新创立的国家，总会面临很多困难。

如果一个王国除了古代的领地之外，又并入了其他领地，就成为混合的君主国。此时，就很容易发生叛乱，因为人民常常是准备更换主人的。如果国家将叛乱镇压下去，那么这个国家就安全了。这时候，君主可以防止发生叛乱为理由，采取种种措施来加强自己的统治。

如果被合并的国家与占领国，语言和习惯都是一样的，那么占领国就能稳固地统治这片土地。接下来，只需铲除过去君主的王室成员就可以了。但是，如果被征服国与占领国，在语言、习惯等方面都不同，那么麻烦就多了。如果占领国的君主亲自来到被征服国，对这里进行统治，就像土耳其人在希腊所做的那样，那么事情还会比较好办。还有一个策略，就是向被征服国比较重要的地方进行移民。不过如果这样的话，军队的花费比移民要大多了。

而且，在这些被占领的地方，君主应该以比较弱小的邻国的保护者自居。但是，不可加强他们的实力，同时还要设法削弱其中实力较强的邻国。无论如何，都不能让一个和自己一样强大的国家在这里得势。罗马人常常就是这样做的，但法国的国王路易在意大利的做法，却与这些做法相反。由此，我们从法国国王的做法中得出一条永恒的结论，这个结论就是——永远不会错或者很少有错的——“如果自己成为别人强大的原因，就是在自取灭亡”。

君主国的统治方法，只能有两种：一种是君主和一群大臣统治；另一种是君主与诸侯统治。前者如土耳其，后者如法国。征服前一种国家比较困难，但征服后却很容易统治；反之，征服后一种国家比较容易，但征服后却比较难以统治。

正因如此，亚历山大才轻而易举地控制了亚洲，但他还没有来得及治理，就去世了，这并不是什么大惊小怪的事，因为当时大流士的统治方式和土耳其苏丹的统治方式几乎如出一辙。

如果新征服的国家从前有自己的法律，而且是自由的，那么有三种方式可以来统治它：第一，把它毁掉；第二，住在那里亲自进行统治；第三，让他们继续使用自己的法律，从他们中间选出对自己友好的人来担任官吏。但是，最为妥当的方式，还是第一种或者第二种。

新君主国的国君能登上王位，要么靠的是能力强，要么是由于幸运。让我们回顾一下摩西、居鲁士、罗慕洛以及其他这类出类拔萃的君主，我们就可以看到，他们的成功，除了夺取王位的机会是出于幸运之外，就没有什么是由于运气了。这些靠能力而夺取王位的人，打下江山固然艰难，但坐江山的时候却比较容易。如果他们遇到了困难，那只是因为他们是新君主。因此，只要他们掌握了军队，就很少有失败的。事实上，掌握军队的君主都取得了成功，而没有军队的则往往以失败告终，就像萨伏那洛拉的情形那样。

02. 不靠能力成为君主

那些只靠运气而得到王位的人，在保持王位的时候会非常艰辛。因为，有的君主根本就没有保持王位所需要的能力和知识。然而，有的人虽然能力很强，但终究还是失去了他得到的一切，就像恺撒·博尔贾那样。

博尔贾想要扩张自己的势力，但是，如果不是意大利各邦内都陷入动乱的状态，他根本无法取得任何地区。由于法国人和威尼斯人的行为，恺撒·博尔贾才得以占领罗马尼阿。接下来，他就要削弱奥尔西尼和科隆内两大家族的势力。在打垮了科隆内之后，西尼加利亚的奥尔西尼家族由于目光短浅，也被博尔贾消灭了。当他把一些领袖人物一一消灭之后，恺撒·博尔贾开始笼络罗马尼阿和乌尔比诺的百姓。他先是派了一个严酷的官员来恢复这些地方的秩序；事情做好后，他又将那个不得民心的官员斩首了。

后来，他担心未来的新教皇会对他不利，于是便把所有被他夺去领地的领主们的家族成员赶尽杀绝。然后，他和罗马贵族交好，并且还笼络大多数的红衣主教。但是，他的父亲——教皇亚历山大六世，在他的计划还没有完全实现之前，就去世了。但尽管如此，如果他自己能多活几年，凭他那份创业的才能也许还能成功。但是，他还是做了一件直接导致他失败的错事——让朱利奥二世担任教皇。

但是，也有人通过狡诈的手段和罪恶的勾当能登上王位。对这样的情形来说，这既不是由于运气也不是出于能力。

首先，我们以西西里岛的阿加托克利斯为例。他屠杀人民，出卖朋友，不要荣誉，抛弃良知和宗教信仰，这一切都不能算作什么能力。但是，他却取得了成功，我们不能说他是靠运气。他既不是凭能力也不是凭运气成事，我们对他的成功就只能做出别的解释。

其次，费尔莫的奥利韦罗托可以算作近代的例子。他之所以取得这座城市的统治权，凭借的就是狡猾的计谋和残忍的杀戮。尽管如此，他却能异常稳固地统治着那里。如果不是中了恺撒·博尔贾的圈套，他也是不会垮台的。

以上事例给我们的经验教训是，如果一个篡位者必须做一些残忍的事情，那就必须斩草除根；然后，他再对人民施以恩惠，把民心争取过来。

接下来谈的是，因本国民众的支持而登上王位的人。他们得到支持的原因除了幸运，还有机智。如果人民支持他是为了抵制贵族的迫害，那么他的王位就比贵族推举出的人更加牢固。尽管俗话说“仰仗人民，无异于海市蜃楼”，但我依旧坚持我的观点。

要想当上教皇，必须具有才能或运气。但在维持统治时，这些就没什么用处了。此时的教皇已经有了宗教的权威保护。教皇的势力由于亚历山大六世和朱利奥二世的有力统治而得到了极大发展。利奥站在他前任的肩膀上，具有的权势更大，我们希望他能广施仁爱和其他美德，以彰显教皇的伟大。

03. 如何保住王位

君主保卫国家所仰赖的军队无非有如下三种：由本国臣民组成的军队、雇佣军或是外国援军。雇佣军是非常不可靠的，如果他们的首领没有才能，那么君主迟早会下台；但如果雇佣军的领袖非常有才干，那么他又会打起自己的如意算盘。意大利就是因为一直依靠雇佣军，所以才导致了崩溃。

依靠外国援军的君主，必然也会失败。外援的军队比雇佣军有着更大的危险。这种军队的战斗力越强，其危险性也就越大。从叙拉古的希尔罗一直到罗马的恺撒·博尔贾，他们之所以能够不断增强势力，都是仰仗自己的军队，而不是外国军队的支持。

因此，如果一个君主想维持自己的统治，就必须自始至终重视军事；否则，他将失去一切。将士们很难尊敬不懂军事的君主，而君主自己也不会信赖自己的将士。因此，君主一定要花大气力去学习军事知识，还要经常参加狩猎活动，以此锻炼身体，增长地理知识等。君主们还应该熟读历史，研究分析那些伟大历史人物成败的原因，并以此为鉴，这样可以使君主的头脑更灵活清晰。

如果一个人想每件事都无愧于心，但又身处不义之人当中，那么他就难以逃脱被毁灭的厄运。因此，一个君主要想保住王位，就要知道如何做不善之事，而且要知道在何时去做不善之事。对一位君主来说，这是至关重要的。

君主被人称赞宽宏，是一件很好的事情。但是，如果你做了宽厚的事，却没有人称道，那么这种宽厚就会对你有害。宽厚或多或少都会掺杂一些奢侈的色彩，因此，当君主宽宏时，就会增加人民的负担，从而遭人憎恨。人民会认为，如果君主不是沽名钓誉，而是坚持勤俭度日，那么就不会增加百姓的赋税。所以，那些被认为吝啬的君主，往往能取得成功，而其他的君主却会失败。

每位君主给人们留下的印象，都应该是仁慈的，而不是残酷的。但是，新的君主却不得不背上残酷的名声。因为在新成立的国家，到处充满了危险，为了镇压各种叛乱，他必须杀鸡儆猴。当社会渐趋稳定时，残酷的君主也会逐渐变得仁慈起来。

通常，人们不太怕得罪自己喜欢的人，而更怕得罪让自己畏惧的人。因此，如果一个君主无法让别人喜欢自己，那他就应该找一个让别人害怕而不憎恨自己的办法。这个方法就是：千万不要掠夺别人的财产，因为人们即使很容易就忘掉了父亲的死，但是对世袭财产的被剥夺，却会铭记于心。

能够建立丰功伟绩的，往往是那些不讲信用、善用阴谋诡计的君主们。那些老实本分的君主，最终会被他们征服。君主必须既是狮子，又是狐狸。想骗人的人，总是能够找到受骗上当之人。总之，如有行善的机会，君主不应放弃；但如有作恶的必要，他也必须懂得如何作恶。

那些能引起别人憎恨或蔑视的事儿，君主应当避而远之，尽量不要去做。君主的所有行为，都应该尽量表现出自己的伟大、英勇和聪明才智。他应该让人们相信：谁都别想欺骗他。因此，那些容易让百姓怨恨的事情，明智的君主应该懂得让下属去做，而他自己，则是去做那些能让人产生好感的事情。

以上的叙述，完全符合罗马皇帝的历史。他们必须选择：是满足士兵的要求？还是满足百姓的要求？想尽办法讨好军队的皇帝，必然会使百姓遭殃。根据分析，我发现他们的作为，完全印证了我所说的原则。

现在，君主们的常备军，已经远不像罗马帝国时期那样有影响力了。除了土耳其的苏丹以外，其他国家的君主们，都更应该选择尽量满足百姓的要求，而不是满足军队的需要。

04. 统治的策略

新上台的君主，往往会为了国家稳固，解除其人民的武装，这是非常不正确的一种做法；相反，他应该武装起他的臣民，让他们成为自己的展示。若非如此，他就只能去找雇佣军了。

对于新征服的国家而言，解除该国的武装，则是非常必要的。因为有些人会挑起新臣民们的骚乱，试图削弱他们的力量，但效果不大。如果新君主能成功地拉拢那些最初反对自己的人，并且信任他们，那么这些人会比原来那些忠心的人更加忠诚，也会更加卖力地做事。

如果君主更害怕自己的臣民，那就可以修建要塞；如果君主更害怕外来的威胁，就不应该修建要塞。因为最好的要塞，就是别让自己成为人民憎恨的对象。

君主如果能够建立伟大的基业，是世界上最能让人民敬仰的事情。现在，阿拉贡国王斐迪南二世，就是一个很好的例子，他已经成为基督教世界中最伟大的君主了。他的作为不仅是伟大的，而且有些还是无与伦比的。他与格拉纳达的那场战斗，为他的国家奠定了基础。他把宗教作为号召，消灭了他王国里的所有摩尔人，并且还用同样的手段进攻非洲，远征意大利，进攻法国。他的臣民们被这些伟大的行动搞得眼花缭乱，惊叹不已。因此，人民根本就没有反对他的时间和机会。

君主丰厚的赏赐，能够留住有才能的臣子。君主必须远离谄媚者，以免被他们欺骗。在征求大臣们的意见时，君主应自己先进行深入思考，形成自己的意见。只有明智的君主，才能得到真正有益的忠告。

在我们这个时代，让我们审视一下那些意大利的王公们。他们之所以会丧失统治权，要么是因为他们没有军队，要么是因为他们被人民敌视，要么是因为他们没有和其他贵族们和谐相处。虽然其中不乏命运的安排，但至少有一半的原因，要归咎于他们自己。只有顺应时代要求的君主，才能够实现自己的目标。成功，有时需要小心谨慎，有时却需要大胆快进。

现在的意大利，正饱受着失败和压迫。他们没有领袖，没有秩序，到处都充斥着蹂躏和破坏。所有意大利人民都在企盼，上帝能派一个人来拯救意大利。如果这位人物出现，意大利人民一定会紧紧追随他。美第奇家族的洛伦佐殿下，您出身高贵，要想拯救意大利人民，对您来说并不是很难。这个使命是伟大的，我们已经有了很多事实，来证明我们得到了上帝的庇佑，这件事将增加您的伟大。剩下的事情就看您自己的了，因为上帝是不会把所有的事情都替你做了的。

十九、马丁·路德：《桌边谈话录》

1525年，路德结婚后与家人定居在维滕堡。在许多拜访他的人中间，有不少是贫穷的学生。这些热诚的信徒，把他们导师的只言片语都记录了下来。这部《桌边谈话录》记录的是路德令人耳目一新的坦率和时时处处闪烁着智慧的火花，因而曾经风靡一时。这部著作表明：路德的思想已经成为他所处的时代的真实产物，它必须被那个时代的精神所检验。在这里，我们给出了书中一些最直指人心的观点，尽管它们之中有的没能经受住时代的考验，但它们更加体现了路德所倡导的美好与真实。

01. 上帝的话与书

我已经证明，《圣经》是上帝的话语，上帝的书籍。古往今来，历代当权者，总是对它心怀不满，并总是竭尽全力地贬低它，更有甚者，竟然还想废除它，如亚历山大大帝，埃及和巴比伦的王子们，波斯的皇帝们，罗马的朱利叶斯和奥古斯都，但他们都徒劳无功。反倒是这些不可一世的当权者，什么都没有流传下来，一切都随着他们的死亡而消失了，但《圣经》却流传了下来，而且还会永世长存。是谁帮助这本书流传至今？又是谁能在权势面前保护它？除了万能的上帝之外，再没有其他人能够做到了。

《圣经》中记载的都是上帝的赐福和德行。而异教徒的书却不是这样，它们不向人们传播信、望、爱，也不研究思想，它们只讨论实际的东西。而这些，人们只要通过现实的推理，就可以理解和掌握。从那些书里，我们看不到对上帝的希望和信任。那么，我们再看看《圣经》和《约伯记》吧，看看它们是如何谈论忠诚、希望、顺从和祈祷的！简而言之，《圣经》是最高尚、最经典的好书，因为它能抚慰所有被折磨和被审判的心灵。它引导我们去看、去感觉、去领悟，去理解信、望、爱，它超出了人类的理性。它在罪恶笼罩我们时，教导我们用美德冲破黑暗。

因为没有人出来限制写作者的狂热，因此大部分的书都在传播恶行。而《圣经》呢？却被这些不值一读的书淹没了。但愿我的书被深埋地下，因为我不希望有人在我的书上浪费时间；我们处在这个动荡的时代，只阅读《圣经》就够了。

02. 上帝如何对待我们？

上帝到底该怎样对待我们？好时光我们无法忍受，恶行我们同样无法忍受。如果上帝赐予我们财富，我们就会变得骄傲、不可一世，期望着被众人顶礼膜拜，再也不能与人和谐相处。如果上帝让我们贫穷，我们会惊慌失措、急躁不安，甚至还对上帝心生怨怼。

这个世界的唯一主宰是上帝，而不是财富。拥有了财富，人会变得骄傲和懒惰。富足不能消除饥饿，只会使匮乏感更加强烈，因为想要维持的富人生活水平，需要更多的财富。而且，金钱也无法带给人们应有的欢乐，只能带来忧郁和悲伤。耶稣说，财富就是荆棘，能把人刺伤。上帝出于至善和仁慈，把许多欢乐和幸福赐予这个世界，但是我们这些不懂得感恩的人，却对上帝无时无刻的庇佑一无所知。没有人能够想到，上帝对飞鸟、走兽乃至那些微小的生物，有着多少的关照。但是我相信，上帝会花费更多的心思，去照顾一只麻雀，而不是花更多心思，去管法国国王的收入。

03. 直指罗马教会

我很惊讶，人们颂扬罗马的教堂，而不是颂扬耶路撒冷的教堂。我们要知道，耶路撒冷才是基督教起源的圣地。我认为，我们第二个应该赞美的，是安提俄克的教堂，因为我们从那里获得了“基督徒”的称号；我们第三个应赞美的，是亚历山大城的教堂。而且，我们还要赞美迦拉太、科林斯、以弗所和腓力比的教堂，这些教堂都应该排在罗马的教堂之前。难道圣彼得去罗马是最重要的事情吗？我们的主基督耶稣一直生活的地方是耶路撒冷，而不是罗马。基督教的主要经典，也是他在耶路撒冷写成的。

罗马教会辖区内的那些祈祷者，不是真正地进行祈祷，他们只是动动舌头而已，就像在完成一件被迫要做的任务。所以，他们在祈祷室和修道院中所做的祈祷，实际上只一些是毫无意义的胡言乱语。他们虽然也唱圣歌、朗诵祈祷文，但却从来没有全身心地投入过。因此，尽管我只是将他们从这种折磨中解放出来，但仅凭这一点他们就十分感谢我。

国王和王公们的金钱，只能用金属铸造；但是主教们的金钱，却能通过各种各样的事情得到——譬如赎罪券、仪式、豁免、免罪符等等。除了施行洗礼不要钱之外，他们所做的其他一切几乎没有不要钱的。洗礼之所以不要钱，是因为刚出生的婴儿一个铜子也没有，他们甚至连牙齿都没有，教会又能从婴儿身上捞到什么呢？

04. 教父们的著作

教父们最近的著作，不仅得到了教会的认可，而且还赢得了许多掌声。我本来并不想对此提出批评。但是，不管谁读了克里索斯托的作品，都会觉得他离题太远了，他在讨论与主题无关的东西，什么都没说，或者只谈到了一点点与主题相关的东西。圣杰罗姆写的那几本关于《马太福音》《使徒书》《迦拉太书》《提多书》的书，唉，太淡然无味了。安布罗斯写了 6 本关于《创世记》的书，同样是乏善可陈。

对于教父们的著作，我们必须慎重地去读，仔细地辨析，因为它们常常是在引导我们蹒跚而行，甚至会把我们引入歧途。教皇格雷戈里解释说，《福音书》中记载的一位农夫给了他的仆人 5 镑钱，这个“5 镑钱”是指野兽也拥有的 5 种感觉，其中 2 镑钱指的是推理能力和理解能力。这纯粹是无稽之谈。虔诚的基督徒只要听信我们主耶稣的使徒的话就可以了，不必去看别人的解说。

在奥古斯丁之前，教堂里的神父们从来没有提及过原罪。到了奥古斯丁，才把自罪和原罪区分开来，并指出原罪是自罪的根源和起因，包括贪婪、淫欲和占有欲。

05. 忠告传教士们

好的传教士，知道什么时候应该结束布道。一个传教士如果想把自己的所有观点都说出来，那么他就像一个要去菜市场的饶舌女仆，恰好在那里遇到了另一个女仆，两个人就一起喋喋不休。

我不主张传教士用希伯来语、希腊语或者其他外语来布道，而应该使用我们平时在家里所用的语言，使用简单直白的母语，让每个人都能够听明白。只有朝臣、律师、诉讼代理人之类的人，才需要使用生僻的、令人迷惑的词汇。圣保罗就从不像狄摩西尼和西塞罗那样，使用那些高贵的、华丽的语言。

如果布道人野心勃勃，他的野心对教会来说，就是最毒的毒药和最烈的焰火。

我每次进行布道时，都会全身心地沉浸其中。我不注视教堂里的医生和官吏，他们只不过才 40 多人。我总是凝视着教堂的大多数人，他们是青年、儿童和仆人，他们超过了 2000 人。我是为他们布道，其他人是不是在听我布道呢？

06. 时机的“额发”

谚语说：时机的前额有毛发，但它的后面是秃的。我们的万能之主用自然界的轮回，告诉了我们这一点。农民必须在复活节前后，把大麦和燕麦的种子播种在地里；如果他拖到米迦勒节再做这些，那就太晚了。苹果成熟了，就要马上摘下来，否则就会腐烂。拖延和仓促一样，都不是什么好事。我的仆人伍尔夫在用网子捕鸟的时候，如果只有四五只鸟入了网，他总是舍不得拉网。他说：“喔，我要等更多的鸟进来后再拉！”结果，鸟儿都跑了，他一无所得。

时机是个非常重要的东西。特伦斯说得好："我及时赶到，这是首要的事情。"尤利乌斯·恺撒理解了这一点，但是庞培和汉尼拔却没能理解。在校的学生不理解时机的重要，因此他们需要父亲和老师带着教鞭教导他们，让他们知道，他们不是忽视时间而是丢掉了时间。年轻人领着学校的助学金，要在学校学习六七年，他本应努力学习。但是，他却在想："哦，我有足够的时间。"然而，我却要说："不，年轻人，少年时期不学习，长大以后就什么也没有学到。"

时机在欢迎你，并且把她的额发也伸向了你，她在对你说："来吧，快来抓住我吧！"你以为她还会再来，但她却说："好，看来你抓不到我的头顶，那就抓一抓我的尾巴吧！"于是，她就这样溜走了。

07. 关于现代奢侈病

为何现在人们会过上这样的生活？它是如此地过度、如此地铺张、如此地浮华，如此地极尽奢华。如果亚当重返地球，看到了我们的生活方式、我们吃的食物、我们喝的饮料和我们的穿着，一定会大惊失色。他会说："这还是我曾经生活过的那个世界吗？"因为亚当当年只是渴了就去喝点水，饿了吃点树上的果子。即便他有房子，肯定也只是用 4 个树桩支起来的小棚子。他没有刀子和铁器，只穿兽皮遮羞御寒。如今我们花费大量钱财，吃精美的食物，修建宏伟而又富丽堂皇的宫殿。古代以色列人的居住条件虽然简陋，但却十分宁静，他们并不追求豪华的住宅。波阿斯说："吃面包时蘸点醋，能使我们精神振奋。"这句话的意思是，我们可以适当享受，但不能太过浪费。

08. 牧师不要干涉婚姻

我建议：牧师不要干涉结婚的事情。首先，有许多事情需要我们去做；其次，这是俗世之事，与教会无关，有地方官员管理就好了；最后，结婚涉及的事情太多，牵涉的问题也太多、太复杂，甚至有些事情，还是《福音书》中认为可耻的问题。干涉结婚会对我们产生不利的影响：结婚会把我们牵扯进来，如果其中有罪恶之事，我们也必会因此遭到谴责。因此，我们还是把这件事交给律师和官员来处理吧。

09. 其他杂记

菲利浦·麦隆庆拿了一封奥格斯堡的来信，给路德看。信上说，奥格斯堡的一位有学问的牧师，曾是天主教徒，后来他改变了自己的信仰，改信新教。路德说：“我最喜欢那些不是骤然改宗的信徒。因为，他们是经过深思熟虑的，而且他们非常了解天主教和新教两边的言论和争辩，他们是经过仔细权衡后，怀着对上帝的敬畏之心来寻求真理的。只有这样的信徒，才能在辩论中坚定自己的立场。圣保罗就是这样的信徒，最初，他忠诚地信奉法利赛教，坚定地捍卫其教派的律法。但后来，他却不遗余力地传播基督教，坚定地反对犹太教。”

每个人都知道自己会死，然而，每个人却都想在人世不朽，能永远被他人铭记。一些王公贵族试图用雄伟的纪念碑、高耸的金字塔、壮观的教堂、宏伟的宫殿和城堡来让自己不朽，军人们则希望通过胜利的荣耀让自己不朽，学者们则想通过自己的作品使自己不朽。但实际上，只有上帝才能真正不朽，只有上帝才能真正获得永恒不灭的光荣，我们这些凡人是无法不朽的。

如果两头山羊，在湍急河流上的独木桥相遇了，此时它们会怎么办？双方都不愿退回去，可双方也过不了桥，因为桥太窄了。而在桥上打架，只会让双方都掉进水里淹死。动物的天性让它们想到一个好办法：一只趴下来，另一只从它身上跨过去，这样双方都不会受到伤害，而且都能顺利过桥。人们也应该像山羊一样，学会互相忍让，而不是互相冲突争斗。

10．过时的观点

我对女巫极其痛恨，建议把她们统统烧死。根据古老的法律，牧师应该最先站出来与女巫战斗。普通的罪恶只会惹上帝生气，而巫术却会使上帝愤怒无比！因为它是对万能的上帝的背叛，是魔鬼的蛊惑。

路德拿起一只毛虫说：“女巫就是一只色彩鲜艳的、会变色的魔鬼的幼虫。”

魔鬼总挑我们最柔软和最脆弱的部位折磨我们，让我们痛苦难当。在伊甸园，它引诱的就是夏娃而不是亚当。它总在原就潮湿的地方撒下雨水，引诱容易被引诱的人。

再洗礼教徒诓骗众人说，孩子不应接受洗礼，因为他们还没有推理能力。对于这一点，我坚决反对，推理能力不是决定信仰的首要条件。不仅如此，正因为孩子还没有推理能力，所以才更适合也更应该接受洗礼，因为信仰最大的敌人就是理智，推理能力丝毫不能帮助灵魂的任何事务。

我向来喜爱音乐。只有精通音乐的教师，才会得到我的尊重。因此，一个年轻人，若想成为牧师，就必须接受严格的音乐训练。

伊拉斯谟是世上最卑劣的异教徒。他几次试图诱我入陷阱，让我陷入险境。但上帝给了我特殊的帮助，使我化险为夷。伊拉斯谟用伊壁鸠鲁式的学说毒害了罗马和威尼斯。他的第一信条是随波逐流，换句话说就是：让斗篷随风飘舞。我认为伊拉斯谟是基督徒最险恶的敌人。

在危险时，我反而工作得更好。我的文笔在危险时会更加优美，祈祷更加虔诚，布道更加精彩；因为此时我的反应更快，理解力更敏锐，并且此时我能抛却所有凡俗的苦恼和诱惑。

11. 独特的格言

当修道士掷骰子，修女们都会去赌博。

我们应该在别人辱骂我们时，保持沉默和祈祷，而不要火上浇油。

当耶稣开口时，他的声音是如此响亮，以至于即便他只是呢喃，整个天堂和尘世都能听见。

当我吮吸母亲的乳汁时，我并不知道自己以后将如何谋生、如何生存。初到这个世界时，我们并不清楚未来的生活会是怎样。

仇恨和骄傲这两种原罪，总是会伪装自己，就像魔鬼会化妆成神一样。仇恨看似庄重，骄傲看似真实，但其实，它们是最致命的罪行，前者让人精疲力竭，后者则让人谎话连篇。

蝎子以为把自己的头藏在树叶下，别人就看不到它。伪君子和假圣徒同样以为，做一两件善事就能遮掩他们所有的罪行。

路德手中拿着一枝玫瑰，说：“这是上帝的完美杰作。如果谁能创造一只这样的玫瑰，谁就配得到所有的敬意。上帝原本把永恒的价值赐给了众多造物，可惜我们用肉眼却看不到。”

二十、蒙田：《蒙田随笔集》

米哈伊·埃伊奎姆·德·蒙田一生写了三部《随笔集》，1581年出版了前两部，1588年出版了第三部。蒙田有着广博的知识和卓越的语言才能，这些在集子中都表现出来，让他的作品完美地体现出文学艺术的魅力。这些随笔共有一百多篇，集子的序言是蒙田写给读者的一篇致辞。他在致辞中解释了自己写这些随笔的原因：他想留给他的朋友和亲属一幅他的“文学自画像”。人们阅读了他的随笔之后，就不再怀疑他的哲学素养和观察能力了。

01. 论死亡

按现行的历法算，一年始于1月。我是在1533年2月最后一天中午11点到12点之间出生的，现在我39岁零两周了。如果我此时就为死亡所困扰，似乎有些荒唐，因为我距离死亡还很遥远。但你不妨细数一下，我敢保证，即便那些声名显赫的人，35 岁前去世的也比 35 岁之后去世的多。因此，我从现在开始思考死亡并不荒唐。

死亡可以通过许多方式，突然降临到我们头上！谁能想到，一位布列塔尼的公爵会被拥挤的人群踩死？然而，这件事就是在我的邻居克雷芒五世教皇进入里昂时发生的。我们有一位国王在比武时被杀死了，他的一位祖先甚至是被一头猪撞死的！埃斯库罗斯在房子快倒塌时，躲到了空地上，结果一只飞鹰爪下的龟壳坠落下来，将他砸死。还曾有人被葡萄噎死。一位皇帝梳头时被梳子划破了头皮，结果一命呜呼。艾米利乌斯·里必达绊到门槛摔死了，奥菲迪尤斯因为进元老院时撞在大门上死了。还有一位名叫盖尤斯·朱利乌斯的医生，在给病人治疗眼睛时，永远地闭上了自己的眼睛。我的一位兄弟，年仅 23 岁，他是一位才华横溢的马丁上尉，在一次打网球时，被球击中了右耳上方，表面看去毫发无伤。他甚至没有因此休息一下，但五六个小时后，他却因此中风而死。这种例子比比皆是，数不胜数。面对这样的事实，怎能不让人想到死亡？怎能不无时无刻使人感到死神已经揪住了我们的衣领？

你们会说，既然不想死，那么只要能不死，就无所谓采用什么方法。对于这一观点，我表示赞同。只要能躲避死亡的袭击，无论是什么办法，我都不会退缩。只要觉得还自在，我不会放弃尝试任何我能想到的办法。谁也无法确定死神会在哪里等待我们，我们只能随时随地恭候它的光临。对死亡的沉思也是对自由的沉思。人一旦学会死亡，心灵就将不再被奴役，并能无视所有束缚与强制。人若真正懂得失去生命不是坏事，那么就一定能坦然地面对生活的一切。无人像我这般轻视生命，也无人像我这般无视生命的长短。一个人不会比另一个人更脆弱，也不会对未来更有把握。谁都不愿意愚蠢地、不体面地死去。最好的死亡是无所畏惧的死亡。

如果我是作家，我就写一本集子专门评论死亡。教会人死亡，就是教会人生活。

我父亲有个家庭记事本，他要我也准备一本，但我没有。我有一个随身记事本，上面记着我死后要做的事情。那确实是个备忘录，哪怕我离家只有一里，身体健康，心情愉悦，但我仍没有把握能否安全到家，所以我必须在备忘录上匆匆记下我的想法。我的脑海里和心头时刻萦绕着这些想法，我时刻准备应付可能发生的事情。这可以让我不至于在死亡降临时措手不及。感谢上帝，我已经做好充分的思想准备，随时能够离开人间。我没有任何遗憾，虽然我眷恋生命，会因失去而悲痛万分。但我已经割断了一切关系，几乎与所有人都告了别，只是没和自己告别。从没有人像我这样，充分地做好了迎接死亡的思想准备；也从没有人像我这样，对生命毫不在乎。

02．论藏书

读书让我在衰老中体会愉悦，在寂寞中得到安慰，或者减轻疲劳、消除无聊。

无论战争时期，还是和平时期，没有书，我从不旅行。闲暇时看书是最愉快的事情。书在旅行中必不可少。

我在家时就经常待在自己的书房，这里是我房间里最重要的地方。它是我眼中的花园、后院，甚至是我最好的房间。我的书房里毫无秩序，我常常会为了找某本书把整个书房翻个底朝天。在书房里，我有时会陷入沉思，有时则边踱步边记下心绪和思索。书房在一个塔楼的第三层，第一层是祈祷室，第二层是卧室。我常在一个人时躺在床上。最顶层是更衣室。我在白天的大部分时间，几乎都在书房里度过。但我从不在书房过夜。我的书房既不富丽堂皇，也不干净整洁；相反，它很小，它小得冬天放不下取暖的火炉，安装不了一个舒适的窗户。

如果不考虑费用，我会增加一个100步长、12步宽的走廊，它的墙要不高不矮。我需要经常走走。坐得太久会把我的思想变得很迟钝。我和那些不借助典籍做研究的人一样，习惯边走边思考。

我的书房是圆形的，连摆放桌椅的地方都没有。这样，当我扫视四周时，就只能看见我所有的藏书，它们一层一层摆放在五层的书架上。我的书房有三个小凸窗，能让我遥望远处的美景。我的书房有16步宽。

冬天，我待在书房的时间比较少，因为我的房子建在一座小山上，受天气影响很大。但这对我也有好处，我可以利用这段时间锻炼身体，由于路途遥远和难以进来，我反而能享受清静。那里有我的席位，那里有我的宝座。

我有一个无条件的原则，即我的妻子、孩子和朋友不能去书房。因为我在其他地方的自主权只是口头上的和相对的，但在我的书房中，我的思想却能获得彻底的自由。

03. 论不平等

普鲁塔克说过，就生命力和内在品质而言，野兽之间不像人与人之间有那么大的差异。我愿比普鲁塔克走得更远，我要说人与人之间的某些差别，要远远超过人与兽类之间的差别。精神可以分出许多等级，不同等级之间有着天壤之别。

但是关于人的价值，有一点很奇怪：万物都用其自身品质来衡量，但人却是例外。对于马，我们赞扬的是它的矫健灵活，而非它的鞍鞯；对于猎狗，我们赞扬的是它的速度，而不是它的项圈；对于鸟儿，我们赞扬的是它的翅膀，而不是它的牵绳或脚铃。那对于人，我们为什么不也用其品质来衡量呢？众多的侍从、豪华的住宅、显赫的威望、丰厚的年金不过都是他的身外之物，而不能代表他的内在品质。你不会买一只装在袋子里、不知模样如何的猫，你想买一匹马时，会先把它的盔甲卸下来看看。那为什么你评价人时，要让他裹得密不透风呢？我们只能看到他的外在部分，而唯一真正可以作为评价他的依据的部分却被遮掩了。你想要的是锋利的宝剑，而不是华美的剑鞘——剑不精良，你可能不会出一分钱。看人同样要看其本质，而不是其外表。

让他丢下他的财富和头衔，穿着衬衣来吧。他的体格是否与他的职务相称？他的心灵是否具备了美好、高尚等各种品质？他能在面对剑拔弩张的挑战时镇定自若吗？他是否视死如归，不在乎老死善终或猝死暴毙呢？他沉着冷静、始终如一吗？他是——

贤明的人，是多么自制，
他不会被穷困、死亡和压迫吓倒，
他勇于控制情感，淡泊名利，
他喜怒不行于色，
他又圆又滑，就像滚动的光洁的球，
他会保持不败，不被命运摆布吗？

这样的人远比王国和封邑更有分量，他本身就是一个属于自己的帝国。把他和庸人们比较一下吧——愚蠢、下贱、奴性、好斗的庸人们，总会在感情的反复冲击下左右摇摆，一切都听从别人的。简直是天壤之别啊。但我们在习惯上如此盲目，很少注意甚至不注意这些。然而，在观察国王和农民、贵族和贫民、官员和百姓、富人和穷人时，尽管他们说话区别不大，但我们依然会根据他们穿着的不同而看出极大的差别。

看看那些在我们面前阔气得让人目瞪口呆的帝王的幕后生活吧！他不过也是一个普通人，甚至比他的臣民更卑贱、更愚蠢！胆怯、踌躇、野心、怨气和忌妒让他和别人一样心烦意乱。即使他有军队的保护，但恐惧、担忧和怀疑仍会时常笼罩他的心头。他和我们一样会发烧、痛风和头疼。当他年老力衰，他能因卫队中年轻的弓箭手而返老还童吗？镶嵌着黄金珠宝的床架，丝毫减轻不了他的阵阵腹痛！

有个人对亚历山大大帝拍马屁，说他是朱庇特的儿子。一天，亚历山大受伤了，看着伤口涌出的血，他问那个拍马屁的人："喂，怎么样？这是什么？难道不是鲜红的人血吗？"对于一个得了疟疾或痛风发作的国王来说，尊贵的头衔又有什么作用？如果他富有教养又生性高贵，王位并不能增加他的幸福。

看看那些王公贵族，尽管他们坐在山珍海味前，被告密者包围，被万众瞩目。但我更多的是可怜他们，而不是嫉妒。那些害怕和畏惧我们的人，他们给予我们的尊敬并不是真正的尊敬。"奴隶做不了任何主，但很多人愿意当奴隶。"

一个人的命运由他的习惯和思想决定。

04. 论服饰

我们在这寒冷的季节谈起了印第安人和摩尔人，我想，那些种族一丝不挂的习惯究竟是因为高温无奈而养成的呢？还是人类最初的生存方式呢？我认为，既然农作物、树木、动物以及一切有生命的东西，天生就有足够保护自身不被气候侵害的遮蔽物，那么人类也应如此。不过，如同用人造光来代替日光一样，我们原有的御寒方式已经被外在的东西破坏了。显而易见的一点是：衣服把我们许多的可能变成了不可能；因为那些赤身裸体的民族，有些和我们生活在同一片天空下，气候和温度几乎是完全相同的。而且，我们身体最娇嫩的部分，如眼睛、嘴巴、鼻子、耳朵却总是暴露在外面。乡村的农民和我们的祖先一样，总是裸露着胸腹。

如果人生来就只能穿短裙和短裤，那么，我们的皮肤一定会因大自然的风霜雨雪而变得更加厚实，甚至会像我们的指头和脚底一样长出老茧。

“土耳其有多少人因为信仰而赤裸？”有人看到一个到处游荡的流浪汉，在冬天只穿一件衬衣，但却如同全身裹着貂皮一样精神，于是问他如何能忍耐严寒。乞丐回答说：“先生，您脸上不也什么都没有穿，而我全身都是脸，所以不需要穿衣啊！”

意大利人这样讲佛罗伦萨公爵的小丑：公爵问小丑，你穿这么单薄，怎么能忍受连我都无法忍受的寒冷呢。小丑说：“如果您按我的方法，穿上自己所有的衣服，您就能和我一样不怕冷了。”

马西尼萨国王从不戴帽子，无论刮风下雨，从青年时代直到耄耋之年都是如此。塞维吕斯皇帝据说也是这样。希罗多德说，他和别人在希波战争中都曾注意到，在战场上死去的人中，埃及人的头颅要比波斯人硬得多。因为波斯人从小就总戴着帽子，长大了又用头巾裹头，但埃及人从小剃发，从不戴帽裹头。在阿哥西劳斯国王的一生中，无论冬夏，都穿一样的衣服。苏埃托尼乌斯说，恺撒总是徒步走在队伍前面，不管晴天还是雨天，他总是光着脑袋。据说，汉尼拔也这样。

柏拉图有一个绝妙的建议：为了全身健康，人从头到脚，除了大自然赋予的东西外，不要再增加任何遮蔽物。

我们法国人总习惯穿各种颜色的衣服御寒（我例外，我和父亲一样只穿黑或白），但在马丁·杜贝莱描绘的严寒中，我们该怎么办？他说，出征卢森堡时有很厉害的冰冻，必须用斧头砍劈军需品中的酒，然后按重量分给士兵，让他们用篮子提走。

05. 论隐退

我们暂且先不对隐居的生活和积极的生活进行详细比较。我们先问问那些所谓“为公众利益服务”的人，是否公共事务和私人事务完全没有关系？愿他们能扪心自问，世人对地位、职务孜孜以求，不正是与其悖道而行，想要从公众那里捞取好处吗？我认为不管是公众的还是私人的，最终目的都是为了生活得更舒适。但世人面对这些问题时，总是不能用更好的方式面对，总把两者之间的差别看得太大。

管理一个家庭的难度并不比管理一个国家的难度小。无论人的心思放在哪儿，都应当全神贯注。管理家政事情虽然小，但麻烦却很多。

而且，尽管我们能自由地出入法庭和市场，但我们依旧无法摆脱野心、贪婪、踌躇、恐惧和淫欲的折磨。即便在我们进入修道院和哲学讲堂时，它们仍紧紧跟随，沙漠、岩洞、游戏、斋戒也都解救不了我们。有人告诉苏格拉底，某人没有因为旅行变得更好。“我相信，”苏格拉底说，“他走的时候把自己的所有毛病都带去了。”

一个人如果不能先卸下心灵的负担，那么心灵就会因这些负担的摇摆更加沉重。这就如同一条装载货物的船，货物不动，它才能平稳行驶。我们离去时带着沉重的枷锁，这样，又怎能获得完全的自由？我们的毛病已经在我们心里牢牢地扎了根。然而，我们的心却无法自我净化。因此，只有让心灵回归自我，审视自我，这样无论你身在城市或王宫，都能做到真正的清静。

我们需要妻儿和财产，更需要健康的身体，但我们不能让这种需要执着到影响幸福的地步。我们要为自己保留一个完全独立的自由空间，建立起我们真正的自由和最重要的隐逸及清静。我们能在那里与自己对话，和外界的沟通与交流毫无关系，就好像没有妻子、儿女、财产、随从和仆人一样。世间最重要的事情莫过于认识自己。

哲学家阿凯西洛斯曾在财力允许的时候，使用过金银器皿，我并不会因此而不尊敬他，他适度、大方地用反而比故意丢开不用更令我敬重。我知道财富乃是很不牢靠的身外之物，所以，在我充分享用财富的益处时，我最大的要求，是祈求上帝能让我对自己以及自己所赚得的财产感到满足。在过隐退生活时，我们应该选择去做一些毫不费力也不乏味的事情。否则，我们主动寻求的这种生活，岂不是毫无意义了吗？喜欢隐居的人也应做到适可而止，例如操持园艺，有人把全部身心都投入到这种低级、下贱和紧张不安的工作中，有人则极度懒散，听之任之。在这两种极端做法之间，我们应该找出一种折中的办法。我反对普林尼和西塞罗把名声当作目标去追逐的观点，我的想法与此完全不同。名利熏心是与隐退格格不入的。“名声与清静水火不相容。”你要遵循这样的道路：自我满足，别无所求，坚定地把心用于思考自己喜欢的有限的问题，真正理解幸福的含义，并享有它，在理解之后就会以它为满足，不再追求长生不老和功名利禄。

06. 论自制

古希腊的一位哲人说，人们之所以困惑，不是因为事物本身，而是因为人们对事物的看法。假如大家都认同这个观点，那么就能缓解人类的不幸。因为如果好坏仅仅是由于人的判断而产生的，那么我们完全可以批判它，把它转变成善。

在死亡中，我们最害怕疼痛。尽管贫穷给我们饥渴、寒冷和别的痛苦，但它毫不可怕。我认为人最大的痛苦就是疼痛，我痛恨疼痛，并竭力避开它。主观能克服其他事情，但疼痛却是我们的器官能实在感受到的。但即使疼痛难以根除，我们也可以耐心地减轻它；即便身体上的疼痛难忍，但我们的心灵和理性仍然坚强不屈。

若非如此，还有谁会相信刚毅、勇敢、力量、宽容和坚定呢？如果不向痛苦挑战，这些品德又有何用？如果不必风餐露宿，不必忍受风吹日晒，不必看到自己粉身碎骨，不必从骨头中取子弹，受缝合、烧灼或导尿之苦，那我们该怎样战胜平庸，从而鹤立鸡群？

而且，我们可以聊以自慰的是，强烈的痛苦持续的时间比较短暂，而持续时间长的痛苦则不会那么强烈。疼痛太过，人就会失去知觉，它就会消失，或夺走你的生命——两者都一样。如果你不能忍受疼痛，那么它就会战胜你。敌人会因我们的逃跑更加气焰嚣张，同样，痛苦也会因我们的发抖而更加肆意张狂。痛苦只会屈服于抵抗者。因此，应该坚决地与它斗争到底。退缩和畏惧只会让自己面临毁灭的危险。身体越结实就越坚强，灵魂亦然。

我虽然羸弱，但却觉得：在战场上身中十剑，也不如挨外科医生一刀痛苦。医生和上帝都认为，分娩时会有巨大的痛苦，但有些种族却对此毫不在乎。我们且不说拉斯迪莫尼亚的妇女，但就随我们出征的瑞士妇女而言，你发现她们有什么不同吗？她们昨天还怀着孩子，今天就把婴儿挂在脖子上，小跑着随丈夫行军了。

大家都听说过，巴黎的一位妇女，为了长出更细嫩的皮肤，竟然剥掉了身上的皮肤。还有一些女人，为了使自己的声音更柔和深沉，或让牙齿更整齐，竟把好端端的牙齿全拔掉。

这种蔑视疼痛的例子不胜枚举。她们为了漂亮能做任何事情，她们无所畏惧。我还见过一些女人，为了使脸变得更白，她们吞沙子、烟灰，折磨自己，最终把胃搞坏。有的女人为了使身材显得更苗条，不惜吃尽苦头，束紧腰腹，腰带甚至嵌入皮肉，有时甚至因此而死亡。

我们对痛苦和快乐的态度被一种懦弱无用的偏见控制着。心灵软弱时，被蜜蜂蛰一下都会大叫大嚷。问题的关键是：人要有自制力。

二十一、斯宾诺莎：《伦理学》

《伦理学》是哲学史上的一部重要著作。由于一些流言的影响，这部著作在斯宾诺莎有生之年没能出版。当这部著作在1677年出版时，还受到了荷兰和西弗里斯兰政府的查禁。毋庸置疑，本书受到了笛卡儿和布鲁诺的影响，可以说是以一种“泛神论”的形式出现的。但是，这并不说明斯宾诺莎是无神论者，这样说是不正确的。他所承认的这两种存在，最终都依赖于神的存在。因此，他的学说是被简单地误解了。事物因为好才被渴望，而不是因为被渴望才好——浅薄的解释也破坏了这一原理。

01. 论神

我认为，神是一种无限的存在，也就是说，神是具有无限属性的实体，通过属性可以表现出他的永恒和无限的本质。如果不承认这一点，认为不存在神，然后因此推论出更不存在神的本质的话，这无疑是非常错误的。神是必然存在的。

神是第一因，他自身的规律就是他行动的依据，外力是绝对不能支配他的。除了他自己，没有任何东西能决定他。因此他的行动依据的是自身的规律。神是唯一的自由因。

从古到今，神的万能是从不用怀疑的，今后也是这样。万物的本质和存在的原因，当然也包括人类的本质和存在的原因，也都在于神的才智。但无论是从本质上还是从存在上说，人和神的才智以及意志都是截然不同的。意志不能作为自由因，它只能是必然因。意志和才智一样只是思维的一种样式。意志的行动取决于外因，因此它不能称为自由因，只能叫必然因。明确这一观念后，我们就能明白，神的行动不是从意志自由出发的，其意志行动背后必然有一种能决定其活动方式的因。

神造万物时所用的方式与秩序，和现在的情况是一样的。神的依据是其最完美的性质，因此他创造的万物也是最完美的。

无限的时间内不存在“何时”“以前”“以后”等概念，因此神只能规定出事物的完美性质。如果他还创造了一些其他的东西，那他就会有一套与现在的智慧和意志不同的智慧和意志。如果事实真的像我们所假设的那样，那么，他又是怎样在不改变他创造的律令的同时，去保证它的完美呢?

万物都需要神的力量。神自身是完美的，他的意志与现在的意志一样，因此万物只有一种创造方式。如果有别的假设，那就是让神听从命运的安排，这简直就是一种不值得我们去反驳的谬论。

因此，我们能这样认为，神的存在是毋庸置疑的，他是唯一的，行动依据自身规律。他是万物的自由因，万物都要依赖他，万物的命运也是他预先设计的。

02. 论心灵与身体

我们现在所讨论的，就是由神的本质而出现的事物。

思维是神的属性。在所有人的思想中，表现出神的本质的样式都只能是用一种确定的方式。观念的秩序和联系必须与事物的秩序和联系相符合。神的思维力量与他的行动力量是等同的。在自然界中存在的圆和圆的观念是相同的东西，只是它们所表现出的属性不同而已。

首先存在于人类心灵的东西，就是事物的观念。神的属性的一定样式形成了人的本质，也就是说，人的本质是神的思维样式形成的。观念则是形成人类心灵的第一物，这个观念和实际存在的个别事物的观念有关，因此人类的心灵只是神的智慧的一部分。

神创造了人类心灵的性质，因此所有事物都只是存在于神那里。人有很多种样式的思维，如爱情、欲望或某种喜好。如果某人没有自己所喜爱事物的观念，那就不存在这种思维样式。即使所有思维样式都不存在，观念仍然存在。存在未必包含在人的本质之中。

我们能够感受到身体受到的外界影响。除了能感受身体和思维样式之外，我们不能感受到其他事物。

人的身体是形成人类心灵的观念所依附的客体。这种观念是一种广延的样式。如果心灵没有身体作为客体，那么从神创造人类心灵的角度讲，神那里就不存在影响身体的各种观念，只有根据神的意志创造的另一种物的心灵方面才能够在神那里存在。

我们都有身体受到影响的观念，形成心灵观念的客体就是实际存在的身体。由此可知，人有心灵和身体，像我们所感觉的那样，我们的身体也是那样存在着。

我们知道身与心的关系是极为密切的，它们在共同作用。但如果我们对身体没有预先的了解，那就无法充分认识这个问题。如果某人的身体比别人更适合行动或忍耐，那么他的心灵也就更适合感觉。如果某人的身体能独立于别的身体，那么其悟性就会更强。从这一点上，我们就能够了解到不同人的心灵之间的差距。

如果观念和身体不受影响，心灵就不会知道人身的本体，当然也就不知道身体的存在。人的心灵就是观念，即有关人身体的知识。这些观念都在神那里。神是有思维属性的，因此心灵的思维一定来自神。存在于神的观念和观念的对应物一致，所以这些都是真实的观念。

如果知识不够多，观念的不完备就会导致虚假的产生。如有人认为自己是自由的，那是因为虽然他们看到了自己的行动，但却忽视了导致这些行动的原因。没有人知道究竟什么是意志，当然也不会知道意志的活动方式。那些明明自己不知道却还要编造出灵魂所在的人，只会得到人们的嘲笑。

一个拥有很多身体共有东西的身体，其心灵就会很适合感受。人的心灵已经充分认识到，只有神才具有永恒和无限的本质。但人对神的了解却不多，甚至要少于人对其他方面的了解。这是因为人们不能像其他物体那样去想象神，而且他们常常在平常所见物体的虚幻的影子上加上神的名字。人们无法避免受到外物的影响，由于搞不清楚事物的名字而导致了很多错误的发生。

心灵中的意志没有绝对的自由。心灵的每个举动都要受到原因的指挥，而这个原因也会由别的原因指挥，如此环环相扣。意志就是智慧。如果我们能充分了解神，使自己的每个行动都能符合神的意愿，那我们就能分享神的本质。在与神一致的过程中，我们就能获得最大的欢乐，使我们的灵魂处于最舒适的状态。有人想得到美德的回报，这是对美德的错误理解。他们认为神的恩赐和美德不是幸福，也不是最大的自由。

03．论心灵的情感

适合与不适合的观念能分别产生心灵活动和情感。心灵由适合的与不适合的观念构成。

我们知道，所有事物都能引起快乐、遗憾和欲望。我们是否喜欢一种事物毫无原因，只是出于同情或厌恶。对我们厌恶的，我们就对一切能让其痛苦的进行肯定，反之能令其快乐的我们就予以否定。可见，人们总是对自己喜欢的东西考虑很多，对不喜欢的则不然。

人过多地考虑自己就是骄傲。骄傲是虚幻的。骄傲的人总喜欢做白日梦，并认为梦中的一切都能实现，以为梦就是现实。他根本不知道什么因素会影响他的行动，反而乐在其中。

快乐是人们由不完美发展到完美的过程，悲伤则是人们反向从完美走向不完美的过程。我们说快乐是一种过程是因为它不等于完美。一个生而完美的人就感受不到快乐了。再反观悲伤，道理也是这样的。

悲伤存在于走向不完美的过程中，而不是存在于较不完美中。这是大家所公认的。如果人们还有些许完美，就不会悲伤。

我们甚至不能说悲伤存在于走向不完美之中，不存在空虚，但悲伤的情绪却是实在的。准确地说，走向不完美的过程本身就是悲伤，即限制行动力量或减弱行动力量的实际状况。我在此也不想定义高兴、兴奋、抑郁或者哀伤了。与心灵的联系相比，它们和身体的联系更为密切，而且它们只是快乐和悲伤的不同的形式而已。

爱和恨是具有外因观念的快乐和悲伤。忠诚就是对我们羡慕或惊异的对象的爱。耻笑是想象自己憎恨的对象有让我们鄙视的事物时产生的快乐。希望是一种不经常发生的快乐，它来自于无法确定过去或未来的某种结果。恐惧产生的原因和希望相似，因此它也不经常发生。

过去或未来事物的不确定因素消除后所产生的快乐就是信心。相似原因产生的悲伤则称为失望。希望产生信心，恐惧则生出失望。因为爱而过高估计自己，称为骄傲，因悲伤而过低估计自己则是沮丧。

04. 关于人的束缚与人的自由

善就是能够被我们所用的东西，恶就是妨碍我们得到善的东西。善和恶都不是绝对的，它们只是我们把两件事物一起比较时的思维样式。比如，音乐对情绪忧郁的人是善的，但对悲伤的人则是恶的，而对聋子来说，它则是没有善恶之分的。我们有自然属性，因此会感到痛苦。神给了我们保持自己存在的力量，这力量也是神本质的一部分。但由于人要服从自然，因而我们必须受到情感的操纵。

更强烈的情感能征服其他的情感。善能帮助我们保全存在，而恶则不能。由善和恶的知识产生的欲望，能轻易被人激动情感里产生的欲望征服。外物对心灵造成的影响比善和恶的知识更大。对眼前事物的欲望也能轻而易举地征服善和恶知识中产生的欲望。意见的影响要大于理性，因而有诗人就说：“赞美善的我，却常常被恶摆布。”

快乐产生的欲望会战胜悲伤产生的欲望。一个人之所以能帮助别人，是因为如果两个本质相同的人团结起来，会产生比一个人大的力量。如果无论在什么情况下，人们总是能如此，大家团结得像一个人，只为公众利益拼搏，那将是世界上最好的事情。人们跟随理性的指引，不再只考虑自己，而是想着大家，他们也会因此成为公平、正直和高尚的人。

和神有关的知识是心灵最高的善，理解神则是心灵最高的德，因为理解的最高主体就是神。我们无法判断一个完全与我们不同的事物的善与恶，也无法知道一个和我们毫不相干的事物的善与恶。因为只有能引起我们的快乐或悲伤的事物，才能有善恶之分。也就是说，当某一个事物能够增加或减少我们的行动力量时，我们才评价它是善是恶。

如果一个物体和我们有一致的本性，我们能说它是善的。相反，如果与我们本性相违，我们则说它是恶的。但当人被情感控制时，其本质就不一致了。只有在跟随理性的指引时，我们的本性才能协调一致。因此大家在理性指引下就能够互相帮助。

很少有人会愿意过孤单的生活，因为人是社会的动物，而且大家也知道，社会生活的好处要远大于它的坏处。由经验可知，互相帮助能让大家很容易地得到自己想要的。

追求美德的人往往期待别人也能这么做，他对神理解得越多，这种想法也就越强烈。这和理性是一致的。理性就是心灵和本质相一致的活动。心灵的本质是有关神的知识。一个人心灵的本质中有关神的知识越多，他就越希望别人能与他一起追求美德。

二十二、卢梭：《社会契约论》

1726年，卢梭为了避开法国审查制度，在阿姆斯特丹出版了《社会契约论》。这部著作出版后，对政治产生了巨大的影响。卢梭的理想社会是建立在人们对自由的渴望之上的，这就需要一个保护它的契约，个人与社会签订的契约。在这里，所有人的愿望都必须先向社会妥协，成为社会整体愿望的一部分。本书有许多逻辑漏洞，作为一部政治学著作，它只是一个空想。但是，这部著作却具有重大意义，它点燃了人们的思想，是法国大革命的思想先驱。

01. 契约的条款

我要以人本身作为出发点，来研究法律的形式，看看是否有一种可靠的管理原则，存在于政治制度中。在这个研究里，我将尽量结合权利所允许的和利益所期望的东西，以便把正义和功利二者统一起来。

人生而自由，但在生活中却被套上了枷锁。人们总是被人统治，而且还要服从法律的约束。为什么会这样呢？这样的事情是如何合理化的呢？我想我可以回答这个问题。

这不仅是暴力的问题。暴力是强大者的力量，但如果出现更强大的力量，那么它就只能服从。这种情况只存在力的问题，而不存在权的问题。社会秩序是一种神圣的权利，是其他一切权利的根本。它不可能来自于自然，只能来自于契约。

家庭是人类社会最早的社会形态，但子女之所以依赖父母仅仅是因为需要他们的保护，如果这一需求消失，父母也就没有了看管子女的权利，如果他们继续生活在一起，那就不是出于自然，而是一种自愿的行为。政府不能出卖自己的自由，个人却能将自己卖身为奴，以此养家糊口，但国家却不能把自由卖给统治者，失去自由的国家不但得不到供养，反而要去供养统治者。对于这种行为的授权，人民一定要事先考虑清楚。在对人民选举国王的行为进行分析之前，我们不妨先分析一下人民为何会成为人民。

我们可以这样假设：在自然状态下，人的生存被诸多困难所阻碍，面对这种情况，每个人都没办法保护自己。如果人类不采取措施阻止这种情况继续下去，那么就只能走向灭亡。

因此人民就会想：必须建立一个共同体，依靠集体的力量保护所有人的生命和财产安全，尽管每个人都和他人联系在一起，但仍然拥有以往的自由，只服从自己的意志。

社会契约就是要解决这个问题。

社会契约的内容是，所有成员都必须将自己的权利奉献给社会。如果还有任何人留有任何一点权利，那么该契约就会遭到破坏。成员们把权利交付给社会时，并非是把权利交给某个人。相反，在他把全部权利交付的同时，也意味着他又重新获得了他所有的权利。

因此，将契约简化，去掉契约中不重要的内容后，其内容就变为：我们每个人都在公共意志的领导下，奉献了自己和自己的所有权利，其中的每一个成员都是该集体不可分割的一部分。

契约的结果就是产生了一个集合体，它将所有参加表决的个体成员都囊括在内。这个统一机构有自己的生命和意志，这就是共和国。从被动意义上来说，可称之为国家；从主动意义上说，可称它为主权。其成员从集体的角度讲，就是人民；从对主权进行分享的角度讲，即是公民；从遵守国家法律的角度讲，则是国民。

由于契约的产生，人民从自然状态过渡到了文明状态，在活动中，正义就代替了直觉，同时也产生了道德。虽然他在契约中丧失了一些自然赋予他的权利，但他获得的却更多。

在本章结束时，我要用下面的话作为总结：社会契约并未破坏自然的平等，只是在人与人之间，用道德和法律上的平等取代了体质上的不平等。因此，在体力和智力上不平等的人，却能在社会规范和法律权利上，获得完全的平等。

02. 主权者与法律

由上面的原则，可以得出这样一个重要结论：国家力量要想实现共同的利益，就必须依靠公共的意志。当个人之间的利益发生冲突时，就有必要产生政治团体，来调整这种利益，这种团体从而也就有了存在的可能。

因此，我说主权只是公共意志的实践，是不可能转让的。而主权者，作为集体存在，只能由它自己来代表自己。权利能转移，但意志却不行。

如同主权不能放弃一样，它同样也是不可分割的。意志可能是公共的，也可能不是公共的。若是公共的，那么其发布后就是主权的决议，从而变成法律；若不是，那么发布后，就只是个体的意志，或是某些官员的行为。

由于法律是表现公众意志的，因此必须全面。主权不能只为国内的一部分人立法，否则公共意志就会和个别人产生特殊关系。法律能够授予特权，但不能说明拥有这些权利的是何人。它能够建立王权政府，但不能指定国王人选。不能在立法权范围内涉及个人职能。

公共意志都是为了大家的利益，这没错，但这并不意味着群众的任何决定都正确。因此在制定法律时，必须让聪明人起草法律，最后再由主权者批准。

一个聪明的法律起草者，可能在最初就写成一部非常完美的法律，他必须考虑统治对象是否能支持该法律。而且，他还必须全面考虑国家的位置、人口、历史等诸多因素。

自然对正常人的身高有一定限制，超过就成了巨人，而不足则变成侏儒。国家亦是如此，若面积太大，就不能妥善管理；若面积太小，就不能保全自己。每个国家都有无法超越的国力的最大限制。在国家的扩张过程中，如果超过这个限度，国家就可能灭亡。而国家越大，社会纽带就越向外延伸，也就越发脆弱。从比例上来说，小国一般比大国更为强大。

国家要想生存，就必须有一定的面积，这样才能经受住各种考验，维护自己的统治。但在偏远地区，则很难进行行政管理。管理费用会随着行政机构的增加而增加，这就要加重人民的负担。另外，中央机构也无法直接管理偏远地区的人民。

同时，地域辽阔也让大国政府难以进行灵活有效的控制，对于那几乎从未见过的领袖，以及自己的国家和同胞，人民也难免会疏远。同样的法律不可能适应所有地区的实际情况，但如果一个国家的法律不统一，那么，就会造成人民的无序和混乱。

任何法律的终极目标，都是为了实现全体的最大利益，总结起来可分为两个要素：自由和平等。自由是因为任何个人都要仰仗国家的力量；而若没有平等，也就不会有自由。

03. 政府

任何自由的行动都必须具备两个同时发生的要素，即决定行动的意志和执行意志的客观力量。对于国家也是这样，因此，我们必须将国家的立法权和行政权分开。行政权力是为了个人，不具备集体的性质，它超出了主权者的范围，因此主权者就不该拥有这项权力。所以，这就必须要有一个执行者，根据公共意志的指引，去领导公众的力量。

政府，是主权者的管理人，因此它就是这个执行者。在主权者和国民之间，政府所扮演的是一个中介的角色，其作用就是执行法律，并维护公民的自由和政治的自由。

在组成政府时，并没有限制官员的数目。总之，一个政府的官员人数越少，那么该政府的能力就会越强。每位官员都具有三种意志：一是他自己的意志；二是他作为官员的意志；三是人民的意志。在这三种意志中，他自己的意志最强，人民的意志最弱。

假如政府由一人掌控，那么他身上就集中了前两种意志。假如政府由几名官员共同掌控，那么这两种意志就体现在少数几个人身上。如果执政的是全体公民，那第二种意志就会消失，第一种意志也会广泛分布，这种政府的能力就会很弱。

官员数目越多，那么官员的意志也就越接近人民的意志。法律起草者应该将政府的各种力量和意志处理好，使之最有利于国家。

首先，主权者让人民来掌握政府，这种形式就叫作民主制。其次，主权者让少数人掌握政府，这种形式叫作贵族制。最后，主权者让一个官员来掌握政府，让他把权力分派给其他官员，这种形式叫作君主制。

有人赞同民主制，认为立法者比任何人更加懂得怎样执行和解释法律。但让立法者执法，而且作为整体的人民要把精力从一般问题集中到特殊问题上，那是不合理的。个人利益影响到公众事务，就是这种形式造成的最危险的事情。严格来说，无论是过去还是将来，根本就不会存在真正的民主制，因为多数人统治少数人是违背自然规律的。

贵族制的形式有三种：自然的、选举的和世袭的。第一种只适用于简单的民族。第三种是最不好的政府形式。第二种是最好的。通过选举获得职位，让正直、开明、有经验的人执掌政权，这样就能确保成立明智的政府。

君主制的缺点是：君主的个人利益让人民深陷虚弱贫困，永远无力与其对抗。另外，占据重要职位的，都是那些凭借小聪明而获得高级职位的恶棍和笨蛋。在实行王位选举制的国家，君主一旦驾崩，就会有危险出现。而在实行王位世袭的国家，君主是好是坏，全看运气。

主权者除了立法权没有任何力量，它只能通过法律起作用。法律表达的是公共意志，因此，只有在人民集会时，主权者才能体现其作用。定期召开人民大会非常有必要，这个定期集会既不能取消也不能推迟，这样，人民就会在开会这天准时聚集在一起。

有时候，在主权权威和专断政府之间，还存在中间的权力机构，对此，我们也要讨论一下。

一旦公民不再主要关心公共事务，而只想用自己的钱来获取服务，不想亲身参与时，这个国家就离崩溃不远了。由于爱国主义缺乏、对私利过于热衷、国家疆域过大、战争和政府腐败等一系列因素，在这种情况下，就会产生人民代议制或代表制。主权既不能被转让，也不能被代表。意志是不能被代表的，要么是自己，要么是别人，不存在中间的可能。所有未经人民同意的法律，就不可能成为法律。英国人自认为是自由的，其实他们错了。他们只有在选举议会成员时，才是自由的，其他时间，他们一直都在被奴役。

政府建立的过程是这样的：首先，主权者决定政府采取何种形式，这种决定即为法律；其次，人民任命管理政府的官员，这不是法律，只是一种政府行为。

在人民会议中，大多数人的意见决定一切。只有社会契约本身，需要全体同意。但如果一个人所服从的法律，并不是他所同意的，那还能称为自由吗？

我认为，在人民集会中提出的法律，不是公民赞成不赞成的问题，而是符合不符合公共意志的问题。如果少数人不同意，那么只能说是，他们的意志不符合公共意志。法律公布后，无论是公民，还是立法参与者，抑或是那些反对的少数派，都应该坚决服从。

二十三、亚当·斯密:《国富论》

《国富论》(又名《国民财富的性质与原因研究》)出版于1776年,是经济学史上的一部名著,也可以说是古典经济学的经典著作。亚当·斯密1723年6月5日生于苏格兰法夫郡的柯科迪,并在那里开始接受教育。后来,他进入格拉斯哥大学和牛津大学贝利奥尔学院学习。1751年,他被任命为格拉斯哥大学逻辑学教授,1752年到1763年改教道德哲学。1766年,他退休以后,希望把自己的思想表达出来,于是开始专心著述,用十年时间完成了这部著作。亚当·斯密的思想有巨大的影响力,他为自由贸易做了强有力的辩护,对东印度公司进行指责,这些都对这个国家的历史产生了极大的影响。

01. 劳动与劳动产品

劳动分工是劳动生产率提高的一个重要原因。比如，要制造一枚针，共包括 18 道不同工序，分交给 18 个工人负责。结果是：按分工原则合作，每人每天能制造出几千根针，但是如果是一个人单独做，每天可能只能制造 20 根针。在高度发达的社会，每一种工艺几乎都实行分工；由于每个工人技术的提高，工作转换所费工时的节省，再加上各种省力机器的使用，从而产生了巨大的利益。

虽然分工能产生诸多利益，但产生分工的初衷，却并不是人类智慧的先知和致富的企图。分工之所以会产生，是由人类以物换物的天性倾向导致的。由于人们用各自的产品互相交换，这样就能一个人只生产面包，另一个人只制造衣服了。

因此，分工可实行的范围，受市场范围的限制。某些工业，即便是最低级的工业，也只有在大城市里才能组织生产，例如在乡下做挑夫就可能会失业，以致无法维持生活。在苏格兰山区，每个农民在自己家里，都要身兼屠夫、面包师和酿酒工等数职。

与陆路运输相比，水上运输能为各种工业开辟更为广阔的市场，因而，在沿海和通航河流两岸的工业，就率先进行了改良并进行了分工。很久以后，这些改良才逐渐传播到内陆地区。事情就是如此，最早的文明国家就聚集在地中海沿岸一带。埃及之所以能最早发达起来，主要原因可能正是其国土范围内具有广大、便利的内河航运。

随着分工的巩固和建立，每个人都或多或少地成了商人，社会也逐渐演变成商业社会，随着交换过程的持续发展，作为交换媒介的货币产生了。在货币或通用的交换媒介出现之前，社会的交换方式，只局限于笨拙的物物交换。某些商品是所有人都愿意用自己的各种产品交换的，例如，在原始社会，家畜就曾广泛地充当这种媒介。荷马就说过，一副盔甲的价值是一百头牛。因此，人们除了要保存自己的工业产品外，还都要想方设法事先保存一定数量的这种商品。

但是，几乎所有国家都把金属作为交换媒介，这是因为金属既经久耐用又容易分割。为了避免欺诈行为，免去每次交易时重新对金属称量的麻烦，于是，就有必要在通常用于购物的、质量一定的金属上加盖公章，以铸币的数字，来代表商品的价值。

劳动是衡量一切商品交换价值的真正标准；就占有商品的人而言，商品的价值和他能购买或支配的劳动量相等。所有用货币或货物购得的东西，都是用我们自己工作时付出的劳动量买来的。只有劳动本身的价值永恒不变，因此，也只有劳动能够作为一切商品价值最终的真实标准，无论何时何地，它都能对商品的价值进行衡量和比较。劳动才是商品的实际价格，而货币只不过是商品的名义价格。谷物是劳动者的生活资料，因此，使用等量的谷物，比使用等量的黄金或其他商品，更能购买到大体相当的劳动。商品价格包含下面几种因素：（1）在一个狩猎国家，假如猎捕一只河狸所费的劳动是猎捕一只鹿的两倍，那么一只河狸就等于两只鹿；（2）要是一种劳动比另一种劳动更加费力，自然应该给这种更艰难的劳动多一些补贴；（3）如果某种劳动必须有非同一般的灵敏技巧以及创造才能，那就要确定一种比所费时间更高的价值。

以前，劳动产品全部归劳动者所有。但是当特殊人物手中积累了财富以后，其中某些人就会利用财富雇佣产业工人进行生产，他们一面向工人提供物资和生活资料，一面出售他们的产品以获取利润。由于所费财富的价值规定了全部的利润，利润的大小与财富的数量成正比，因此财富的利润不能被看作是特种劳动的工资，即监督和管理的劳动的工资。

任何社会或地区，在各种劳动和财富的不同运用中，工资和财富都会存在一个通常或平均的比率；该比率一部分取决于这个社会贫富的一般情况，另一部分则取决于每种用途的特性。

在任何社会或地区中，地租都有一个通常或平均的比率，它取决于土地所在地的社会或地区的一般情况，有一部分土地则取决于土地的自然肥力或改良肥力。我们所说的任意商品的自然价格，就是由商品产地的工资、利润以及地租的自然率决定的。但是商品的市场价格却是由供求比例决定的，它可以不同于商品的自然价格。

02. 财富的性质、积累与运用

当一个人拥有的财富仅够他维持几天或几周的生活时，他大概不会想到从财富中获取其他收入；但是，当他的财富可以让他维持几个月或几年的生活时，他就会想方设法从大部分财富中赚取收入。这种用来获取收益的财富，称为资本。

有两种方法，可以使资本为使用者获利：一、可用资本制造或购买物品，然后将物品转卖出去，以取得利润，这就是流动资本；二、可用资本来改良土地或购置机器、工具等，这些物品的所有者不变，因此资本就产生利润，这就是固定资本。

任何国家或社会的总财富，都等于该国或社会的全体居民或成员的财富，因此根据不同的用处，总财富可分为以下三个部分。

第一部分，留下来供直接消费、不产生收入或利润的部分。

第二部分，即固定资本，共包括下面几项：

（1）企业中一切为劳动提供便利的机器和工具。

（2）一切能够获利的建筑物，它们不但能让其所有者获利，也可以让租用人获得收入，如店铺、仓库、农屋、厂房等。

（3）土地的改良，以及用于开垦、排水、圈围、施肥等一切使土地最适于耕作的投资。

（4）一种固定在人身上的资本，即全体社会居民或成员学到的有用能力，以及他们为学到这种才能而花费在接受训练时维持学业的实际费用。

第三部分，即社会总财富的最后部分——流动资本，这种资本，只有更换所有者，才能产生收入，它包括：

（1）货币。有了货币，其他三种流动资本才能够流通、分配给它们适当的消费者。

（2）屠夫、农民以及粮商等拥有的所有食料，他们可以出售这些食料获利。

（3）所有衣服、家具和建筑所用的材料。有些完全是粗料；有些经过了或多或少加工的原料；有的是还未制成任何形式，还在种植者、制造者和商人手中的原料。

（4）一切已制成但还未分配给适当消费者的产品。

纸币取代金银币，是用同样便利但却低廉的商业工具取代了昂贵的商业工具。新车轮带动了这种流通，其建造费和维护费都远远低于旧车轮。

03. 各国财富的进步

在所有文明社会中，最大的商业就是城乡居民间的贸易。这是一种用原产品交换制成品的商业，有些是以物换物，有些则是用货币或其他能代表货币的某种票据为媒介进行交换的。农村为城市提供生活资料以及制造原料。作为补偿，城市则提供给农村居民一些制造品。有一种城市不再生产也不能再生产任何生活资料，它的全部生活资料可以说都是由农村提供的。城市商业对农村也非常有利，关于这一点，我们只需对重要城市郊区和远离城市的农村的土地耕作业情况进行比较，就能得出。

根据事物的本性，生活资料比享受品和奢侈品先产生，因此生产前者的农业，必然先于供给后者的城市工业。所以，所有繁荣社会的大部分资本总是优先投向农业，然后才依次是制造业、国外贸易。

然而，在欧洲所有的近代国家，很多方面都彻底颠覆了这种事物的自然次序。由于国外贸易，一些国家和城市发展起了精制品生产，而精制品业和国外贸易又共同推动了农业的重要改进。这些国家原来的政府曾形成了很多习惯，尽管政府历经了重大变动，但仍然保留着这些习惯，因此，这些国家就不可避免地陷入一种不自然的退化次序中。

自从罗马帝国衰亡后，古代欧洲国家的农业因某些原因遭到重创。野蛮民族对古代居民的掠夺和侵害，使城乡间的商业中断；城市萧条，田地荒芜，西欧地区陷于赤贫状态；最为严重的就是土地荒芜，大部分土地被少数大地主霸占。

按照事物的自然程序，这些土地本来能够在不久后重新进行分割，因继承和转让再度碎裂成为零星的小块。但是长子继承法却阻止了因继承而引起的土地分割，限嗣继承法的实行又阻止了因转让而引起的土地分割。这些阻止土地分割的制度，对土地耕作的发展来说是一种障碍，因为土地不再只被视为生活资料的手段，还被当作了权力和保护的手段。

在古代欧洲各国，占有土地的绝大部分是自由的佃农，实则是奴隶。在古代奴隶耕作制之后，就逐渐出现了法国现在所谓的“对分佃农制”的农民。被认为是饲养地主的牲畜所必需的除外，剩余的产品就由地主和农民平均分配。再后来，“对分佃农制”之后出现了真正的农民，他们自己花钱耕种土地，缴付给地主一些固定的地租，并享有一定程度上的租地权的保障。土地和耕作方式，会随着实际耕作者情况的改善而得以改进。

罗马帝国灭亡后，城市居民的生活状况并不比乡村居民好。当时的城市居民主要是商人和工匠，他们处于奴隶或半奴隶状况，但他们却比乡村居民更早地取得了自由和独立。他们的城市成为“自由市”，他们组建了市民组织或自治机构，为自己的政府制定市法规，并有选举自己的市长和市议会的权力，建筑起保卫自己的城堡。城市就这样建立起了秩序和贤能政府，以及个人的自由与安全；但此时的农村居民却仍处于各种暴力的侵害之中。

工商业城市的增加和富裕，对农村的进步和耕作具有三种贡献：一、为农村的原材料提供了更为广阔便利的市场。二、由于商人有成为乡村士绅的野心，而且通常他们还都是最善于经营土地的人，因此城市居民经常用财富购买、开垦荒地。三、工商业逐渐把秩序和贤能政府带给了农村居民，必然就会产生个人的自由和安全。

04. 重商制度

“财富即为货币或金银”完全是一种谬论，由于受到这种谬论的影响，从而产生了一种看似对工商业和国力很有利的重商制度。但实际上，这是错误的、有害的政治经济制度和立法制度。富裕的国家被想象成是拥有货币很多的国家；因此，所有欧洲国家都在绞尽脑汁地想办法，尽快让本国积累大量金银。例如，有时，他们会严禁金银出口，或加重其赋税。然而，所有的措施都是徒劳无功的，因为当金银输入数量比实际需要大时，各国就不可能设置任何防线，阻止金银输出。真正的不便是通常所说的“货币短缺”，即由过度贸易引起的信用萎缩和减少，而并非是交换媒介的缺乏。

认为财富就是货币或金银的“商业制度”或“重商制度”，其原则是绝对不正确的。可是人们一旦认同了这点，那些缺乏金银矿的国家，就只能利用“贸易顺差”，才能获得金银。“贸易顺差”即输出的价值大于输入的价值，因此，如何尽量减少供国内消费的外国货物的进口，促进国内的工业产品的出口，就不可避免地成了政治经济学中的重大问题。这样，限制进口和鼓励出口就成了让国家富足的巨大动力。

有两种方法可以限制进口：一、禁止从任何国家进口那些本国可以生产的消费品；二、限制从被认为不利于贸易顺差的某些特定国家进口任何货物。这两种限制方法，有时是通过高额关税来实现，有时则是通过禁令来实现。

而鼓励出口的措施，有时是退税和补助金，有时是和外国签订有利的商业条约，有时则是去较远的国家建立殖民地。如上所述的两种限制进口和四种鼓励出口的措施，就是商业制度或重商制度的六种主要方法。该制度试图通过这些方法使贸易逆差转为顺差，增加本国的金银数量。

从理论上讲，该制度的所有发展过程都是不合理的，且其实际效果也极差。要知道整个重商制度的设计者究竟是谁，这并不困难。设计这种制度的人，不是彻底被利益忽视的消费者，而是生产者，尤其是那些利益被很好保护的商人和工业家。

既然谈到了重商制度，那么就应略谈一下“重农制度”。它将土地的生产品视为国家财富和收入的唯一源泉，提出应该特别保护农业。这是一种和重商制度一样错误和有害的谬论。

05. 国家的收入

政府的第一要务是，保护社会免遭其他独立社会的暴力侵害。要履行这一职责，就必须利用武力。一种做法是，让所有或一部分到达兵役年龄的公民，在不脱离自身职业的情况下，参加军事训练，这种称之为民军。另一种方法，则是让军人成为一个和其他各种行业都不同的特殊职业，保证一定数量的公民专门从事军事训练，这种称之为常备军。二者各有利弊，虽然民军需要支出的费用较少，但常备军却是比较有效的防卫力量；因此，我认为军队的经费应由政府或国家承担。

政府的第二个职责是，保护每个社会成员不受其他成员的暴力侵害或权利损害。要想履行这一职责，就必须设立法院和司法官，并委任官吏维持社会内部治安。此外，政府的职责还有：维持包括大学、教会在内的教育机关的运行，承担私人企业难以承担的道路、桥梁、运河和其他交通设施的建设和维护等。

政府实现所有这些职能的经费，都必须由租税来负担。租税的主要原则是租税应该和个人的纳税能力成比例，征收的每种租税费用，都应尽量低，同时还要尽量少给人民群众带来麻烦和困扰。

二十四、康德：《纯粹理性批判》

《纯粹理性批判》是一部划时代的哲学著作，首次出版于1781年。这部著作是康德“三大批判”的第一部，另外两部分别是1788年出版的《实践理性批判》和1790年出版的《判断力批判》。康德认为，纯粹经验基于经验带给人类知识，但实践经验并不是基于经验，而是“先验”，它假设了人类的自由意志、上帝和道德。因此，康德试图找到一个唯物主义和唯心主义之间的结合点。

01．先验的知识

经验也就是我们所意识到的事物。经验不能满足理性对知识的欲望，而只能引发我们理性的官能，因此我们可以说它是我们理智的第一个结果，但却不能认为它是悟性的极致。

我们几乎所有的知识都是开始于感官印象或经验的，但还有一种知识并不是来自这个方面，而是超越于经验之上。先验知识对外界对象的关注较少，它更关注我们认识外界对象的方式，也就是说，它更多的是关注对象的先天概念。

所有知识要么是先天的，要么是后天的。后天知识来自于感觉经验，而感觉经验则包括感觉印象或状态。相反，包括一切普遍和必然知识的先天知识，则不是从感觉经验中获得的。

一部完备的先验哲学，必须系统地说明人类知识中的全部先天成分或“所有纯粹理性原则”。但是一部“纯粹理性批判”只能包含先天知识中与分析成分不同的综合成分或性质，它无法囊括上述全部东西。

我们感受物体要依赖于感性。感性给我们提供了很多作为接受官能的直观。直观经过悟性，又变成了思想，概念或观念即来自于此。我所谓的“物质”，指的是和感觉相符的现象。而令物质呈现为被感受状态的，就是我所说的“形式”。在心灵中，后天呈现的只有物质，至于形式则肯定是先天存在的，因此可以分开考察形式和一切感觉。

从先天观点上讲，完全脱离了感觉的纯粹表象，构成了心灵中纯粹的直观，它在心灵中的存在形式是一种单纯的感性。“先验感性论”是研究全部感性原理的科学。“先验逻辑学”则是研究纯粹思维的科学。我们在前者研究中所发现的感性直观具有两种纯粹的形式，即时间和空间。

那么，时间和空间又是什么？是实体，还是事物间的关系呢？实际上，空间只是外界的所有感觉现象的形式。也就是说，它是感性的主观条件，是外界直观所赖以存在的条件。因此在所有经验发生之前，所有现象的形式都是以纯粹直观的方式，先天地存在于心灵中的。这样一来，我们也只能从人类理性的观点出发，去谈论空间和有广延的物体。如果抽离了感性所感觉到的所有形式，那么最后剩下的纯粹直观形态，就是我们所谓的空间。从该讨论中，我们可以认识到，对于呈现在我们面前的所有外界物体而言，空间具有客观实在性。但如果我们不考虑感性的性质，只通过理性考察物体本身，那么，对于物体来说，空间便具有了主观观念性。

时间是全部直观依赖的必然表象，它并非是从经验中意识到的，或者说它不是在经验中领会到的。所以说，时间的表象先天地在心灵中存在着。只有在时间中，现象才能被感受到。现象可能会消失，但时间却是永恒存在的。

时间并不是独立存在的，而是所有现象先天的形式条件。的确，由于时间只存在于感受物体的主体中，而不存在于任何物体之内。如果我们去除掉自己特殊的感性的话，时间的观念也就随之消失了。所以说，时间作为主要的先天观念，它和空间一样也是所有个别感觉的必要条件。在任何情况下，我们能把各种个别感觉和它们的对象从想象中抽离，但却无法抽掉时间和空间。

由此，对于全部现象的可能性和实在性而言，我们可以说时间和空间是必需的、先天的先决条件。显然，“先验感性论”只能获得两种元素，也就是时间和空间。其他的所有概念都属于感觉和先有的经验，因此它们也就包含了一些经验性的东西在内。比如，必须先存在运动的物体才会产生运动的观念，但只看空间时就无须存在运动的物体了。由此我们知道，所有运动的物体都是一种纯粹经验材料，它必须由经验来认识。

02. 先验的逻辑

知识来源于意识的两个基本源泉，一个是感受印象的官能，另一个是通过这些印象或表象认识物体的官能。后者有时也称作概念的自发性。我们通过前者感受物体，通过后者在心灵中思考物体。所以说，构成一切知识的元素就是直观和概念。无论缺少了其中的哪一个，我们都无法形成任何知识。这样也就诞生了两种科学，一种是“感性论”，另一种是“逻辑学”。前者是感性原理的科学，后者则是悟性法则的科学。

逻辑学的研究可分为两个方面，一个是和悟性相关的一般应用的逻辑，另一个是与悟性相关的特殊应用的逻辑。前者也就是所谓的基本逻辑，并不涉及悟性运用的对象，只包括运用悟性时所不可或缺的思想规律。后者则包括对于某类物体的正确思维法则。一般来说，后者都被学校当作学习科学的准备课程来先行讲授。

普通逻辑研究的只是思维的形式，而不涉及知识的内容。但我们所要建立的逻辑观念并不是要单纯探讨纯粹的思维，而且还要决定有关直观知识的来源、可靠性和界限。这种逻辑可称为“先验逻辑”。

在“先验感性论”中，我们曾单独提到感性官能。为了使我们的注意力能集中到从悟性中产生的纯粹思维元素上来，我要在先验逻辑中单独提出悟性问题。显然，先验逻辑分为先验分析和先验辩证法。前者的目的是提出批判的准则，它是和真理有关的逻辑。后者则能够抵制诡辩的谬论，它并不是用于分析判断，而是用于对一般对象的综合判断。

纯粹概念的分析

悟性就是做出判断的能力。判断中的思维作用可以分为四类，每类又分为三种。

一、数量判断：普遍的、特殊的、单一的。

二、性质判断：肯定的、否定的、不定的。

三、关系判断：决定的、假设的、区别的。

四、样态判断：疑问的、断定的、绝对的。

如果我们逐一对这些判断的形式进行分析，就会发现作为其主要性质的每一个都含有一种特殊的观念。如单一的判断就显然牵涉了“一”或“单一”的观念，因为它所涉及的都是单一对象。同样，特殊的判断则包含“多数”的观念，并区分几种对象，因为它牵涉多种对象。如果我们认为悟性就是判断的能力，那么我们只要全部列出这类观念，就能得出一个完整的悟性基本概念分类表。这些概念就叫范畴。范畴又分为四类。

一、量的范畴：单一性、多数性、全体性。

二、质的范畴：实在性、否定性、限制性。

三、关系的范畴：依附性和存在性、因果性、交互性。

四、样态的范畴：可能性—不可能性、存在性—不存在性、必然性—偶然性。

这些悟性概念都是最基本、最原始或最本质的。它们与悟性活动之间有着极为密切的连续，是从悟性的本质中提炼的，同时也是悟性本质的结构。因此对于人类思维来说，它们是普遍的、必需的和先天的。它的存在并不依赖于感觉的偶然因素，因此它们都是悟性的纯粹概念。

先验辩证法

通常，我们要区分直接知道的东西和推论出来的东西。在任何一个三段论中，最先提出的都是基本命题，然后是该命题的推演，最后是结论。

运用纯粹理性时其概念或先验观念所要达到的目的，就是一切思维条件的统一。因此可以把所有的先验观念分成三类：第一类包括思维主体的统一；第二类包括被观察现象的条件统一；第三类包括思维的客观条件统一。

如果我们把思维主体当作心理学的对象，把“世界”这个所有现象的体系当作宇宙论的对象，把所有存在中的存在当作神学的对象，就能清晰地看到这种分类了。

因而，纯粹理性提供了三种先验观念，也就是理性心理学、理性宇宙论和先验神学。它们分别是有关灵魂、世界和神的先验科学。正是由于先验唯心主义，人类心灵通过一系列条件，才能达到无条件的境界，也可以说是达到原则。这是先验唯心主义的光荣。这就是我们如何从关于自身的知识达到关于世界的知识，进而又达到关于最高存在的知识。

03. 纯粹理性的二律背反

先验理性试图调和某些矛盾的观点。这种矛盾或二律背反的观点共有四个：

二律背反之一

正题：世界既有时间的起始，也有空间的界限。证明：如果世界上没有时间的起始，那么我们只能给一个无限的事物提出“现时”的界限，这一结论是相矛盾的。同时，如果空间没有界限，我们就必须把它当作一个无限的整体，但这点是我们做不到的。

反题：世界没有时间的起始，空间也没有界限，时间和空间都是无限的。证明：在无限久远时，世界一定就已经存在了，否则便没有存在的可能。如果我们认为时间是有起始的，那么一定会设想之前还有一段无任何存在的时间。但这种时间，是不能出现任何东西的起源的。这种起源的原因任何时候都不会存在。

二律背反之二

正题：世界上所有复合的实体都是由单一的部分组成的。这个前提好像没有必要去证明。因为没有人会否认复合的整体是由很多部分组成的。如果组成这个整体的部分自身又是复合的，那它们就一定包含另外一些更单纯的部分。以此类推，我们的思想必然会迫使我们获取一种构成实体的绝对单纯物的概念。

反题：世界上的复合体并非是由单纯部分组成的，世界上并不存在单纯物。证明：正题中所说的单纯部分必然在空间里存在。然而这就彻底否定了单纯物存在的可能。一个单纯的物体就一定会占据一个单纯部分的空间，但空间根本就没有单纯的部分存在。这种单纯部分的假设不是一种空间的假设，而是否定空间的假设。如果真有单纯实体存在且占据着任一部分的空间，那么它必定包括很多彼此互不相干的部分，换句话说，其本身和性质两者是互相矛盾的。因此这句话是说不通的。

二律背反之三

正题：自然法则中的因果律无法解释任何世界现象。想要运用因果律，就必须假设另一种具有自由属性的因果律。证明：所有自然原因都是某个原因的后果。它们形成一条无限往复的链条，找不到开始的起点。因此我们不可能找到任何现象的充足原因。但没有原因就无法产生任何事情，这可正是自然规律的核心要求。

反题：根本不存在自由。只有在统辖万物的自然规律的作用下，才能产生世界上的一切事物。证明：自由因是荒谬的观念，它和要求所有事物都必然有秩序地承接前一事物的起因律直接冲突。某一系列现象自动开始的事件就是自由因。但这种假定的自由因的动作必须被假设为和任何先行的事物都没有任何关系。这样就只能导致一种混乱和无规律状态的盲目实现，就会失去规律或理性。因此先验的自由与所有的经验都是相冲突的，而且也破坏了起因律。我们必须接受所有现象都要以自然规律的作用来解释的说法。因此就必须先承认先验自由的荒谬。

二律背反之四

正题：世界有以某种形式存在的绝对必然，如果这种存在不是世界的一部分，那就是世界的起因。证明：现象的存在是持续变化和互相协调的。每种事物都取决于其先行条件的可能性。要全面解释一个受条件限制的事物的前提，是必然先存在一个不受条件限制的事物。所有已经消逝的时间包含着过去的全部条件，因此就必然包含着不受条件限制的或说“绝对必然的”存在。

反题：不可能存在绝对必然的存在，无论是作为世界的一部分在世界上存在，还是作为世界的起因在世界外存在。证明：世界之内不可能存在无条件的必然存在。认为世界条件之链中存在一个无条件的首要环节的说法，是自相矛盾的。因为如果这个环节或原因处在时间之内，它就必然受所有暂时存在的规律约束，因而也一定会取决于某个环节或原因，这和原来的假定是互相对立的。

假设世界之外存在着一个世界的绝对必然，其原因不攻自破。因为既然该原因存在于世界之外，便不可能处于时间之内，但就原因来说，它又必须处于时间之内。因此这种说法是说不通的。

上述四个二律背反中的正题正是哲学教条主义的教义，而哲学经验主义的原则正是由以上的四个反题构成的。

04. 神存在的主要论证的批判

承认人们能够想象“具有一切真实性的存在”的观念，是本体论学说的目的。但是存在的事实和存在的观念是两件完全不同的事情。对于我想象或有意识地假想的所有东西，我自己一定都会想象它们真正存在。比如，尽管我的口袋里什么也没有，但我依然能想象出我有“一百泰勒[1]”。如果我想象我的口袋里有这么多钱，我也就只能想象它们确实是在口袋里而已。但不幸的是，尽管我可以这样想象，但这并不代表我的口袋里真的有这些钱币。这个问题只能取决于经验。

宇宙论的说法坚持认为，如果存在任何东西的话，就必定存在绝对必然。但至少我自己是存在的，因此也就肯定存在绝对必然的存在。这种说法和二律背反之四的正题是一致的。二律背反之四的反题已简明地表述了它的反驳。我们只要认识到了真正的因果律概念，就能超出感觉世界之外。

一般都称自然神学或神学的主张为“从设计出发”的说法。这种说法的出发点是特殊经验而非一般经验。在自然界中，很多迹象经常表现出智慧的意向与和谐的秩序，这说明其中存在着一个神圣的设计者。这种说法是各种证明中最古老而又最清晰的一个，也是最能说服大多数人的理性的一个，值得人们永远崇拜。正因为这个说法，我们对自然的研究充满了热情。我们没有必要无聊地去否认这个说法的权威性，而且这样做也是完全白费力气的。对其实用性和合理性的反对也是徒劳无益的。

不过，如果想在理论上证明神存在的说法，就必须完全切实地从感觉或现象材料出发，必须只运用纯粹自然科学的概念，最后还必须证明有一个与神的观念相符合或对应的物体存在于感性经验之中。不过，从科学的立场来说，绝对必然的神的存在既不能被证明也不能被否定，所以这点要求是无法做到的。在科学之外所能获得的所有道德证明中，都有信仰存在的余地。这个问题将在实践的科学或实践理性的科学伦理学中进行探讨。

[1] 泰勒是历史上德意志地区流通的一种银币。——译者注

二十五、伯克：《崇高与美》

1756年，伯克出版了他的处女作，全名是《对我们关于崇高与美的概念的根源的哲学探讨》（简称《崇高与美》）。奇怪的是，这部著作预见到现代社会对感情的解释，也就是最近几年德国和美国出现的被称为"生理心理学"的理论。这种理论认为，决定精神上快乐与痛苦的是身体状态。《崇高与美》中的观点与这些思想很相似，尽管在此书完成的时候伯克还没有成名。但是，此书后来却成为探讨崇高与美的最佳范例。

01. 何为鉴赏力？

无论我们的推理方式和享乐方式之间存在着怎样的差异，全人类的理性和鉴赏可能还是有一致的标准的，否则生活中的日常联系就无法维系了。

对于真假，我们通常都承认有一种大家都认可的测验方法和标准。如果经过充分研究，鉴赏的逻辑也可能在美和可欲性方面提供给我们类似的标准。如果只是因为鉴赏力没有确定性的原则，我们就打算为那些变幻莫测的东西制定规律，确定幻想和偶发意念的法则，这种做法无疑是很荒唐的。

“鉴赏力”这个名词本身并不是很精确，因此有可能引发模糊和混乱的状态。要想解决这种模糊和混乱的状态，我觉得给它下个定义是一个不错的选择。我用“鉴赏力”来指称心灵感受或评价想象活动和高贵艺术作品的能力。我的目标是，对鉴赏力是否有某些确凿的、有根有据的、可用来作为充分推理工具的普遍原则进行研究。

我们本性中的感觉、想象和判断力，都是和外界事物有关的能力。

说其感觉，由于每个人的感官相似，因此我们就假定每个人感受外界物体的方式是相似的或者相同的。一个人看到一个东西是明亮的，其他人也认为它是明亮的；一个人尝到一个东西是甜的，其他人尝起来也会觉得甜；依此类推。如果不是这样的话，我们就要听任怀疑主义的摆布，那我们的种种对事物的推理都会变成毫无意义的游戏。

另外，我们还必须承认，对于每个对象，所有人对其感觉反应都是相同的，苦都是苦，乐则都是乐。因此除了那些感官被嗜好和疾病破坏了的人，所有人都喜欢甜味，讨厌苦味。所有人都认为光明要好于黑暗，夏天要好于冬天。

除了感觉，我们还有包括才智、幻想和创造力等在内的想象力。这些能力当然不能产生完全新的东西，但却可以改变由感官得来的观念的性质。恐惧、希望和其他一切情感都在这里活动，因此，这里就是苦和乐的舞台。它擅长模仿，由此就能发展出一些能直接引发全人类共鸣的比喻、隐喻、类比等。判断力大多会影响有关差异的结果，而我们所说的鉴赏力的差异则主要是由批判性知识的差异导致的。想象力依赖于感觉，而每个人的感觉几乎一样，因此每个人的想象力也是几乎一致的。鉴赏力又属于想象力，所以人们的鉴赏力原则上也一致。

人们鉴赏力之间的真正差异，是出现在判断力领域的。许多想象力的活动并不局限于感官对象的表象上，其结果也并不只是导致人们情绪激动，而是会延伸到人类的行为方式、性格、举止和动机，以及善恶等各个方面。这样一来，问题就牵涉到了判断力领域。而判断力则能够根据注意和推理的习惯进行改进。

在这些问题上，贺拉斯引领我进入了哲学之门，同时带我们进入了一个能让我们得到一些启发的世界。因此，所谓鉴赏力就不再是单纯的观念，关于感觉方面的原始快乐的知觉、关于想象力的次一级的快乐、关于推理能力的结论，都是构成鉴赏力的成分。如果缺乏感性，就会导致鉴赏力的缺乏，而如果判断力低下，则会直接导致鉴赏力的错误或低劣。

02. 乐与苦

现在，我们来探讨崇高与美的观念的起源。好奇，也就是对新奇的向往或快感，是最原始和最简单的情绪，比如孩子们就喜欢追求新奇的东西。这种欲望虽然非常强烈，却也很容易满足。从一定程度上来说，在每种鉴赏力的对象中，都有新奇这个必要因素。

一件东西能够使我们感动，除了有某种程度的新鲜感，还必须能够引发我们的苦或乐。而苦和乐都是没办法定义的单纯观念。许多人认为，快乐一旦消失，痛苦就必定会出现，而痛苦一旦终止，快乐就会立即降临。但实际上，这种想法是不正确的。在大部分时间里，人类的心灵都是处在一种无感觉状态中的。相对而言，苦或乐的状态只是偶然出现而已。当痛苦停止时，一种类似于快乐的情绪就会随之产生。我称这种相对的乐为“喜”，除此之外，这个词并没有其他的意义。

大多数能让心灵产生苦或乐的观念，都能归结为“自保”和“社会”两种原则。

与自保相关的情绪主要表现在痛苦和危险两方面。崇高感的起源，是任何能通过无论何种方式引起痛苦和危险或类似于恐惧的方式发挥作用的东西。能让心灵产生其所包含的最强烈的情感。

但无论是两性世界，还是涉及人、动物、无机界的普遍社会，快乐都是社会性情绪的根源。性爱的对象是美。而美就是让我们对所爱的对象依恋不舍的社会特性。

在各种社会情绪中，最重要的是同情、模仿和雄心。而在这三者中，同情是使我们能体验到悲剧中的快感的原因。我们在观看悲剧时，其实都明白其中的悲痛和灾难都是虚构的。此外，模仿是社会最强的联系之一，这种情绪构成了行为方式、主张、生活等。而雄心能促使一个人在其他人面前表现自己，因此它也是一种社会情绪。

03. 崇高感的因素

被自然界中伟大和崇高的现象所激发而产生的情绪，就是惊异。而惊异的状态中，在某种程度上还存在着恐惧，它是灵魂完全停止活动的状态。这时，引发惊异的对象占据了人们的心灵，并阻挡着其他所有事物的进入。我们的心灵此时也无法对该对象进行任何推理。惊异也是崇高感的最高效果，而羡慕、崇拜和尊敬等只是较低的效果。恐惧比其他任何情绪都更能有效地夺走心灵的活动力量和推理力量，而所有被认为是恐惧的东西都是崇高的。

我们绝对不可以无视任何危险的东西，因此，甚至蛇也可以激发崇高的观念。海洋之所以崇高，也是因为它能够引起深刻的恐惧感。在希腊语中，“惧怕”和“惊讶”是一个词，而“可怖”和“可敬”也是一个词，“崇拜”和“恐惧”也可以由同一个词代替。由此可见，恐怖和崇高之间有着多么密切的联系。

一般来讲，如果想要让一个东西看起来恐怖，给它一个模糊的形象是非常有必要的。因为如果我们能清晰地看到所有危险，就会随之消除很多不安的因素。黑夜能强化我们对鬼怪的惧怕，异教的庙宇很多都是阴森的。而在恐惧基础上建立的专制政府，总是尽量不让群众看到他们的统治者。所以说，清晰的不一定就是美。一方面，我们有必要让观念变得清晰；另一方面，要使观念能影响想象力就另当别论了。

显然，过分清晰最能浇灭热情的火焰。因此作为激发情感的工具，图画虽可以提供最清晰的形象，但却不如诗歌更加有效。事实上，引发人们的羡慕情绪的，都是我们对事物的无知。无知也是激发情感的主要因素。在面对弥尔顿大作中的雄伟形象时，我们难免会感到眼花缭乱。正是由于那些错综复杂地交织在一起的形象，他的作品才对人们的心灵产生了影响。诗篇中的形象总是模糊不清的。当过于清楚地看清某种东西时，我们也就看清了它的界限，并将其从无限中剥离出来。清楚的观念只是无关紧要的观念的代名词。

除了危险的观念外，崇高感还包括力量的概念。快乐服从于意志，通常来说，一些力量比我们低的东西往往能让我们感到快乐。相反，那些力量比我们高的东西，却往往会让我们感到痛苦。因此在心灵中，力量、强大、痛苦和恐怖等观念是交织在一起的。我们对野兽的崇高感就是缘于它们的力量。同样，国王的力量也是和恐惧合二为一的，我们也正是因此才会恭顺地称他为“敬畏的陛下”。

我还知道，有人说我们可以毫无恐怖或畏惧感地玄想神这一观念。如果我的话没有放肆撒野之嫌，我敢断言，无论是威是恩，神的观念都无法使我们彻底消除对这无敌的力量油然而生的恐惧感。甚至有人说，神圣的观念就是恐惧感激发起来的。但实际上，在基督教产生以前，人们很少谈及对神的爱。

所有关于虚无的观念都是崇高的，如空虚、黑暗、孤独和沉寂，因为这些观念都是非常可怕的。同时，空间上的广大辽阔也能够引发崇高感。在广延的三种度量中，我们关注最少的是长度。而高度则又没有深度那样雄伟。凹凸不平的表面则能产生比光滑的表面更加强烈的效果。

小到无极限也能引发崇高的观念，因为细分和增加一样，都是无限的。

无限能让心灵充盈喜悦的恐怖，而这恐怖正是最能检验崇高感的。建筑物里各部分的连续性和一致性，能够构成一种人为的无限，使人对建筑物产生一种崇高感。幅度的广大也能够使人产生这种崇高感。当然，一个仅仅是幅度大的设计，也很可能表现了其想象力的匮乏。艺术品如果不能使人产生幻觉，就根本不配被称为伟大。

还有一种可以激发快乐的无限，比如我们在幼小的动物身上看到了一种生长的希望，于是我们会觉得它们很可爱。同样，没有完成的草图也比完成的图画更可爱。伟大的真正源泉是困难，而人们之所以敬畏那些巨型的石柱群，是因为这种工程需要非常大的力量。

雄壮因其蕴涵的很多本身绚烂或富有价值的东西而崇高。在这方面，星空无疑是最好的例子。人们开始仰望星空的时候，感觉它好像是乱糟糟的，然而，正是这种感觉使它变得更加雄伟。运用绚丽多彩形象的诗人们也能获得雄伟的崇高感。

除了广延，最能激发“伟大”这一观念的就是颜色。而所有的颜色都离不开光线。由于具有伟大的力量和极快的速度，太阳的光线和闪电的光亮能够产生效果。但是黑暗比光明更富有崇高感。我们伟大的诗人歌颂神时就说它“笼罩着一种黑暗的威严”。这个观念不但充满了诗意，而且从哲学上讲也合情合理。

04. 美的要素

当我把美和崇高感一起讨论时，我认为美就是物体中某种或某些能激发爱这种情感的特质。我认为在默默地观察美时，爱或心灵所产生的满足和欲望是不同的。欲望只是心灵里驱使我们去占有某些事物的力量。

那么，美究竟在哪里呢？人们普遍认为，美存在于一个东西各部分的某种比例关系中。然而，美是否真的和比例有关呢？我并不这样认为。比例是相对的量的衡量，然而美与衡量毫无关系。实际上，动植物美丽的部分并非永远都保持着某个固定尺寸。

虽然我们可以找出花朵中的一些规则的形状，但它们的形式和结构几乎应有尽有；尽管叶子也有特定的排列方式，但一旦角度有所偏斜，这种秩序就不明显了，而此时，花朵却依然是美丽的。尽管长颈短尾的天鹅很美丽，但短颈长尾的孔雀却也很漂亮。

你不妨随意定出人体各个部分的各种比例。我可以请一位画家完全按照该比例去画，但只要他高兴，他依旧能画出一个非常丑陋的形象来。但同时，同样是这个画家，即使完全抛弃了这种比例，他也依然能画出绝美的形象来。

推崇比例的偏见根源于“消除畸形，即出现美感”的印象。要知道，与畸形相对的并不是美，而是完整的平常形态，但这种平常形态却不是我们所感受的美。和美真正相对应的是丑，它们之间存在一种毫不影响情感的平凡状态。

效用或“合目的性”也不能成为美的标准。否则，尖长的猪嘴和一对凹陷的小眼睛的组合也会非常美了，因为它非常适合拱地。动物的各部分的结构很少有比猴子更好的，但猴子的样貌看上去却几乎是最丑的。胃和肝在履行自己的职责方面是非常适合的，但它们的形象却也很不乐观。比例与“合目的性”只能激发赞同和得到悟性的默许，但却不能引发人们的爱。

圆满同样也不是美的原因。因为最高的美，比如女人身上几乎总带着几分纤弱和不圆满。实际上，柔和的美德是最能捕获我们心灵的特质，我们所欣赏的好友也很少是盛气凌人的人物。

那么，美的真正来源是哪里呢？

首先，美的东西都很小。我们人都习惯于以“小”来形容爱的对象，却很少说“大漂亮东西”。相反，我们常用的词语却是“大丑货”。爱和羡慕之间的差异是巨大的。崇高感涉及的都是大而恐怖的对象，但美却只存在于小而可爱的东西之中。

爱的对象还有一种常见的性质，就是光润。我想到的美的东西都是光润的，比如光润的树叶，花园中光润的斜坡，风景里光润的溪流，鸟兽光润的羽毛，美人光润的皮肤，装饰家具光润的表面。

美的东西是绝对没有棱角的，各部分也不会连续朝一条直线伸展。它们会经常变换着方向，在视觉中以不断偏离的方式变化着。

同时，粗壮和强劲也难以产生美感。对美来说，娇柔甚至是纤弱的外表是非常重要的。我们能从动植物身上看到这一点，而对于女人就更加明显，她们的羞涩正是她们的心灵中有与此类似的品格的一种证明。

因而，美的东西的外表必须是清晰的、洁净的，而不是晦暗的、污浊的。从肌理上看，必须有柔和的情致，而不能过于强烈。即便有鲜明的色彩，也必须是充满变化的，让彼此能相互和谐，或者柔和地混合起各种颜色，使彼此间的界限不那么明显。

在各个方面，美的感觉意义和视觉意义几乎都是相同的。如两者的快感中都包含了柔和、光润、连续变化的表面等等。

05. 美的来源

美和崇高感确实是一个鲜明的对照，它们有同时存在的可能，但却不会因此削弱对照性。至于它们形成的最终原因，无论我们怎样努力也没有找到，但我们却能找出某些相近的理由。

崇高感源于神经不自然的紧张状态，如恐惧和痛苦时形成的紧张状态等。对这两种状态的面部和身体的表现进行模仿时，也可能会引起一定程度的紧张。人类的情绪、神经和其他生理上的变化之间，都是有密切联系的。可以说，恐惧的心情是身体系统中较细腻部分的活动，它能将这部分中烦扰的障碍消除，因此它有时也会形成快感。

巨大的体积会使人的眼睛的肌肉和神经变得紧张，所以它能激发崇高感。如上所述，一系列类似的视觉对象可以造就一种人为的无限。这种崇高感是由无限引发的，也可以用类似的生理原因来解释。黑暗令人害怕也是这样的道理。我们知道，光线能让瞳孔缩小，而虹膜的松弛又能让它放大。显然，瞳孔会因为任何一种阴森的黑暗而放大到极限，直到最终神经紧张到疼痛为止。

由于崇高感的变化，崇高感的每一种形态都有一定程度的痛苦感，因此都离不开神经方面的作用。这样，我们也能为美感找到类似的神经方面的基础。

美感也会对身体产生影响。当看到可爱和令人满足的对象时，我们的整个身体会逐渐变得平静，双手也会自然舒适地下垂，甜蜜和宁静会填满我们的内心。因此，我们可以总结说：美发挥作用时身体会随之松弛。匀称的线条变化、柔和的色调等都合乎美的要求，它们能影响感觉，让感觉像听到催眠曲一样安静下来。

最后，我们还要简要地探讨一下文字在美与崇高感方面的作用。人们普遍地认为，文字的力量在于它能激发心灵中它所代表的观念。但对于“美德”和“荣誉”等，这样说无疑是不太准确的。我们很难根据这些词的读音，把它们与它们所代表的关系联系起来。它们的效果是声音，是心灵中通常和某些效果联系在一起的声音，而不是表象。

那些聆听文字的人，通常能从中得到三种效果，也就是声音、形象和灵魂的情感。“荣誉”“自由”等词可以产生第一、三种效果，却无法形成第二种效果。“蓝”“绿”“冷”等可以同时产生三种效果，“马”“人”等更是如此，但它们之所以可以产生所有效果，并不是因为它能构成形象。

当诗篇里字句的声音可以直接让心灵产生情感时，就会产生形象的力量。让我们读读下面弥尔顿描绘堕落天使在凄惨世界中旅行的诗句，我们就能明白力量源于哪里：

穿越了无数黑暗而阴沉的山谷，
以及无数凄凉的境域；
穿越无数冰封的或者喷火的高山；
岩崖、洞穴、湖泊、湿地、沼泽和石窟，
还有那死亡的阴影，
他们超越了一个死亡的世界。

二十六、托马斯·潘恩：《论人权》

长期以来，托马斯·潘恩都被认为是一位激进的革命者。然而，他实际上只是一位空想主义的激进分子。在他成为法国国民大会中的一员时，他支持吉伦特派。法国大革命爆发后，他写了两篇“论人权”的论文，发表于1790年和1792年，其中包含着民主原则的有力主张，而不是那种众说纷纭的无产阶级学说。这两篇论文是为了驳斥伯克在《法国革命论》中提出的那些辉格党的花言巧语，试图证明法国产生革命思想的正确性。文章的语言清晰有力，这让它们成为英国激进主义者的福音。但是，由于他受教育的程度不高，他无法更深入地了解伯克的作品。

01. 自然权利与公民权利

说到国家之间、人民之间的相互辱骂、攻击的突出事例，我们不得不提到伯克先生的那本论法国革命的册子。我们母语中所有涉及辱骂人的言辞，都很不幸地被他用去形容法国及其国民议会。从这本小册子中，我们看不到任何有说服力的理由和证据。它完全就是一部没有根据的政治辩论，当然，前提是我们可以忽视其胡说八道，这样才能勉强把它认为是一种政治辩论。

伯克先生谩骂和攻讦的重点，是法国国民议会公布的具有宪法性质的《人权宣言》。他的态度极其粗暴。不过我们可以设想，如果伯克先生的目的是想否认人具有任何权利，那显然就是在说世界上不存在任何“权利”。因为除了人，世界上恐怕还没有其他更适合享有这种权利的生物。另外，如果伯克先生并不想否认人具有权利的话，那么问题的焦点就在于，这是怎样的权利，以及人们最初是如何获得这些权利的？

我们要回答上面这些问题，需要考虑到找寻论据的方法。像伯克先生那样，很多人习惯于从历史中找出一些例子来证明自己的观点。然而，这种方法有一个致命的弱点，尽管历史上确实存在这种先例，但它们却都不够古老。它们并不是来自历史长河悠远的发端处，而只是停留在它的中游。更不可思议的是，这些依循先例的人竟然就用这些根本不能算作历史根源的事例，来证明今天的事情，并试图去说服其他人。

伯克先生努力从历史上找到了一个先例，就是曾有一届英国议会曾完全听命于国王。根据这个先例，他就认为英国应该永远听命于国王。这个被他用作证据的先例，显然表明那不但是一次臣服，而且还代表了时人及其后代人的臣服，难道那一届议会就能对那些可能和他们毫无瓜葛的后世子孙，产生如此巨大的约束和控制力，能永远统治他们吗？

可以确定的是，如果按照他这样寻找先例的方法，我们能在历史上找到上千个互相矛盾的先例。但如果我们不按照这种方法，而是追本溯源，试图寻找最初造物主创造人类时的状态，也许我们还能找到正确的结果，也就是，人是世界上至高无上的、唯一的称号。

人们生来都是平等的，都有平等的自然权利。造物主创造的历史确已证明了人的同一性，所有人都属于同一个等级。这种平等的自然权利就是我们现在拥有的任何公民权利的基础。

我们所说的自然权利，包括思想权利以及某个个体在不侵犯别人的自然权利的前提下，追求自身幸福的权利。这是个可以简洁论述的问题。任何具有生存权的人，都拥有这种自然权利。而这种权利，正是社会成员的个体所具有的公民权利的基础。因此，个体并不是在任何情况下都能享受这些权利的，例如和个体安全及保障有关的一类权利。

在对自然权利的行使方面，每个个体都是同等和完整的。自然权利的总和体所衍生的权利，不能去侵犯个体的自然权利，因此对所有人来说，这种权利都是不完整的。

根据上述原则为标准对政府分类的话，我们可以将其大致分为三类：迷信政府、强权政府、维护社会和人类的共同利益的服务型政府。

就像现在欧洲王室那样，迷信政府是由一群自称能和神自由交流的人产生的。这类政府会控制整个世界，控制时间持续的长短则取决于迷信所维持的时间。

在迷信政府之后，便是暴力和强权政府了，征服者威廉所建立的政府就是这样的。与迷信政府相同，强权政府得以维持的时间，也是其暴力和强权所能维持的时间。但与迷信政府稍有差异的是，暴力与强权政府会另外建立起一种迷信和偶像，也就是暴力和欺骗的产物——“神权”。当这种神权转变成“教会与国家”时，就完成了这种过渡，被欺骗的民众于是开始供奉这种凭空捏造的新“神”。

从对这两类的政府的讨论及追本溯源的论证中，我们能够看到，政府与民众的关系有两种，要么凌驾于民众之上，要么产生于民众之中。而产生于民众中的政府，正是在个体具有独立的人权和主权时才能产生的，因为只有这样，个体才会有和别人订立产生政府契约的可能。

我们所说的这种契约就是宪法。它并不是一种形式上的宣言式的东西，它的产生比政府要早，它是全体人民的决议，因此它具有实体意义。如果没有这种产生于人民的具体决议，也就不会有真正的宪法存在。

我们知道，伯克先生是炮制不出一部英国宪法的。英国政府产生的渊源就是这个结论最好的论证。这是一个典型的暴力与征服的政府，它凌驾于人民之上，而不是产生于人民。尽管在征服者威廉后，状况有了许多改变，但它从根本上说，仍然没有宪法。

02. 英国与法国的比较

如果一定要找出先例，我可以比较一下法国宪法和英国政府的惯例。

法国宪法规定，任何每年纳税 60 苏的人都具有选民资格。伯克先生能找出什么样的英国先例与之比较呢？事实恰恰是：没有什么比英国的选民资格受到的限制更严格而且变化多端的了。

法国宪法规定，国民会议每两年进行一次选举。同样，伯克先生的先例又是什么样的呢？确实，英国政府在选举上的专横让英国人民几乎毫无这方面的权利。

法国宪法规定，国家拥有决定战争与和平的权利。如果为战争付费的人不能掌握这种权利，又该由谁掌握呢？但在英国，就像伦敦塔里的那些花钱才能看到的展品一样，这种权利远在人们所能获得的范围之外。

因此，我们认为，英国的惯例就是，无论权利是在国王手中还是在议会手中，这都不重要。公正的旁观者只要回顾一下英国政府的历史就能发现，英国政府之所以进行战争，根本就是为了税收，而不是因为战争才向人民征税。与此不同的是，其他国家的战争则是纳税人与分配税款者的共同事业。

法国宪法还规定“不用爵衔”，于是也就不再存在“贵族”，他们都提升为真正的“人”。

当然，爵位只是一个封号，其本身并没有什么不对的地方。然而，当它和人性中一些浮靡奢华的习气混合在一起时，这个封号也就失去了本身的意义，继而成为一种被腐化了的东西。如果爵位不具有这些腐化的恶习的话，我们根本没有必要去大肆地攻击它。我们可以对法国宪法反对成立贵族院的理由进行考察。这样的理由有以下四个方面。

其一是，贵族制度维持的基础是不公平的家庭专制，它与反自然的、不公平的嫡长子继承制是互相依存的。

其二是，就像我们认为法官和陪审员的世袭是很不合理的一样，桂冠诗人以及数学家和天才的世袭也同样非常可笑。因此，世袭立法者的观念也并不合理。

其三是，如果一个人身处一个群体中，却认为自己没必要对其他任何个体负责，那他也就没有权利赢得其他任何个体的信任。

其四是，贵族制度的观念充满了卑劣的色彩，即以暴力与征服为基础建立的不文明的政府，把具有自然权利的人当作财产或私人权利来治理。

法国宪法树立了普遍的信仰自由，同时也废除了宗教排斥与宗教宽容。这两个方面在实质上都属于专制主义的范畴。宗教排斥独占了限制的权利，并限制了自由信仰的权利，而宗教宽容则独占了开放信仰自由的权利。因此，两者并不矛盾，而只能说，宗教宽容是另一种形式的排斥，而不是宗教排斥的对立面。是的，你又算什么呢？无论你是国王、主教、教会、国会、国家，还是其他的什么，都不能把你这样卑劣的东西与高尚者的灵魂和造物主混为一谈。到你该去的地方吧！你们不能对世界上的各种权利做出任何决定。如果其他人和你的信仰不一致，也只能说是你和别人的信仰不同，除此之外并无其他。

美国和法国的革命就如同透出乌云缝隙的耀眼光芒，照射进人们心底。所有国家的人民都迅速改变了对政府的看法。就像愚昧本身只是缺乏知识的产物一样，人们心里的意识一旦被清除，它就不会再有恢复的机会。或许他在最初时能使人们处于愚昧状态，但对于已经摆脱了愚昧的人，任何人都不能再让他们回到那种状态中去了。

显然，君主制和世袭制这种制度腐败之极。他们那残酷的苛捐杂税致使人们衣食无着，让人们的生活总暗无天日，还要被各种强权压迫。像这样的制度，又怎能不成为革命的目标和必要性所在呢？

当人类逐渐摆脱愚昧，逐渐走向更加文明的状态时，世袭的政府就无法再维持下去了。美国和法国的革命使欧洲的新前景一片光明。它们是在国家主权和代议制基础上爆发的革命，因此，我们当前最理智的做法，不是进行剧烈的社会变革，而首先是预期它的到来，以理性和协调的方式促成革命的发生。

03. 新制度与旧制度

在以往，国家和政府的区分并不明显，于是导致政府几乎掩盖了属于国家的一切。因而，我们有必要在革命之初对它们进行明确的区分。同样，革命能否取得成功，最关键的是人们是否在革命之前充分了解了它能够产生多大的利益，以及它依据的原则是什么。

那些对人类起统治作用的秩序，并非都是政府产生的，甚至其中的大部分都来源于各种社会原则和自然组织。因此，社会其实是一个首尾相连的链状结构，而个体之间、文明社会的各部分之间的相互利益和相互依存，是它的主要内容。

那些容易被人们主动遵循的法则，并不是政府强加的任何法律，而是所有社会的属于自然法则的基础法则。人们愿意遵守它，是因为它与人们自身的利益相符。文明越完善，自我管理的能力就越强大，而政府就能更少地发挥它的作用。这样一来，这种社会的自然倾向会不断被政府行为侵扰和破坏。

历史上的先例告诉我们，现有每一个旧政府的产生都没有合法来源，这也是它们来源的罪恶性所在。这些政府最初往往都是在破坏了所有美好和道德的法则之后，才得以成立的。

旧政府，是那些部分或全部世袭制的政府；新政府，则是那些完全由选举产生的政府。前者对所有人权利的掌握是为扩张自身权力；后者的权力则源于所有人为社会公共利益的委托。鉴于旧政府是凌驾于人民之上的，而且它们也根本无法实现好的政府所必须达成的目的，因而，新政府必须彻底摈弃旧政府。

世袭制，或许是我们所见过的最可笑的东西。世袭制的政府都是暴君政府，而对这种政府的传承，显然相当于把人民当作私有牲畜一样进行传承。在世袭政府中，一个人能够登上王位，依靠的并不是他的能力和道德。正如我们所知道的，很多传承的君主制的国王就是稚嫩的孩子或者年迈的老人，他们有的是刚出生不久的婴儿，有的是必须被人牵着行走的小孩，或者是步履蹒跚的老人。这样看来，世界上真的是没有比世袭制更可笑的东西了。

我们所知的最原始的民主制，是一种不以间接方式，而是社会自我治理的制度。而代议制则是一种需要理性、经验和自然法则为先导的，建立在文明和社会基础上的制度。如果能将这两种制度结合，我们就能够得到一种超越一切世袭政府的制度，如同百家争鸣的文坛必然超过世界上的其他文学一样。这种制度必然能给予人民兼容并包的各种不同利益、各种疆域的领土以及各种数量的人口。

政府不能向任何人赋予特权。如果当初的君主制不是掩盖和纵容了许多欺骗的话，是不可能在世界上维持这么久的。那些愿意支持它的人，无非都是在它的这种纵容中获得私利的人。当它无法再为他们提供好处的时候，也就不会再有人支持它了。因此，我们应该做的是，把政府当作国家的一种社团，显然，这也是唯一准确的看法。如果具体的组成部分的变化不会影响到它的组织形式，那么国家也就不会陷入混乱了。

新宪法中已经做出这样的规定：宪法能够增订、删除和修改。由此可见，政府问题方面正出现了前所未有的希望。因为这个时代制定的宪法，是无法囊括未来可能具有的所有优点的，因此，这种规定可以说是宪法自由的进步和永久安全的最卓有成效的改革。

04. 关于英国的改革

我们从上面的论述中可以得知，人类只有不断改革政府才会进步，才能感受到改革的所有利益。有研究英国政府缺陷的必要，是因为必须把英国纳入这一世界普遍的政府改革蓝图之中。

为什么被送上绞刑架的通常只有穷人？在许多所谓的文明国家中，老人必须进济贫院才能生活，年轻人则被判处死刑。这种恶劣的生活环境，正表明了这个国家的政府制度是存在问题的。穷人无法接受良好的教育，也就无法拥有好的前途，甚至最终只能成为蛮横的法律和罪恶的最大牺牲品。

对于英国政府，我想指出的它的第一个缺点就是哥特式的制度，也就是自治城市的害处。这是一种原初的弊病，因为英国下议院的绝大多数席位就是来自于这些自治城市，弊病也就因此而不断延续下去。

英国政府还有一个缺陷就是贵族制度。承担立法任务的议院完全是由出租土地者构成，这让我无法理解。这些利益一致的人组成的团体，就是贵族院。然而，地主们有权利代表全国普遍利益吗？这种做法甚至比完全由酿酒师、面包师或其他阶层的人组成议院更加荒唐可笑。

英国政府的第三个缺陷就是王位制度。国王不过是一个空头职位，但他每年却都能领取 100 万英镑的酬劳。至于他本身是什么样的人，是愚笨还是睿智，是疯狂还是清醒，甚至是不是本国人，这些问题都无关紧要。

还有一个问题是减轻赋税。如今，国家每年能够收到大约 1700 万英镑的税款，其中的 800 万英镑用于年度开支，而另外 900 万英镑则都被用来偿还国债的利息。

现在，海军、陆军、行政的花费将被减少到150万英镑左右。这一现象的出现，是法国大革命后，英法即将停止起初的相互争斗，转而建立友好邦交，以及政治学知识的发展导致的结果。

如果情况真是这样，政府的和平编制上只需150万英镑就足够了，那就可以节省出600多万英镑。那剩余的这些钱，又该被如何处置呢?

我们首先当然要免除贫民税，还要拿出其中的400万英镑，以现有贫民税成倍的额度重新还给贫民。这一笔钱能让每个穷人子女每年得到4英镑的抚养费，能让100多万儿童得到一年受教育的机会。在他们结婚生子时，还可以一次性给他们1英镑的赠金。可以每年给60岁以上的老人10英镑、50岁以上的人6英镑。可以为在城市中生活艰难的人安排工作，更可以为那些在外谋生最终却客死他乡的人提供丧葬费。

美国和法国的革命的进行，已经让自由在西方世界和欧洲国家中分别取得了很出色的成功。对于欧洲来说，这是前所未有的机会。当这些国家中再有一个像法国那样让自由获得胜利，旧政府和专制主义就不能再嚣张下去了。而在后代子孙看来，我们这一代人很可能就相当于新世界的亚当，因为，未来的时代无疑将是一个真正的理性时代。

二十七、费希特 :《人类的使命》

《人类的使命》是唯心论哲学的主要著作。费希特的哲学思想主要受到康德的影响。1791 年，他前往哥尼斯堡拜见康德，被康德哲学激起了神圣的热情。1792 年，他出版了哲学论文《试评一切天启》，康德读后大加赞赏。1794 年，费希特成为耶拿大学哲学教授，凭着他那罕见的演讲天才大获成功。他后来出版的演讲集《学者的使命》，足以证明这一点。1795 年出版的《全部知识学的基础》，是他最重要的著作。1800 年出版的《人类的使命》，则是他后期最著名的著作。这本书文字优美、内容丰富，有着崇高的思想，足以和笛卡儿的《沉思录》相媲美。

01.“我要知道！”

现在，我终于对周围的世界有了一些并不太令人满意的认识。我相信的只是对自己感觉的统一的表达以及毫无错误的经验。因此，就像我自信自身的存在一样，我对这部分知识的准确性也相当有把握。

然而，我自己究竟是什么样？我存在的目的和归宿又在何处？其实根本没必要考虑这些问题。虽然我对这些“存在”的现象早已熟悉，而描述从这些“现象”上获取的知识则需要花相当多的时间，但我又怎样让自己相信我确实具备了这些知识呢？我现在熟知的只是别人也自称已知晓的东西，我唯一有把握的就是，他们在这些东西上确实有过这种说法。

我把那些严肃和求实的品格，对高尚的人道事业的热忱（我本身绝不具有这些东西）全都归功于别人。我认为他们比我不知高尚了多少倍。因此，我对自己的评价如此之低！

这样下去是不行的。我要从现在起得到自己应有的自尊和获得自己的权利，抛弃那些和我的心灵背道而驰的东西。如果我亲自探究，就一定会知道。我被迫认为周围很多物体都有完整性和独立性，它们又彼此分开。我也能看到很多花草树木和兽类。为了把每个物体和其周围的事物区分开来，我给它们加了一些属性和记号。每个物体的属性都不多也不少。每个个体的属性都有一定的程度，既不会太高，也不会太低。每个存在的物体都是真实的、肯定的，它就是这种东西，而并非是别的什么东西。

这并不是说我构思不了那些处于两极之中的东西。我肯定能做到这一点。因为这些东西占据了我思想的 1/2。我会随意地想起一棵树，因为我本身的思想还不稳定，因而只能随意想出一棵实际不存在的树，而想不出一棵特别的树。这是因为真实存在的东西，一定会有相当数量的属性，这些属性也有其自身的程度。

只是情况往往是，在我说着现在这一刻时，这一刻就已消逝了，所有事物都处于变化之中，自然就是在恒久的变化中飞速发展。当自然存在多种可能性时，为何就恰好处于某种状态而不形成其他的状态呢？我们看到的那些为何能变成现在的状态呢？

自然遵守的规律分厘不差。我注意到我正处于一个首尾相接的链条上。当我看见土地中开放出一朵花时，我就得出了自然具有创造力的论断。一朵花，或恰好就是这朵花，它在此存在的所有原因，都是因为所有现实条件的合力让它最终有了存在的可能。

所以我只能相信，自然的确有产生花的特殊的原始力量。因为自然的另一类力量完全能够在同等条件下产生出根本不同的东西来。

如果把世间万物看作一个整体，那么我所感知的就是一个自然和一种力量。从个体出发，我就会看到许多不同的力量。它们都根据自身的规律经历着所有可能出现的状态。所有自然界的物体都受这种力量的约束。

由于自然具有整体性，自然界中每个个体的力量都和其他力量有关。因此，每一种力量的出现都是必然的，从这点来看，我能得到的比较符合逻辑的论断就是，所有东西都不可能是除其自身之外的东西。

02. 对自然的怀疑

我自己以及我拥有的所有东西，也不过是自然界精密的必然性链条中的一个环节。我的产生是凭借自身之外的力量而不是自身的力量。这种力量是万能的自然力，我也是其中的一部分。实际上，没有其他人能够取代我的产生。同样，在我存在的任何时期，我也绝不可能成为其他什么人。

思维绝对是比动植物的生长活动更高明和精细的自然力作用的结果。既然我解释不了从自然力到思想的产生过程，我又根据什么去更好地解释自然力在动植物的生长活动之中的作用呢？自然中存在着思维与植物生长的创造力。我绝不会轻易用那些纯粹的物质构成去解释思维过程，这实在太狂妄了。就像植物的产生存在原始力一样，自然界中本来就存在原始的思想力。

我的存在是基于我所属种类中的一分子，我具有该类的形式、动作、思想以及在一些非主要变化中继续存在的主要属性。然而自然界创造人的力量，是在我被创造时，在各式的环境和条件下显现出来的。这些环境和条件是形成我的决定因素。因为不可能再有其他人出现，因此我就是我。我现在及将来会呈现什么样的状态都是必然的。

我确实觉得自己有一种内在的独立意识，我也确实能在自己生命中的很多时期感受到这种自主力。这与前面制定的原则也相符。我只是自然创造人的力量的一种体现，而不是这种力量本身，但这种在我自身的意识中所体现的力，却会以一种独立和原始的力量的产物来出现。因此，在我一生的经历中，若我体内的独立力量可以顺畅地表达自我，我就会感受到自己确实是个自由的行动者。但若我在周围的环境条件的合力下，不能做在另一些环境下所能做的事，我就会觉得自己受到了约束。

如果把意识交给一棵树，让它自己生长，它是不会因为自己只是一棵树或某类树而觉得限制了自己的生存方式的。然而，若是在匮乏的营养与恶劣的气候中，它肯定觉得自己受到了限制和约束。因为它所需要的原动力得不到保证。如果把它的枝条绑到墙上，把别的树的枝条接上来，它依旧会觉得受到束缚。

我最直接的意识会感受到我是自由的。但在观察世界整体时，我会觉得自己不可能有自主的力量和自由。由于只有自然才能解释直接的意识，因此，直接意识从属于自然。

03. 知识不是全部

我曾经诅咒让我复苏的那天，我的心灵被狂躁与愁苦吞噬。我再不相信生存的意义。我夜里从梦魇中醒来，找不到一丝能引领我逃出困惑的迷途的心灵之光。

曾经有一个陌生的精灵在午夜和我交谈。他说："可怜的人啊，你自以为很聪明，其实却犯下了太多的错误，鼓足勇气做一个真正聪明的人吧。我要给你新的启示。听着吧，你还笃信周围的事物只是存在于你自身之外吗？你是通过视觉还是触觉，或某些更高级的官能来感受你各个感官所受的影响呢？"

我说没有。我看到和感知到的，都是直接且可以确信绝对知晓的东西。

于是，这个精灵又说："如果你对自己是否知道都不清楚，你就不可能知晓任何其他的东西。你应该知道，你所有的感觉所能感受到的，只是你自己的生存状态。只有当你意识到自己的各种不同存在状态时，你才有可能知道自身之外的事物的属性和性质。如果你说某物是蓝色或红色、苦或甜，实质上，你已经被这些物体自身所影响了。"

我同意他的说法，并说："我感觉把自己内在的东西转到外在的东西上很是奇怪，但我经常情不自禁地这样做。因为我就是我，不同于任何物体，因此我的感觉存在于我自身而非其他物体。但因为感觉具有确定性，我不可能凭空去看、听或触摸，而是看到颜色，触摸到冷、热、粗、滑，听到声音。”

精灵又说：“毫无疑问，你的手是一个平面。但你怎样感觉到你的手呢？你又怎样感觉你的手是个平面呢？这是难以解释的，就像我们通常对平面状态的认知一样。你的内在已经有了你所有感官都感受不到的东西，这就是事实的真相。你对自身以外的所有物体属性所具有的知觉，仅仅影响了你自己的感官罢了。因此，你确实应该意识到，真的存在超越你的感官而无法为它所知晓的东西。换言之，由于因果观念的引入，已经有一种你以前没有的知识增加到了你的原有知识中。

“由于你有能产生意识的官能和器官，所以你能感受到那些影响，而从感官和受影响中获得的知识，实质上是不完全的知识，因此必须补充上另一种知识。”

这时我说：“没错，生存伴随着感觉的意识。当我把感觉的意识和自己寻找不到的意识相结合时，我就有了完整的意识，几乎增长了一倍，这才是一次完整的心灵活动。但若如你所说，这次心灵活动是在我自身之外物体的表象中完成的，那我还未意识到。”

精灵回答道：“你若能意识到这种心灵活动，这就是自由。而这种心灵活动就是思想。那些无意识活动是自发的。为了区分思想和感觉，我们通常会说思想是自发性的活动。这是因为感觉中的心灵往往是消极接受的一方。但若你的心灵中确实能感觉到其他外在的物体，这是有原因的。但你如何理解并证明这个原因呢？这种知晓是直接的而非间接的。根据因果律，某物体的外表和感觉是同时存在的，因此，那是你内在的原因，你的意识从未越过你自身，你具有的全部知识也只是你对自身的知识。如果你确实有对自身以外物体的存在意识，那也只是你认识到了它们的外表和概念而已。因为它们伴随你的感觉出现，是根据你的思维的内在规则产生的，那你自身究竟是什么呢？”

我回答说：“如果要笼统地回答你的问题，我只能说我就是我自己。只有外界存在对比物时，我才能理解自己。至于那些外界存在的物体——正是存在于我自身之外的东西，人们都能认识它，然而至于我是什么，除了知道我就是我，其他的都难以回答。”

精灵慨叹道：“你目光真短浅！你去了一个根本没有知识的地方寻找知识，因此尽管你寻找得如此努力，却走上了错误的道路。我试图把你从虚无的知识中解救出来，因为你已经深陷于这种心态之中。你应该知道自己的知识。我很清楚，你希望从那些纯粹的表象外找到一些永恒和真实的东西。但你竟然想用知识去找寻，那只能是徒劳的。你竟没有别的感官去体会它吗？你有。当你让这种感官苏醒并活动起来，你就可以得到美好的宁静。”

04. 我们由信仰成就使命

可怕的精灵，我被你的话击溃了。你说我应该探究自己，但我是什么呢？那些自身之外的东西能把我永远击倒吗？若是如此，我的心又为何要与那些靠我的禀性根本无力反抗的东西抗争呢？因为我在纯粹的心灵现象和概念之外，还需要更多东西。

那么，我热忱期望的概念之外的东西究竟是什么呢？不仅仅要知道，而且还根据所知道的去做，这或许就是人类的使命。

现在我理解了这个真理，才能理解其他所有感官。因为往往只有知识本身才能解释知识，所有知识的基础都是其他更高层次的知识，因此它不是知识。这样追本溯源是无穷无尽的。我们只有通过信仰才能完成自己的使命，才能真正相信自然给我们带来的见解。这不是知识，而只是意识对这种知识认可的决策。就是由于这种发自内心的呼声，我的心灵才能展望到通往另一世界的景观。我一心想追寻另一个更好的世界，它比感官展示给我的世界更强烈。只有在这个世界生活，我才能得到宁静和满足。人类的所有使命都团结在一个整体性的世界中，在这个整体中的所有个体具有类似的文化，并紧紧地结合在一起。在包含了人类恶习和一些感情的自然界，最初全部都是朝这个目标前进的。

现在的生活是我们存在的开始，未来的生活是我们存在的延续。我的真正本质及所有的高尚使命，正在于我们要自己努力去取得未来的地位。神把我和他自身联系起来，也把我和其他人联系起来，他的世界出现的一切都为最完美的人而生。但我在那个世界却无法知道，什么是嫩芽、花朵和果实。

二十八、马尔萨斯：《人口论》

《人口论》的全名是《论人口影响未来社会进步的原理，兼评戈德温、孔多塞先生和其他作者的观点》，1798 年以匿名形式首次出版。后来，马尔萨斯又到欧洲大陆搜集人口问题的资料，修订了本书的部分内容，在 1803 年出版了修订版。作者把生物界中的自然选择原则原理，应用到了人类社会。其中的思想之一就是年轻人在能够支撑家庭之前，应尽量晚地走进婚姻的殿堂。然而，马尔萨斯的学说一直都被人误解。

01. 各种人口增长约束概述

通常，食物的匮乏会抑制人口的增长。这是因为在 25 年的时间内，人口能增长一倍，但粮食却只能发生算术级增长。当然，这种抑制一般只在饥荒年代发生。因而，除了粮食的匮乏，还有很多其他限制人口增长的因素，如道德束缚、罪恶和穷困。这些因素对人口增长的影响大小迥异，但这并不能遏止人口增长比生活资料增长快的走向。生活资料的增长和充裕，往往因为在人口增长的情况下，食品价格随之上涨，出生率和结婚率则有所下降，劳动酬劳也有所降低，进而刺激增加了和农业相关企业的出现机会。

即使并不完全符合，也能看到确实存在这样的走向，就是人口变化总是以食物量为标准而变化的。充裕廉价的食品往往能刺激结婚率和人口增长，食品匮乏则会导致相反的结果。

我们总可以得出这样的结论：无论有多少遏制人口的办法，例如堕胎、杀死婴儿、饥荒、罪恶、战争以及病痛等，即便是未开化的人群，其单位人口和单位食物所能承受的范围也是相当的。

近时期游牧民族的人口总是比生活资料标准低，致使这种现象出现的因素有几个方面，如难以承担结婚的费用、男女关系无序、战争、荒年、流行病以及由穷困所导致的病痛。

在欧洲，这种对人口过快增长所进行的作用相反的、先期与积极的约束的现象，也有所体现，如在英格兰和苏格兰就非常普遍。凡是接受过高等教育的男性，必然愿意与其自身环境接近的女性结婚，因为如果他的收入只能保证和同阶层的人交往，那么结婚的花费必然致使这种交往机会的丧失。因而，他们是无法与更低阶层的人结婚的。不顾自身身份与更低阶层的人结婚，只会对人有害而非有利。因为社会交际并不是保护与被保护或穷与富的关系，它是利益的互相给予，其原则就是互惠互利。

正是由于上述原因，上流社会的人往往晚婚。但低阶层的人却不然，或因为个人情欲，或因为缺乏洞察力，他们往往会很早结婚。不过，对于那些莽撞结婚的人，他们总是会遇到一些眼光长远的人事先就告诉过他们的困难。因为即使是最圆满的爱情，可能也无法避免接踵而来的灾难。

一个工人如果每天的工资只有 18 便士或 2 先令，他显然就很难供养更多的人，因此，出身于工人或农民家庭的人往往被告知，只有酬劳足够多时才能结婚。于是，害怕穷困的他们常常晚婚。而有钱人家那些享受惯了奢华生活的佣人更是如此，因为他们知道，一旦结婚，自己就不再会过上这种奢华的生活了。

尽管我们到现在还远远没有看到国家的自然生育能力所产生的全部影响，但我们无法否认，即使工资支撑不起人口众多的家庭，即使穷困导致了相当数量的死亡，即使城市儿童死亡率很高，当儿童死亡率遏制不了人口增长时，我们就更需要增加财富，以供养劳动力，让多出来的人生存。

由此可见，不婚或晚婚减少的只是儿童死亡率，而不是人口的绝对数量。即便如此，我们仍然没有理由指出这类人的错误，因为如果他们不保持这种状态，很可能就会提高儿童死亡率。

最差的现象就是人口众多的国度里出现高出生率；相反，最好的现象是低出生率。只有在极特别的情况下或人口遭受大量削减时，高出生率才可能是最优现象，因此，通常很多人认为的高出生率象征着国势的昌盛的观点，无疑是错误的。人口供需往往持平，低出生率也往往意味着低死亡率。通常只有那些专制、贫穷或是天然条件恶劣的国度，才会有极高的人口出生率。

在苏格兰，移民曾经导致那里的人口锐减。然而，当高出生率出现时，锐减现象很快就被遏制了。

爱尔兰廉价的土豆和不开化的卑微的人民，致使其结婚率陡增，以至于到了国家资源难以承受的地步。即使我们对那里人口的增减情况并无确切的了解，但我们却很清楚，这种情况将让社会底层的人民更加贫穷。在这里，约束人口增长的最主要因素是贫穷导致的病痛，除了这种积极的约束，近来的战争和军队律令也是一种约束。

02. 人口和生活水平

上面提到的各种对人口增长的约束，都是生产资料匮乏的结果，也是遏制人口增长的最直接因素。在并不经常存在遏制的情况下，生产资料的增长必然会导致人口的加速增长。我们可以发现，由于当初获得了英属北美殖民地，人口也随之以前所未有的速度开始增长。这样看来，廉价取得好的土地，无疑是能冲破所有约束的最大因素。而在上面的几种约束中，影响最大的就是食品匮乏，也正因为如此，我们本土的人口无法实现飞跃性增长。当那些会减少人口的传染病、战争或自然灾害等降临的时候，食物很快就呈现出富裕的现象，人口于是随之增长。这在始终缺乏食物的地方是不可能发生的。

上面所说影响人口的这些因素，或许就像大家自古就知道的自然规则那样，是恒久存在的。

无论何时，从数学的角度看，两性的情欲都是已知数。毋庸置疑，我们已经很清楚，绝不能让人口增长超越食品无法承受的限度，这是个必然规律。

对于自然中存在的那些遏制人口增长的不稳定因素，我们不可能对它们进行全部预测，但我们可以确定的是，当出生率高于死亡率，甚至达到食品增长跟不上的速度时，如果不移民，就会导致死亡率反而会高于出生率，之前几年增长的人口，也就不再是该国的单位人口增长了。

当先期束缚产生不了效果，同时又没有其他约束时，所有国家就会陷入周期性的荒年和传染病的灾难之中。

一个国家的人民生活的幸福程度，往往取决于这个国家的食品和人口之间的比例，而不是单纯的人口数量，或者是他们是否富有或年轻。一个国家的人口数量取决于自身及能获得的粮食数量，当然，前提是其他方面的情况都相同。而一个国家人民的幸福，则要依托于所得到的比较丰富的食品以及自身劳作得到的食品。

相对于世界上其他野蛮地区而言，欧洲近代是以先期约束为主，而极少采用积极约束的，因为这时荒年、战争、传染病、急症等已很少见。

我们能够预见，在人口的先期约束中，道德限制将越来越具有普遍性，同时，即便这个因素还没有广泛地发挥作用，但正是由于这个因素，欧洲近代的人口和生活资料的比例才得以持平。

03. 道德之外的遏制人口过剩的手段

由于长期的平等和共有财产的信念，人们现今已经相信，考虑到人人平等，我们就不应该对个别人有更多义务上的要求。这样一来，作为先期约束的道德限制就被摧毁了，原来的平等观念也是行不通的。那怎样让人们有所克制呢？对于信奉平等和共有财产观念的国家而言，有效的办法是用形式不同和非自然的人为限定，来代替依托于财产和继承法的道德限制。

采用平等手段是难以解决人口问题的，移民也只能暂时解决问题，济贫法中的救济也不是好办法，它们只会使人口过剩的情况恶化。

英格兰曾采取济贫法，但结果却让穷人的生活条件更加艰难，这可以从两个趋向上表现出来。其一是以原来的食品数量供养增长后的人口。这人人减少了救济对象之外的其他人所分得的食品份额，这些人因而成为新的救济对象，而另一些靠救济生活的穷人也得以结婚。这样一来，从某种程度上看，济贫法相当于又制造出一批需要救济的穷人。其二是对社会有贡献的人的食品份额被救济院中那批最差的人抢走了，因而他们也只能成为被救济者。

值得庆幸的是，济贫法目前只是将英格兰农民的那种独立精神局部摧毁。除了特殊情况外，我们应该把依靠别人生活视为一种耻辱，这对人们的幸福是必要的。当一个人因救助而结婚，那他必然会使与他在同一阶层的人受到伤害，并迫使自己和后代继续依赖别人生活。

第二点在于，济贫法的实施，导致穷人和普通人的节俭欲望的丧失。他们由此变得目光短浅，对未来的考虑甚少，人们的俭朴习惯也随之被破坏。如果救助只是暂时的，人们必然不会大肆浪费自己的劳动成果。但如果他确信即使遭遇死亡和病痛，他的家人仍能存活时，谁都说服不了他不去买酒。

这些因素必然会使一般人生活的幸福程度大大降低，即无法约束那些生活放纵和懒惰的人，无法让人因指望救济的穷困而羞耻。所以我认为，如果废除济贫法，即便会出现个别的贫困现象，但普通人的生活必定会比现在幸福得多。基于上面的论据，即使法律不能阻止穷人结婚，我也认为应该逐渐取消济贫法。

或许一些依靠商业发展的国家，能够增长食品数量，来供给足够多的人口。但有很多因素都会使商业发展受到限制，如经济干预和相互竞争。当用于支持劳动者的资金停止增长或缩减时，新增长人口就要断粮了。

如果一个国家既有出产丰富粮食的耕地，农业、产品制造业及对外商贸又能协助其耕作，而其他的资源也很富余，农商两种行业紧密结合，这个国家能够承担的人口极限就会提高，国家也就可能实现最好的发展。当然，最根本的人口限度始终存在，因而他们仍然有一个绝不能跨越的界线。

有人希望用谷物法来从禁令和关税上阻止进口外国谷物，同时用补贴刺激国内谷物的出口，从而最终达到更稳妥和丰裕的谷物供给。

与横遭批评的补贴鼓励出口不同，尽管限制进口外国谷物的禁令依然存在缺陷，但确实对国内谷物的充裕有积极作用。此外，这种方法还能使农业和商业有了取得一种平衡的可能。也许在某些情形中，维持这种平衡是不恰当的，但在另一些情形中，这种不当和失误却很不明显。这个问题与效率无关，只关系到是否失误。当一个国家土地辽阔富饶，同时因工商业利益而禁止进口外国谷物时，它还能借此遏制农业和商业上可能出现的问题。

04. 道德限制与分别救济

在今天，任何社会都存在这种情况：无论如何移民，政府如何改革，工业发展趋势如何，那些严重约束人口增加的因素都无法被避免。这是因为，这种约束因素基于自然规律的规则，人们对它们除了服从，唯一能做的，就只是在它们发生作用时尽量减少其对人民的道德和幸福生活所产生的冲击。

对于某个或不同国度内约束人口的所有直接因素，我们可以将其分为三类：道德限制、祸害以及灾难。我们能确定的是，只要稍加思考就能知道，其中最人道和最能令我们接受的限制人口过剩的手段，是第一种。道德缺失时，再好的美德也无法阻止青春期结婚的陋习，更无法阻止随之而来的食品匮乏、荒年和病痛。

可以想象，如果所有人都能如此克制，并且人人都养成节俭和勤劳的习惯，那么当劳动力的供给下降，劳动力价格上升时，这些人就能得到幸福的生活。同时，晚婚能够使人们更成熟地选择配偶。当热情作为真正的爱情和勤奋节约的奖品到来时，当它因没有过早的放纵而被摧毁时，它就会更加强烈。如果没有能力养活儿女，这无疑是对幸福生活的摧残，这种婚姻是不符合上帝的意志的。这种人不愿承担义务，而以情欲为先导，对任何人都缺乏责任感，因此，基督徒应该担起道德的自我限制的义务。做不到自我约束的人必定难以抚养后代，其子女很可能由此遭受夭折的命运。这种婚姻的结果，将是使他必须承担自己、妻子和子女的所有不幸。

如果一个人的能力只能够供养两个儿女，但他却有五六个儿女，那他的生活必然是非常悲惨的。或许，这样的人从不认为应该反省自己，反而懊悔结婚，抱怨工资太低，诅咒济贫区以及富人和整个制度。总之，他们就是不会从自身找原因。更有甚者，他们可能会相信多生孩子是对国王的贡献，或者是爱国的表现之类的谣言。

我们要让所有人明白，出现这种情况时，应首先反省自己。没有人会帮助这些违背上帝意志的人。让所有人都有充裕的酬劳，是和劳动力市场的饱和相抵触的，因此，如果有人真的想帮助穷人，就不应该催促他们结婚，从而导致劳动力市场进一步饱和，而是应该增益劳动力价格和食品价格之间的比例。

此外，摧毁那些和上述积极制度后果一样的广泛流传的传闻，同样是更加重要的工作。在这方面，我们只消除一些制度是远远不够的，还要让所有人明白，他们有固有的繁衍后代的义务，却并没有享受接济的权利，他们更应该去做的，是传播道德的观念和幸福生活的观念。

我们的私人救济也必须是有针对性的。如果我们固执地认为，不劳动的人也应该有饭吃，认为有人婚后无法维持家庭生活，我们就应该救济他的家庭的话，那我们无疑是在鼓励毫无价值的贫困。我们不应该为懒惰和草率结婚提供奖金。无论如何，单身汉和有家累的人之间，应当永远存在一种处境不平等的状态，对于这一状态，我们不应该采取任何行动去试图消灭它。

总之，我们必须分别进行个别的救助，既不能鼓励毫无意义的穷困，不能帮助无法维持家庭生活也结婚的人，也不能帮助妄图不劳而获的人，也不能奖赏那些既懒惰还仓促结婚的人，更不能企图人为地改变有家室的人和单身人士之间本应有的不对等处境。

二十九、叔本华：《作为意志和表象的世界》

这部著作初版于1819年，1844年又出了一个增补本。它是叔本华最著名的作品，不仅完美地展示了叔本华的哲学思想，也完整地记录了他对人的看法。他在这本书的第一句就表述了自己的世界观："世界是我的表象"。可见，他的哲学主旨是：宇宙唯一的真正的本体是意志，那些可见的、可触摸的现象只是真实存在的意志的表象。叔本华的哲学体系不可避免地走向了悲观主义。

01. 表象的世界

"世界是我的表象"，这是一个适用于任何生物的真理。只要思考它就可以获得哲学上的智慧。然而，世界上只有人才有思考这个问题的意识。有一个比所有真理都要确定的真理就是：由于知识而得以存在的一切，只是相对于主体的客体，只是感知者的感觉。也就是说，这一切是表象，世界就是表象。

对于这个见解，笛卡儿的默想中早已有所隐含，贝克莱首次明确地阐释了它。因此，这并不是一个新奇的真理。不过，康德对它的漠视，确实是个错误。如威廉·琼斯爵士所说，这个太过于古老，它是属于印度吠檀多的基本原理。一方面，世界是表象；另一方面，世界是意志。

主体是能够知晓其他一切事物却不被它们所知晓的那部分；所有事物都是为这个主体而生。然而表象的世界却包括两个相等的部分，一半是客体，另一半是主体。客体由时间和空间以及由此而来的特殊的多样性组成，主体则作为一个整体存在于每个有内在力的存在物当中，它不在任何时间和空间之内。如此一来，正如上亿个个体的存在构成了完整的世界一样，那些具有感知客体的能力的个体也构成了整个表象世界；如果这些独立存在的个体消失，整个表象世界就会消失。这两个半体，相伴相生，相互依存。客体之初始即是主体之终止。

康德发现了所有客体的最主要和普遍的形式，也就是时间、空间、因果律。这些原本就存在于我们的意识之中，这是他的伟大功绩之一。不需要对客体具备任何知识，只需通过主体自身的思考，我们就能发现和了解它们。

知觉的表象与抽象的表象是不同的。前者解释全部的经验世界，而后者是一个概念。与世界上其他生物不同，只有人有这种概念。而这种将人与其他低等动物区别开来的能力，就是理性。

有一个关于外在宇宙实在性的荒谬观点，曾引发很多无意义的争执。这就是：主体与客体是因果关系，因为知觉最初是由对因果律的知识而产生的。但同时，由于主体先于客体，而因果关系又只能存在于直接的客体与间接感知的客体之间，因此，主体与客体之间不可能存在因果关系。

关于主体与客体之间是否是因果关系的争论，无疑是一种愚蠢的实在的独断论与教条的怀疑论之争。前者将原本为一体的客体和表象分裂为因与果；后者认为在表象中没有因而只有果，具体存在是无法知晓的，能知晓的只是它的行动。因此，要纠正这两种谬论，只需证明客体与表象是同一的。

可以传播和储存，是知识的最重要价值所在。它也因此具有无比重要的实用性。抽象或理性知识是理性有别于禀赋所特有的知识。理性能够用抽象的概念来代替感知的表象，并将它们作为行为的先导。与那些低等动物相比，人类有了通过理性获得的各种各样的关于生活的知识和见解。于是，如同一个具有丰富航海知识，又配备了航海图、指南针、象限仪的船长，在指挥一群无知的水手一般，人类与低等动物之间也存在着这样的关系。

人过着两种生活，一种是具体的生活，另一种是抽象的生活。在具体的生活中，人与低等动物一样，离不开抗争、受难和去世。然而在抽象的生活当中，他会像航海的船长思考着航海图一般，去冥想宇宙的构造。正是通过这种沉着推断的抽象的思考，他逐渐成为一个谨慎的观察者，观察曾经感染和鼓励过他感情的那些因素。正如一个人在舞台上表演过一个鲜活的角色之后，重新退下恢复自己观众的身份看其他演员的表演一样，他完全沉浸在那种宁静的冥思当中。

02. 意志的世界

我们需要深入探讨的原因在于，我们虽然已经知道我们有表象，以及这些表象都与一些可称之为“充足理由原理”的已有规则相联系，但我们不能止步于此。我们更想得知的是这些表象的意义。我们问：这个世界是否有一个表象，会像梦境或是海市蜃楼般从我们眼前掠过，而不足以引起我们的注意，或者说，会不会有这样一个更加实体化的东西呢？

可以确定的是，我们不可能通过外部就直达事物的本质。如同一个在城堡周围绕圈，却找不到入口而只能画它的正面图的人一样，无论我们研究得有多么透彻，我们也永远无法在表象和概念之外接触到其他任何东西。然而，以往所有的哲学家，用的都是这种方法。

人自身的真理在于：他不是单纯的知的主体，也不是仅仅飞翔在世界外部进行考察的天使。因为他自身就是这个世界之中所长出的根。也就是说，人是世界上的一种个体，他具有的知识——整个表象世界的主要根基——都是以他的身体为导体传播过来的。对他自己来说，他的身体与其他表象一样，也是一种表象，是众多客体中的一种，身体的知觉就是理解世界的起点。就像他知道一切其他客体的变化一样，他能知道的，只是自己身体的行动。如果这并不能帮助他对他自身有更好的理解，他就会发现，与其他客体一样，身体的表象同样奇妙和神秘。

以上所说的这种帮助就是意志。也只有这种意志，才能为他解决本身的问题以及生存的问题，才能为他呈现自身的存在以及他的行动，还有他的行动的意义以及内在的结构。

作为意志的直接客体，身体也可被称为意志的对象。身体所能获得的每一个印象，也都是意志所能马上获得的印象。意志的每一种真实的行为，是一种立即可以看得到的身体行为。如果两者相反，那就是痛苦；如果两者保持一致，则是快乐。

下面这个事实，可以证明这两者本质上的一致性：意志的每一次剧烈的行动，即每一次冲动，都对身体的主要官能产生干扰，并直接作用于身体。因此，完全可以说：我的身体是我的意志的对象。

知的主体成为另一个个体，完全取决于对身体的这种特别的联系。每一个人都只能是一个人，然而，由于我们的知与个性不可分离，所以每一个人都可能知道一切。于是哲学的需要就此产生。而每一个人对于自身所包含的双重知识，使他能够了解世界上所有的现象与本质。在表象和意志之外，我们无法知道或是思考其他任何东西。当我们考察身体本身以及它的活动时，就会发现，除了意志外，它就是表象，而没有其他任何的东西。由于有了这两个层次的发现，实体也就别无所有了。

03. 表象世界的第二方面

首先我们将世界表象看作是主体的客体，然后将世界看成是意志。柏拉图的信徒都清楚，柏拉图的理念是意志在不同程度上的一种客观化，它作为一种个体的非实体状态或是各事物的恒久状态而存在，它体现在许多个体之上，因此，相对个体而言，这些程度不同的意志客观化便是它们的原型，或者说是各种恒久的状态。

这么说来，我们所在的世界就其整体性来说完全是意志，也完全是表象。这种表象一定要有形式客体和主体的先导。当我们抛弃掉这种形式后，如果还有什么能存在下来，那一定是意志。更准确地说，那一定是自在之物。

世界与人一样，完全是意志，也完全是表象。每个人都会发觉，世界只为他自身存在，而他自身就是这样一种意志，世界与他的意识紧密联系地存在着。因此，每一个人自身包含着两重方面的世界，一个是作为整体性的世界（即大世界），另一个是小世界。他认为的自身的真实存在，其实也就是作为整体性的世界或者说是大世界。

柏拉图曾认为，动物身上是没有真实的存在的，仅仅有表面的存在和经常的转化，因而在它们身上唯一存在的就是见之于它们的理念。也就是说，是动物身上的理念有真实的存在，只有理念才是真理的客体。而康德在“自在之物”的唯一的实体的原理的基础上，认为动物也只是时间、空间和因果律当中的现象。这三者不是自在之物，而只是使我们产生感觉的条件。因此，我们无法认识自在之物，当在某一特定时间所能看见的个体将消失时，我们自身的能力已经远远不足以去理解这方面的知识。

在这方面，两位最伟大的西方哲学家竟然有差异如此巨大的见解。柏拉图的理念基于已知的客体，它与不可知的自在之物之间有着本质区别。与此相反的是，康德的自在之物已经抛弃了一切与知有关的形态。不过，两者最终仍是趋于一致的。因为自在之物属于一般理念，是相对于主体而存在的客体的状态。它舍弃了现象的其他附带形式，只保留了最普遍与最初的存在。而柏拉图认为理念才是唯一真实的存在，他还赞成在时间与空间中——个体的真实世界——存在的事物，只是一种虚幻的存在。

04. 意志世界的第二方面

最后一个最重要的问题是关于人类的行为。基于天性，人类总是习惯于将其他的事物与自己的行为相联系。通过表象世界这个反映意志的镜子，意志可以逐步完整和明确地了解其自身。它的最高程度便是人，而人只有在一系列互相关联的行为中才可能全部显现出自己的天性。

世界的本质在于，意志就是自在之物。生命只是意志的映象。如同形与影不可分离一样，生命与意志也密切相伴。只有意志存在，生命才会存在。如果能得到意志的支持，那么即使要立即面临死亡也不足为惧。个体只是一种现象，因此，即使我们能真切地看到某个体的生与死，意志与认识主体本身也能够不受这种生与死的影响。

自然为各物种储备了充足的无以计数的种子，以及强大的可以开花结果的力量。它关心的是所有的物种，而不是个体。它时刻准备着让物种在种族得以繁衍之后马上死去。因此，即使是在自然界中，也能显现这条真理，即表象是意志完整的对象，具体有真实的实体的东西就是表象而不是其他。

自然是客观化了的生活意志，而人就是自然本身。如果抱着这样的观点，在想到自己或朋友的死亡时，我们自然会将目光转向自然的永恒生命。因此，人自身也可以得到最完满的慰藉。生与死实质上都是属于生命的，它们参加了质量的恒久变化，即使个体短暂，这种恒久的变化与物种永存也是相吻合的。

05. 意志与时间的关系

意志现象的形态是最不应该忽略的。人并不活在过去，也不是活在将来；实在的生命形态也只是现在，不是过去，也不是将来。现在生命的内容永远共存，生命确实存在的唯一形态也只有现在。

因此，如果一切客体成为表象，也就是意志，主体与客体必然相关。然而，真正的客体也只存在于现在。现在与意志不可分离，它才是意志现象的主要形态，过去只包括概念与想象。现在的源头与支撑是生活意志，也就是自在之物，是我们，也只有现在，才是恒久和不可更改的。

生命肯定了意志，而现在肯定了生命。时间就像是一个不停旋转着的地球仪。极点象征着不变的现在，而上升的半球象征将来，下降的半球象征过去。也可以说，时间就像流水，现在是岩石。水尽管会撞击岩石，却无法将它带走。如同生命对意志是肯定的一样，现在对生命形态也是肯定的。

因此，我们只想了解现在，而不必去探究过去和将来的事情。意志能够表达自己的唯一形态便是现在。如果我们对生命的现状产生了满足感，那么我们就可以相信生命是恒久的，可以对死亡无所畏惧。精神的力量是绝对不可能被摧毁的，它会延续到永久。

通过以上的探讨，我们大致解决了意志自由的问题。意志是自在之物，它不是任何推理的结果，也不是现象，更不是表象和客体。它的自由性在于，它从来不知道必然性的存在。因此，即使人是自由意志的表象，他自身却从来都无法自由。一个非常确定的事实是，他自身是意志自由的力量的已有的现象，他必须将这种意志力的方向显现于多种行为当中。

三十、孔德：《实证哲学》

《实证哲学》共计六册，发表于1830年至1842年，是孔德的第一部巨著。在书中，他讲述了自己的理论：所有的制度都是建立在人的思想上的，这些思想是在三个前后相续的阶段上形成的——神学阶段、形而上学阶段和实证阶段。而一起的制度，都是以人类的观念为基础的。孔德可以说是社会学的创始人，被尊称为“社会学之父”。

01．科学的实证的分类

如果我们研究一下人类智慧的发展史，可以发现它大致经历了三个阶段：神学阶段、形而上学阶段和科学或实证阶段。第一阶段，人们采用超自然的存在来解说世界；第二阶段，人们从抽象力中寻求解释；第三阶段，人们研究现象之间的相互关系。

天文学最先到达实证阶段，其次是地球物理学，然后是化学，再次是生物学，社会学至今没有达到这个阶段。因此，各种科学经历这些阶段的速度不一样。本书的主要目的在于，在实证的基础上研究社会现象；次要目的是说明所有知识的枝节都生长于同一棵树干。如果把所有的科学放在实证的基础上来研究，就一定可以改革科学和改造社会，从中发现支配我们智能的一些规则。然而，目前由于神学、形而上学与实证之间的冲突，知识变得非常混乱。

实证哲学的第一步就是进行科学分类。我们知道，在自然现象中的第一大区分就是将现象分为有机与无机两大类。有机现象包括生物学和社会学；无机现象包括天文学、物理学、化学等等。这五门科学是社会的基础学科，它们的分类体现了社会关系与一定的完整性，基本上依据了科学发展的层次和时序。因此，只有按照上面的层次研究这些科学，才有可能得到有用知识。如果不具备上述几种科学方面的知识，那么就不可能理解社会学。

然而，数学却是人们探索自然法则的最有效的工具，虽然它与这几门科学不相上下。数学可以分为具体数学和抽象数学或说是微积分学。前者又包括了理论力学与几何学。因此，实际上存在着六大科学。

数学：量的彼此确定和量的间接量度是对数学最简单的定义。抽象数学从方程式中推导结果，而具体数学则是发现现象中的方程式。比如，具体数学通过一个试验发现了自由落体的加速度，抽象数学就可以此为求出结果的依据，由已知推导出未知。

天文学：这是发现宇宙天体体现的力学以及几何学现象的规律的一门科学。在发现这些规律的过程中，视觉与推理能力起着重要的作用。相对于其他任何科学来说，这两种能力所占的比例在天文学中更大。当然，我们不能凭视觉就知道行星的轨迹与地球的形状，只有结合测量角度和计算时间，才有可能发现天文规律。也正是由于发现了这些永恒的规律，才破除了对神学和形而上学宇宙观的迷信。

物理学：研究作为一个整体的物体（即它的分子处于凝聚状态且自身保持不变）的一般性质的规律。在这一科学的观察中，我们要使用所有的感官，也要用到数学的分析与实验。在物理现象中，人类可以改变自然现象，在天文学中这是绝不可能的。物理学又可以进一步分为静力学、动力学、热学、声学、光学、电学。物理也被视为现象根本原因的形而上学的观念的困扰。

化学：它是研究各种自然的或人工的物质相互由分子作用产生的所有分解或化合现象的规律。因此，在这一科学中，感官与实验将被运用得更多，而形而上学的观念在这一科学中也仍然存在。

生理学：它是指对机体的机能以及构造、环境间关系的规律的研究。一个有机体处于一定的环境中时，就必然按一定的方式活动。生理学正是要研究有机体、环境和功能之间的这种互动关系。观察与实验在生理学中有着同样重要的意义。在其中，我们会用到多种多样的实验器械来帮助观察和实验。

由于生命的所有现象几乎都与化学上的化合与分解有关，因此生理学与化学的联系最为紧密。

02. 社会的物理学

由于社会学说还受神学与形而上学的观念的影响，因此要在科学的基础上建立社会物理学是一件相当困难的事。我的目的是指出那些可以用于纠正知识界混乱现象的一些原则，这种混乱现象也是现代政治与道德混乱的原因。我想说明的第一点就是，作为一门科学，社会物理学与社会的基本需求与苦难是如何相联系的，并且让那些真正的政治家知道这是一项实用的工作。

直至今天，对这些社会问题里的混乱状态，实证哲学还没有以广泛、普遍与大胆的作风提出来，它只是谨慎地做着试探性的工作。然而，它确实需要以更加明显的作用来解救这个饱受三个世纪困扰的社会。

社会已经被两种敌对势力弄得混乱不已，它们就是神学政治与形而上学政治。

在历史上，神学政治曾对社会有过正面的影响。然而，在经历了三个世纪后，这种正面的影响一直在消退，甚至在渐渐变质和腐烂。造成这一结果的原因相当复杂，但科学精神已经对如今的神学政治形成了激烈的反对，这也是神学政治无法战胜的。

与神学相比，形而上学政治虽然取得了进步，但进步却主要体现在消极方面。它的主要作用是为进步移除障碍，对妨碍人类社会进步与知识增长的神学观念进行根本上的批判，促进了社会的进步。因此，形而上学政治是完全必要的，也是具有革命性与危险性的。只有先有了这种摧毁，才可能有更进一步的革新。

无可否认，在反对神学观念时，形而上学政治是很有必要的。然而，它只是摧毁了旧的，又阻碍了新的。因此，当它达到摧毁的目的时，马上变成进步的障碍了。它的基本原理主要是言论与出版的良心自由。这就像无法在天文学与化学方面甚至是社会物理学方面谈及良心一样，作为一种抛弃理性的调整，良心自由也只有这样的意义了。

良心自由与研究的自由只具有过渡性和暂时性，之后的问题是具有决策资格的人在实证上做出决定的。当然，这并不是说弱智的人能判断复杂的问题，也并不是每个人都具有决策政治与社会问题的能力，以及所有的观点价值都是等同的。然而，社会正是在互相信任与敢于信任他人的基础上产生的。

形而上学政治的第二个原理是平等。实际上，它是良心自由的必然派生物，它也只能是一种暂时需要的现象。假如我们没有同等的智力，那么也就没有有效的良心自由。如果真的达到所有的平等，它反而会成为进步的障碍。人不可能在肉体上一样，也不可能在智力与道德上一样。所谓人人是平等的，前提仅仅是在合理地发挥自己的才能的意义上。

我们从以上两个基本原理可以推导它的第三个原理，就是人民主权。它也只具有暂时性。由于它主张由下一阶层来统治上一阶层，因此它在本质上具有革命性；至于它暂时是有意义的，是因为在其中可以进行一些政治上的试验。

第四个原理便是民族独立。它的适用性在于，首先让各民族分立，以此来为新的联合做准备。

因此，形而上学政治缺乏建构新社会的能力。第一次法国大革命期间，虽然它摧毁了旧的社会制度，却试图以崇拜多神的宗教来取代天主教，强调朴实与道德而反对艺术与工业，把科学批驳为知识上的贵族，这一系列改革只会使社会倒退。它的产生是形而上学政治本身的性质决定的，因而带有必然性。当它摧毁了神学的根基，却又想重新利用神学的根基时，整个社会知识就会一片混乱。

因此，社会总是在神学政治与形而上学政治之间摇摆不定，这两种倾向的产生是为了抵制对方的影响。在这种摇摆不定中产生的第三种政治主张可以称为“固定派”。

“固定派”作为形而上学政治末期的产物，正如英国的君主立宪政体一样，使得社会处于进步和倒退的那种矛盾的固定状态，因而也只能是一种纵容的结果。

这样，社会就陷入了更不幸的状态。形而上学已经失去了它的一般的准则，而神学政治又要重新退回过时已久的旧准则。因此，固定派主张的是一种暂时妥协的做法。社会问题越来越复杂，所有地方都存在知识的混乱，尤其在新教国家，教派争端加剧了混乱的状态。只要个人的见解丝毫不受阻碍，偏见与无知就会嚣张起来。最终，只有一小部分人才有能力探索到全面的问题。

更严重的是，这种缺乏信念与混乱的知识状态会让政治更加腐败。如果不能遵照明确的原则与理念，能够借鉴的恐怕只能是恐惧与自私了。

三个世纪以来，由于神权已经废除，因此那些被物质利益驱使、沉迷于实际事物的人掌握了所有社会问题的决定权。因此，这个时代开始出现了不稳定的预兆，它们表现为对物质的狂热追求和对政治问题的目光短浅。

如果每个人都认为混乱的背后必然有物质上的原因，那么他们就会试图插手财产制度。因此，这种物质的观点不仅阻碍进步，还动摇了秩序。即使财产与制度都存在问题，我们需要的也只是道德与知识上的进步而不是物质上的变革。正是这些对社会物理学的不合理的、让那些平庸的人有机可乘的物质观点，才导致了政治骗子的产生，而真正有天赋的人就只能转身投入科学。

那么，除了已经幻灭的神学与形而上学的哲学外，还有什么呢？只有实证哲学，只有它才能改变社会。实证哲学不仅同等地对待社会现象与其他现象，还在社会改革中运用了其他知识领域中颇有成效的科学精神。实证哲学以一种公正的态度来探索社会的细节问题，并用自然法则的观点来研究政治。实证哲学认为错误有可补救与不可补救的区别，而试图改变那些不可补救的事物，就像在生物学与化学中不可避免的事物一样愚蠢。这种科学精神能够帮助人们避免做出那些试图补救无法补救的事物的徒劳之举，它倡导的是一种改良主义。

因此，实证哲学使得真正的以科学精神为指导的理念取代了作为立宪与专制手段的法律，使得知识有了秩序，最终促进了真正的前进与自由。它还从科学与道德的角度来化解阶级利益的争夺。即使革命仍然会发生，实证哲学却只是基于知识与道德对社会进行一种实证的清理工作。

03. 社会的静力学

如果我们认为社会来源于人的社会本能，这绝不仅是功利主义的结果。可以肯定的是，只有在社会达到一定的发展程度时，社会的国家才体现出其能量。而在人类发展之初，这种整体力量的益处还未能显现出来。

然而，作为社会基本属性的人类需求与本能，究竟是由什么决定的?

首先要明白的是，人的智慧依赖感情而存在。许多人易于疲劳的智能往往需要极猛烈地刺激，才能使它继续运作。在大多数情况下，这种刺激是基于生命自身的需求而产生。然而，那些智慧很高的人，一些更为高级的感情冲动可能会使之受到刺激。这种情况是有好处的，即理性活动一直有一个恒久的目标，智能依附于感情。

其次，相对于社会感情而言，个人感情更为强烈，并且它非常必要地为社会活动指明了方向与目的。如果压抑个人感情，那么社会感情会因此而丧失引导与激励，从而会变得冷漠和软弱。因为，先有个人利益的目的，才能推导出公共利益。正如“爱邻如己”这句格言，我们应该明白这是以个人本能作为社会本能的典范。但是，个人感情有一个唯一的缺点，那就是个人感情往往并不能激励社会感情，相反会轻视社会感情。

由于智能可以锻炼个人感情，因此智能增长就是社会感情能力的进步。同样的道理，社会本能的发展也对智能的发展有利。道德的先导性作用便是促进这两者的互动作用。人类在道德与物质上对社会感情的需求，与社会感情必须服从于个人感情之间的矛盾；以及人类在道德与物质上对智能的需求，与人类对这种智能工作的厌恶之间的矛盾，都为我们展现出一种改革与保守精神相互对立的科学根源。改革精神源于智能活动与各种各样社会本能自然的结合，而保守精神单纯地产生于个人本能。

但是，我们不能因此把社会看作是由个人构成的。事实上，社会是通过家庭的模式建立起来的，家庭才是真正的社会单元。家庭是一切社会生活的基础，它是一切从属与合作关系的典范，它让个人本能与社会本能相互融合并互相适应。因此，现代片面攻击家庭制度的趋势实际上是一种体现社会即将解体的前兆。

家庭的社会学基础是长幼间的从属关系与两性间的从属关系。

婚姻带有宗教的属性，也许是革命精神打击的对象。然而，婚姻让我们没有规律可循的异常强烈的动物本能得到了一定程度的满足与锻炼。因此，婚姻建立的基础是现实的真理，将来也会一直存在下去。当然，婚姻正在发生变化。但是，这种变化不是颠覆，婚姻中最基本的原理仍然没有改变和受损。

我们可以从所有的婚姻制度中看出，婚姻制度的基本原则就是，妇女天生就应当服从。生物学已经证明两性在身体构造与精神上存在着根本性的差异，而社会学将要证明的是某些人极力推崇的男女平等只是一种空想。因为，两性的平等是难以与其他社会存在相容的。一性对另一性是从属关系，男女任何一性分别在家庭中担负特殊的责任。正是基于自身的天性，每一种人的幸福才会有所发展，这是有利无弊的。因为，妇女的智力要么低下，要么是太过活跃的思维与生理上的特性不利于集中思维。毫无疑问，妇女从事智力劳动的能力要低于男性，而我们的社会恰恰需要依赖受到感情刺激的智力劳动。

除了以上将社会联系起来的婚姻上的联系之外，还存在父母与子女间的联系。在这种联系中，我们可以发现从属原则仍然是有效的。然而，正如某些狂热的革命者反对妇女的从属原则一样，另外一批人也反对子女对父母的从属关系。值得庆幸的是，人们出于一种原始的本能与良心，最终抵制住了这种荒唐的说法。

人类社会家庭的这种从属关系就是社会最好的模型。一方面，可以看到这种依从与适当的从属并不存在耻辱感而只有恩德；另一方面，亲和力与爱结合起来就成了无可辩驳的权威。至于那些狂热的想法，例如，不让子女继承父母的财产，将孩子交由社会而不是父母抚养，都不值得加以研究。

我们说社会与家庭的目的一致，只是承担的责任不同，是基于社会由家庭单元构成。虽然社会上的所有人都在为实现自己的目的而努力，但他们却不得不相互合作。这是一种奇特的现象，正是这种现象形成了社会的根源。然而，由于家庭是爱的结合，它存在的基础也是爱，而不是某种具体的目的，因此，家庭中的合作远远没有社会中那么突出。在社会中，爱的本能是第二位的，首要的是一种合作的本能。也许存在一部分特殊的人，他们在社会中仍将爱的本能作为第一位。但是，这种现象的形成是有原因的，因为他们得不到家庭的爱而将自己的爱献给更大范围的社会。

无论商议的还是自定的，合作原则都是社会的基础。社会的目的，正是在无比庞大的合作规划中使每一个成员能各取所需。然而，社会中有一种“过度专业化”的危险倾向。这种倾向弱化了人在社会中的整体意识，将人的注意力引导到那些非常细微的社会机构中去，让他根本不去在意人类较大范围的利益。这就像我们认为一个人一生的时间都在制作针尖是可悲的一样，那么一个有相当智慧的人整天沉浸在方程式当中，也是一件可悲的事。

因此，政府必须担当起这一职责，预防社会与知识的解体。政府要培养人们之间的感情上的联系，它是人们之间相互关心的感情，是理性和道德上的，而不是物质上的，并且一直隐含着从属关系。正是人类的社会本能产生了政府，而人类依从的本能比我们想象的要强烈得多。让英明和值得依赖的人来做领导者，没有人会认为这不是件好事。即使是在动荡的时代，人们也需要一个政治上的权威。政治上的这种从属关系不仅是无法避免的，也是不可缺少的。

04．社会的动力学

从实质上来讲，人类的进步就是人类的理性品格与道德的进步。所有的环境条件或者促进它，或者阻碍它。人们或许能够通过大多数的物质事业发挥他们更为高等的智力，而不必为物质方面感到焦虑不安。

死亡是人类进步的另一推动力。由于老年人通常较为保守并且反对进步的变革，而青年人总体来说支持进步，因此，死亡就使老年人不会长久地阻碍世界的进步。如果生命再延长十倍，那么进步可能会遭到更多的阻碍。

另外，人的工作效率由于工作的间断而受到影响，而死亡恰恰会让工作无法延续下去，因此，如果生命再延长两到三倍，世界可能会加速进步。

理性指导了人类的进步，而社会进步的历史基本上是人类思想史上三个阶段的进步，即神学阶段、形而上学阶段和实证阶段。接下来，说明一下这三个阶段的必然性。

人类产生的时候，所知道的只是自身。因此，人类将其他事物按照自己的模式进行解释是不可避免的。而神学哲学的观察基础则在于，存在着看不见的世界与看不见的行为者。神学的假设认为，所有的物体都像人一样有生命，跟人类行为一样，现象也只是动作的产物。神学让人类对自身的行为具备了信心与希望：只要向造物主祈祷，就可以改变所有不如意的事情。无论在道德上还是知识上，这种假设都是有必要的。神学哲学让人类在理性上日渐统一，它增加了人类的权力感，激励并点燃了人类的勇气与希望，这些都具有非常重要的政治与社会价值。神学哲学第一次将物质与精神事物进行了有力的区分，产生了一个人类思想史上特殊的阶段。

然而，神学哲学只具有暂时性。我们可以确定的是，在每个时期，都有着实证信仰的曙光。最初，实证哲学就具有必然性。因为，在每个时期，所有最简单的现象都受到自然法则的支配。在日常生活中，所有人都必须依照永恒的自然法则去做事。

形而上学用物来取代神，因此，在神学哲学与实证哲学之间必然有它的一席之地。它从来就不具有神学哲学一样的社会权力与统一性。由于从本质上来讲，形而上学是不可论证的，因此它可以具有这样的政治权力。

以上所说的三种哲学，也许会同时存在于同一个人的思维之中，并用不同的哲学来解释不同的科学。某一个人可能对这种科学有着神学的概念，对另一种科学可能有着形而上学的概念，对其他的科学可能有着实证的概念。然而，开始的趋势却是实证的。

基本上，物质上的进步也经历了类似的阶段。人类最初的趋势是军事方面的生活，现在的趋势是工业方面的生活。由于防御型的军事机构取代了攻击型的军事机构，军事机构日益依赖于工业生产。因此，目前的阶段是这两者之间的过渡。

军事与神学有着共同的利益与信任感，因为它们属于同一种制度。因此，军事阶段相当于神学阶段。正是有了神学理念，才让人们无条件地服从于军事长官，从而出现了军事阶段。而工业阶段相当于实证阶段，两者的相似之处在于它们的起源、精神与目的。中间的过渡阶段相当于形而上学阶段。因此，只有理解了上述三种二元的结构基础，才可能建立真正的历史哲学。

三十一、约翰·密尔：《论自由》

1859年，在出版《政治经济学原理》11年后，密尔又出版了《论自由》一书。这一年，也是他的妻子逝世的那一年。书中的有些思想和文字就出自他妻子之手。当然，这部著作中的观点与他的功利主义思想是一致的。无论在哪个时代，政治的首要问题可能就是协调个人利益与社会利益。在一个立法已经变得越来越具有社会主义色彩的时代，密尔的观点与现代社会运动有着十分有趣的关联。

01. 思想自由和言论自由

与防范政治暴虐一样，防范民治政府同样是非常必要的。人民总是会压迫其自己所属的群体中的一部分，对此种妄用的权力加以防范的必要，绝不亚于防范任何其他东西。这个说法虽然在一般来说不会有什么争论，但实践的问题在于，究竟应该把这个限度划在哪里？也就是说，究竟应该怎样在个人独立与社会控制之间做出恰当的调整？这几乎是一个要进行所有工作之前首先必须解决的问题。

本书极力主张一条极其简单的原则，即人类之所以有理有权可以个别地或者集体地对其中任何分子的行动自由进行干涉，唯一的目的只是自我防卫。这就是说，对于文明群体中的任何一位成员，如果要施用一种权力以反其意志而不失为正当，唯一的目的只是要防止对他人的危害。无论是谁，需要对社会负责的行为，只是那些涉及他人的部分。而如果只涉及他自身，那么，他的独立性在权利上则是绝对的。在任何时候，每个人都是自己的身心最高的主权者。

这一原则首先需要最一般意义上的良心的自由，需要思想和情感自由；不论实践的还是沉思的，也不论是科学的、道德的还是神学的，在所有论题上的意见和情操的绝对自由，甚至还有出版和表达言论的自由。另外，这一原则还需要趣味和追求的自由；需要有制订自己的生活计划以顺应自己性格的自由；需要有只要不危害到同胞就可以做任何我们愿意做的事的自由。最后，这一原则还需要个体为了任何不会危害到他人的目的而相互结合的自由，只要个体达到了法定年龄，并且不是被强迫或被欺骗的。

唯一配得上自由这个名称的，就是以我们自己的方式争取自己的好处的自由，只要我们不干涉别人这样做的自由，或者妨碍他们追求自己的好处。如果人类能够容忍其他人按照各自所认为好的样子去生活，比强迫每人都照其他人所认为好的样子去生活而言，必定能获得更多的益处。

采取专制高压的政策去对待思想和言论，永远都是不合法的。如果在针对某一事情时，全体人类只有一种意见，而只有一人执有相反意见的话，人类要使那一人沉默的行为并不比那一人要使其他所有人沉默的行为更加正当，当然，前提是那人有权利这样做。迫使一个意见不能发表的特殊罪恶，无疑是对整个人类的掠夺，对后代和对现存的一代都是一样，对不同意那个意见的人比对坚持那个意见的人甚至更甚。如果那个意见是正确的，那么他们就被剥夺了以错误换真理的机会；如果那个意见是错误的，那么他们就失去了一个几乎同等重要的利益，那就是从真理与错误的冲突中产生出来的对于真理更加清楚的认识和更加生动的印象。

所有对讨论的压制，都假定了一种不可能错误的存在。人类历史已经教给我们，社会和个人都不可能不犯错误。人们总还记得历史上对苏格拉底和基督的指控吧，总还记得那高贵的心灵马可·奥勒留对基督徒的迫害吧。试看，每个时代都曾抱有许多随后的时代视为不仅错误而且荒谬的意见，这就可知，现在流行着的许多意见也一定会在将来受到排斥，就像以前一度流行过的许多意见已经被现代所排斥一样。

宗教自由的敌人坚持认为，迫害也是一件好事。他们给出的理由是，尽管它是错误的，可当它不能剿灭真理时，它却能根除错误。但历史表明，尽管真理最终不可能被剿灭，但它至少会倒退几百年。

我们不再将异端处以死刑，但是，我们却用了另外一种与之有着同样功效的社会惩戒来惩罚异端，也就是通过把异端宣布为法外之人而把他排除在法庭保护之外。这样一来，人们就可以对他们进行掠夺或攻击却能不受到处罚，甚至可以说，人们就可以对任何人进行掠夺或攻击却能不受到处罚。现在，我们的社会的不宽容确实不会杀死一个人，也不会彻底铲除异端，但是这却诱使人们把意见遮掩起来，或者避免积极传布意见。结果，新意见和异端便只在一些深思勤学的人们的狭小圈子里暗暗燃烧着，它们在那些人中间发源开端，却从来不能以其真的或假的光亮去照耀人类的一般事务。

为了追求知识方面的和平，结果我们却牺牲掉了人类心灵中全部的道德勇气。世界上有一大群大有前途的知识分子和秉性怯懦的人物，为了避免把自己带到被认为不信教或不道德的境地，于是不敢追随任何勇敢、有生气的和独立的思想。这个结果所导致的巨大损失岂是谁能算得清的？我们应当知道，作为一个思想家，首要任务就是跟随着自己的智力和能力去思考，而不管它会导致什么样的结论。谁认识不到这一点，谁就不能成为一个伟大的思想家。在精神奴役的一般气氛中，曾经有过且会再有伟大的个人思想家，可是在那种气氛中，从来没有而且也永远不会有一种智力活跃的人民。人类心灵和人类制度方面的所有进步，都停留在了精神自由的时代。

所有坚持某一种观点或意见的人，不论怎样不甘承认其意见有谬误的可能，只要想一想，他的意见不论怎样正确，若不时常经受充分的和无所畏惧的讨论，那么它即便能够得到主张，也只能成为死的教条，而不能成为活的真理。如果说人类的智力和判断力是应当培养的，那么，最适合培养它们的事物，又是什么呢？假如说对于理解力的培养在一个事情中要胜于在另一个事情中，这无疑最好是在学得自己的意见的根据中来进行，而且这学习只能通过面对那赞成相反意见的论据来进行。一个人如果在一件事情上，只知道自己的意见，那他对其他事情就知之甚少。他的理由也许很好，也许还不曾有一个人能驳倒它。但如果他也同样不能驳倒相反的观点，也不知道对方的观点意味着什么，那么他就没有根据在两种意见中进行选择。他必须感受到那种为正确的见解所必须遇到并予以解决的难题的全部压力，否则他就永远不能真正掌握到足以对付并解决那个难题的真理。在缺乏讨论的情况下，一个意见的根据不仅不能形成或者会被遗忘，而且这个意见的意义本身也常常会被遗忘掉。

当心灵是在自由的情况下，在信条所提示的问题上按照开始时那样的程度运用其权力的时候，就有一种逐步前进的趋势，使得这信条中除了一些公式之外的全部东西都忘记掉，直到最后它终于变得与人类内心生活几乎完全没有联系。在这些情况下，信条就像是存在于人心之外，其作用只是为了把人心僵化起来，以挡住投给人性更高部分的一切其他影响。其力量只表现在不允许有任何新的和活的信念进入人心，而其本身的作用只是作为一名哨兵，来监守心灵使其空虚。在基督教信条出现之初，这种情形经常会出现。

到现在为止，我们只考虑了两种可能性：一种是假定公认意见是错误的，从而认为与其对立的意见是正确的；另一种是假定公认意见是正确的，那么它与对立的、错误的意见之间的冲突，便刚好能够帮助人们去领会和感受其真理性。

此外，还有一种比这两种可能都更常见的，那就是，有两种相互的教义，不是此为真理彼为谬误，而是共同分有介于二者之间的真理；它们乃是真理的一部分，有时是较大的一部分，有时是较小的一部分，但总是被夸张、被歪曲，并被从其他一些应当相伴随相制约的真理那里分离开来。所以，无论其中是否有多少错误和混乱，我们都应该重视所有被普遍意见所略去的、本身却多少体现部分真理的一切意见。

还有，在政治方面有一种最为普遍的现象就是：一个党要求秩序和稳定，另一个党要求进步或改革，两者同为政治生活中健康状态的必要因素。关于民主政体和贵族政体，关于财产和平等，关于合作和竞争，关于奢侈和节约，关于社会性和个人性，关于自由和纪律等这些问题，双方都站在自己利益的角度上持有各自的意见。在实际生活的一切其他问题上，也都有着相互反对的主张。除非所有这些意见都以同等的自由发表出来，并都借同样的才能和精力得到主张和受到辩护，否则两方因素就都没有机会各得其所。在权衡之下，必定会有一方处于优势，而另一方处于劣势。在生活中一些重大实践问题上，真理在很大程度上是对立物的协调和结合问题，而人们却很少具有足够恢宏公正的心胸，使其调整到近于正确，因此，这种协调和结合便只有通过交战双方在敌对的旗帜下展开斗争的粗暴过程中进行。

有人或许会提出反对意见："有些公认的原则，特别是关于最高和最重要问题的公认原则，确实不只有一半的真理。"这种反对意见是没有依据的。即便是基督教的道德，其在许多重要之点上也是不完备的，是片面的。如果不是有某些不为它所认可的观念和情绪也曾有贡献于欧洲人的生活和品质的形成的话，人类事务就必定比现在的情况还要糟糕。

02. 个性与幸福

我们已经看到，人类应当有自由去形成意见并表达自己的意见，那么，人们该如何行动才能保证这种自由？个人的自由必须有一个限制，就是必须不使自己成为他人的障碍。但是如果他被禁止在涉及他人的事情上有碍于他人，而仅仅在涉及自己的事情上按照自己的意向和判断而行动，那么，既然他有陈述自己意见的自由，也就同样应该有以牺牲自己的利益为代价去将意见付诸实践而不遭到妨害的自由。既然说当人类尚未臻于完善时不同意见的存在是大有用处的，同样在生活方面也可以说，生活应当有多种不同的试验。对于各种不同的性格，只要对他人没有损害，就应当给予自由发展的空间；不同生活方式的价值应当予以实践的证明，只要有人认为宜于一试。总之，在并非主要涉及他人的事情上，个性应当维持自己的权利，这是可取的。在凡事都以他人的传统或习惯为标准，却忽视个人自身的性格特点的地方，都会缺少人类幸福的主要因素之一，而所缺少的这个因素，同时也是个人和社会进步中一个颇为主要的因素。

有这样一个观点是大家都会支持的，就是人们行为中的美德是有相互模仿的成分的。另外，如果说人应当像出生之前那样，在行事方面一无所知，或者至今还没有获得一些经验，使其知道某种生存方式或行为方式比其他的更加可取，那显然是荒谬的。没有人否认，人在年轻时就应受到这样的教育和训练，让他知道并受益于人类经验业已确定的结果。但是要知道，作为一个人，到了能力已经成熟的时候，要按照他自己的办法去运用和解释经验，这是人的特权，也是人的正当条件。如果让一个人把自己选择和决定的权利，完全交给世界或者他所属的一部分世界，那他就无异于一只会模仿人类动作的猿猴。可另一方面，由自己选定生活方案的人就要使用他的一切能力，他必须使用观察力去看，使用推论力和判断力去预测，使用活动力去搜集为做决定之用的各项材料，然后使用思辨力去做出决定。在做出决定之后，他还必须使用毅力和自制力去坚持自己的考虑周详的决定。我们不希望世人都是机器人，而希望他们能够拥有内在的活力，使他们能够拥有更加强大的内在力量。

不过，有人可能会说，欲望和情感是危险和陷阱。其实，一个人如果拥有属于自己的欲望和冲动，那他就是一个有性格的人；相反，如果一个人的欲望和冲动都不是他自己的，那他就是一个没有性格的人，就像一架蒸汽机一样。一个人的冲动如果除了是自己的之外还是强烈的，并且又在一个强烈的意志管制之下，那么他的性格就算是一个富有能量的性格。这样的性格是人人所渴望的，因为那威胁现代社会的危险不是个人冲动和倾向的过度，而是这种冲动和倾向的缺乏。

现如今，每个人都在思考：与我的位置和特殊情况相同的那些人通常在做什么？或者，那些位置和情况都胜于我的人们通常在做什么？这样一来，由于他们不遵循自己的本性，结果就没有本性可以遵循。他们作为人的能力枯萎了：他们已经无法再获得任何与自己相适应的愿望和快乐了，也就丧失了个人生长的、本属于自己的意见和情感。

只有通过精心地培植个性，而不是泯灭个性，人类才能变得对自己和他人都有价值，人类生活才能变得丰富多彩并充满活力。个性就等于发展，凡性格力量丰富充足的时候和地方，个性也就丰足；一个社会中个性的数量一般总是和那个社会中所含天才大师、精神力量和道德勇气的数量成正比。今天敢于特立独行的人如此之少，这正是这个时代危险的主要标志。

不幸的是，平庸往往会被置于最高的位置。在现代，个体迷失在人群中，说公众舆论现在统治着世界，这已成公论。公众舆论就是平庸的人们集体做出的平庸的意见。所有智慧的和高贵的意见的提出必须是来自个体，对于使人类接受习俗意见的倾向来说，那些站在更高思想的人们的个性绝对是相当重要的。

03. 凌驾于个人之上的社会

那么，社会的权威又从何而来呢？人类生活中有多少应当派归个性，有多少应当派归社会呢？

如果它们各有比较特别关涉自己的方面，它们就将各得其所应得的一份。凡主要关涉在个人的那部分生活应当属于个性，凡主要关涉在社会的那部分生活应当属于社会。

社会为它的成员提供保护，因而每个成员也应该对社会以回报。每个人既然事实上都在社会中，就必须对他人也遵守某种行为准则，这是必不可少的。这种行为准则首先是彼此不得相互损害，人们不能损害对方的权利和利益，而是要相互尊重。第二是每个人都要在为了保卫社会或其成员免于遭受损害和妨碍而付出的劳动和牺牲中，担负他自己的一份。还有，对于那些危害到他人的个人行为，社会还可以通过公众舆论的力量去进行惩罚，即便那些行为没有到违犯他人权利的程度。

然而，在个人行为只关涉自己的事情中，社会不应干预。社会可以在个人事务上帮助个人，但无论是个人还是社会群体，都不能抱着“各人自扫门前雪，不管他人瓦上霜”的观念。每个人是他自己的事务的最后判断者，一个人如果只在涉及自己的好处，而不影响到与他发生关系的他人的利益的这部分行为和性格上，招致他人的反感的判断，他因此而应承受的唯一后果，也只是与那种判断密切关联的一些不便。但如果发生了对他人有损害的行为，那就需要完全不同的对待了。

有人可能会问：社会中一个成员的行为，对其他成员来说怎能是毫无关系的事呢?

我确实承认，一个人所进行损害自己的行为，也会严重地影响到与他关系密切的人，甚至会在一定程度上影响到社会。但是对于这种偶然的或者说间接的危害，在考虑到人类自由的更大利益方面时，社会是应当选择承受的，而且对于私人行为采取高压的任何尝试，只会在受到高压的个人那里产生反抗。还有，当社会干预纯粹个人的行为时，结果通常是：它在错误的地方进行了错误的干预。关于这一点，历史和司法记录都已有了充分的证明。

与限制社会凌驾于个人的权威这个问题紧密相连的一个问题就是，政府在一般地由个人经营的工业和其他部门中的参与作用。

对于国家在这些事情上的干预，主要有三种反对意见。第一，所要办的事，由个人来办会比由政府来办更好一些。第二，虽然对于很多事情，由个人来办似乎并不如由政府来办所取得的效果好，但仍应由个人来办，因为作为对于他们个人的精神教育的手段和方式来说，这样可以加强他们的主动性。第三，不必要地增加政府的权力，会有很大的祸患。假如公路、铁路、银行、保险机关、大的合股公司、大学以及各种公共慈善机构等，都变成政府的分支机构；再假如市政公会和地方议事会以及现在传留给它们的一切，也都变成中央行政系统的一些部门；又假如所有这些不同事业的从业者都由政府来任用和发放工资，因而他们的生活不得不完全依赖政府；那么，即使有一切所谓出版自由和平民的立法组织，也不足以使这个国家或任何其他国家成为一个名副其实的自由之国。而且，出于各种原因，政府官员的权力越大，其危害也就越大。这个政府不可避免地会堕落为专权的政府，官员垄断着所有职位，于是难免会经不住各种诱惑，而逐步堕落成例行公事的机器人。因此，如果我们还想保持一个有技巧、有效率的工作团体，如果我们还不想让我们的政府机构堕落为一个腐儒机构，那么，这个团体就绝对不要把一切管理人类所需要的职业都垄断起来。

在政府管理的技巧中，最困难和最复杂的工作之一，就是在个人与国家之间找到最佳的协调。在很大程度上，这是一个极其具体的问题，我们要考虑到方方面面的问题，并且没有一个绝对的准则可以运用。但是我相信这样一句具有理想色彩的话：我们要做到符合效率原则的最大限度的权力的分散，但也要尽可能做到最大限度的信息集中，还要尽最大的可能做到信息的广泛传播。

三十二、赫伯特·斯宾塞：《伦理学原理》

早在1842年，斯宾塞就暗示，他所要思考的是政治行为的对与错的一般原理。从那时开始，为人类行为的对与错的原则找到一个科学的基础，成为他的根本目标。他声称，这是一项紧迫而又必要的事业。他的这一目标最终体现在《伦理学原理》中，1879年，这一著作的第一部分以《伦理学资料》为题出版，1893年最后一部分才得以完成，整部著作花了斯宾塞50年的时间。

01. 行为的进化

当我们从生物形态的最低级追溯到最高级的时候，是什么东西构成了行为进化中高级的方面？是数量更多、更善于调节的目的行为。因为，这不仅会进一步延长生命，而且会进一步增加生命的质量。我们也必须承认，那些有着自身的最后目标的调节，也是物种的生命。然而，如果认定只有这两种行为有着最高级的形式，而还未被命名的第三种行为就没有最高级的形式，那就大错特错了。因为超出这一行为，每个人都能在实现自己的目的同时，又不妨碍他人实现自己的目的，社会成员在实现自己目的的过程中可以相互帮助，因此他们的行为必定有更高的进化阶段。

相对来说，我们称之为“善”的行为是进化更为高级的行为，而称之为“恶”的行为是进化比较低级的行为。我们认为，善是促进自我保存的行为，而恶是倾向于自我毁灭的行为。这一对关联的行为被称为善或恶，是因为它通过孕育后代促进或减低延续物种的力量。还有，那种行为形式之所以常常被称之为善，是因为生命可以在个体及其后代身上得以完成，不仅不必阻止它在他人那里完成，而且要进一步促进在他人那里完成。善的行为所引起的行为也被认为是最好的，尤其是它同时在自我、后代那里达到了最大的生命总体性时。

对不同伦理学派的标准的分析表明，它们中的每一个，不论是视自然的完美为生命的目的，还是将其视为行为的德行或动机的正确，它都是从这一前提中获得自己的权威性，并将这一前提看作是它最终的标准，认为生命是善还是恶，取决于它的作为或不作为是否带来剩余的、令人愉快的感受。与之相反的众多观点共同的一个意思是，行为应当有助于个体、家庭和社会的保存，这种观点仅仅假定生命中幸福多于不幸。

下面，我们分别考察一下这些观点。

完美与最高意义上的善是同义的。因而，根据完美来界定善的行为，也就是依据善的行为本身来界定善的行为。

现在，我们要转到这些伦理学家的观点，他们把有德行的行为当作标准。如果德行是原始和独立的，那么就没有办法来说明一点，即为什么德行的行为与那种对自我、他人以及两者都能产生令人愉快的总体效果的行为之间应当是完全一致的；还有，如果它们之间没有必然的一致，那么可以想象，被称作德行的行为，总体的效果可能是给人痛苦的。可是，那是不可能的，因为研究表明，德行的概念与产生愉快的行为概念是紧密联系的。

02. 快乐和幸福

我们奇怪地看到，有关生活的观点和有关行为的观点，这些观点来源于这样一些人：那些从事劝慰的、被神化的、自我折磨的古人，而这种观点甚至进入了许多人的伦理理论，这些人抛弃了过去的神学，认为自己不会再受它的影响。

在某个反驳基督教教条以及先于它的希伯来崇拜的人的著作中说到，有人居然会以同情的口气描述一次牺牲了几万条生命的征服，这与希伯来传统告诉我们的以上帝的名义毁灭敌人而来的那种快乐有可比性。正是那强大的人的崇拜，正是对某一社会形式的这种渴望——在那里，至高无上的少数人是不受约束的，大多数人的德行就在于服从少数人——我们自然地发现了对伦理理论的反驳，这种反驳把最大的快乐看作是行为的目的。

我们很自然地发现了这一功利主义哲学，它有一个“猪的哲学”的称呼。进而，为了说明如何理解这一哲学的这个绰号，我们被告知，幸福而非快乐才是人的目的。显然，这意思就是，幸福不是一种快乐。可是，这种意思立即会导致这样一个问题：那它是一种什么样的感受？如果它根本上是一种意识状态，那它必然属于三种状态中的一种：痛苦、不动心、快乐。它会让拥有幸福的人处于感觉的零点吗？那样的话，必定是：如果他没有感觉到这种状态，他就处于这种状态。或者是，它不会让他处于零点状态吗？那样的话，它必定会让他处于零点之上或之下。

在这里，每一种可能性都是在两种形式下被设想的。“幸福”这个词被应用的状态可能是一种特殊的意识状态——所发生的众多状态当中的一种状态，而且对于这一前提，我们必须把它看作是一种愉快的状态，一种不动心的状态，或一种痛苦的状态。否则，幸福就是一个不能运用于意识的某一特殊状态的概念，只是它的状态的特征的汇聚；在这种情形中，平均的汇聚特征也可看作是一种状态；在这种状态中，或者快乐居于主导，或者痛苦居于主导，或者快乐和痛苦正好相互抵消。

现在，我们可以谈谈这种人吗？他在做某一件善事的时候，一度感到幸福。或者，对于这种人，我们能说些什么？他的心理状态是快乐的吗？如果是，幸福就是快乐的一种特殊形式。他的心理状态是不动心或者痛苦吗？那样的话，这个幸福的人就缺乏同情心，即那可以减轻他人痛苦的同情心要么让他整个地处于不动心状态，要么让他产生不愉快的情感。这样的话，如果说幸福是一种特殊的意识模式，只是暂时地作为每种善行的附加品而存在着，那么，那些否认它是一种愉快、否认它是愉快的构成部分的人就得承认，自己不会因为他人的善行而感到愉快，也不会因它而感到不愉快。

换一种说法：幸福指的是，某个全身心投入这个概念所意指的行为的人的生命，在这期间所体验到的感受的总和。这也存在三种可能性：快乐过剩、痛苦过剩、两者相等。如果快乐状态过剩，那么，幸福的生活就可以仅仅通过快乐的相对的量或质，而和其他任何快乐的生活区分开来；那么，它就是那把某种快乐或某种程度的快乐看作它的目的的生活，并假定幸福不是一种缺乏快乐的形式。

如果说幸福的生活是一种快乐和痛苦相互抵消的生活，或者说它是一种快乐小于痛苦的生活，那么，幸福的生活就具有悲观主义者常常断言的那种特征。他会说，灭亡是最好的生活，理由是：如果不动心的平均状态是幸福生活的结果，那么，灭亡立即就可以达到这种生活。如果痛苦过剩是这一被称作幸福的最高的生活的结果，那就更应当结束生命。

作为结论，我们说，没有一个学派能避免把一种人们所乐意的感觉状态当作最高的道德目标，不管人们把那种感觉状态称作什么——舒适、享受、快乐。某时某地某个人或某些人的快乐是这一概念不可动摇的一个方面。

03. 利己主义和利他主义

在道德律令的顺序中，利己主义显然要优越于利他主义。因为，能让生命可能得以延续的行为，一般来说要比所有其他的让生命得以可能的行为——包括让他人受益的行为——更具有绝对的优先性。

从把生命看作一种存在到把生命看作一种进化，同样可以向我们说明这一点。感觉存在已经从低级形态发展到了高级形态，在这一法则下，最高级的形态因为至高性而受到尊重，那些低级的形态则因为低级性而备受歧视。这就是说，利己主义的主张必定优越于利他主义的主张。与这一法则保持一致一直是永远的、必需的，这不仅是为了生命的延续，也是为了增进快乐；因为高级的形态具有更能适应需要的官能的形态——因此，这些官能在其运用中能带来更多快乐和更少的痛苦。

如果我们把利他主义定义为，在一般事物进程中的所有行为都是让他人而不让自己得益，那么，自生命产生之始利他主义就不如利己主义那么重要；因为利他主义行为的缺陷，例如会把后代引向死亡或者使他们不能充分发展，使得未来各代的那种不是利他主义的本性消失了，由此它下降为平均利己主义。简单地说，每一物种都在不断地让自己从那过度利己主义的个体中纯洁化，同时那些过度利他主义的个体也会因此而遭受损失。让我们考察其中的几个方面，在那里，在社会条件下，个人的福利有赖于对他人的福利的尊重。

利己主义在与他人相关联的状态中的充分满足，首先取决于对扩展的努力与所获得的利益之间的正常关系的维持，这是所有生命的基础，这种满足也意味着一种利他主义，因为它可以激励公平的行为和平等的竞争。在很大程度上，每个人的利己主义的满足，取决于这种利他主义行为。因为，它首先意味着公平，其次意味着对他人的正义，再次意味着对执行正义的代理的推动。

但是，个人利益与同胞利益的统一远不止于这些。他关心凡是能激发同胞热情的东西，因为它会减少他购买的代价。他关心凡是能激发同胞摆脱疾病的东西，因为它能减轻他自己因疾病而来的痛苦。他关心凡是能提高同胞智力的东西，因为他人的自大或愚蠢每天都在给他带来不便。他关心凡是能提升同胞道德品格的东西，因为在每一个转折点他都会遭受普遍的没有良心的折磨。

他要直接地获得利己主义满足，有赖于那些对他人有同情心的利他主义的活动。因为，疏远周围的那些人，使他失去了他们所能提供的钱买不来的帮助，与广泛的社会享受无缘，也失去了增进快乐、减轻痛苦的机会。这种机会来自聚集在一起的人们的相互同情。不恰当的利己主义只会搬起石头砸自己的脚，让自己丧失享受快乐的能力。纯粹的利己主义享乐会因为早期生活的过分优裕而让快乐越来越少，在后来的生活中甚至会消失；利他主义的比较少得到满足的快乐在整个生命中被遗忘了，尤其是在后来的生命阶段，它们基本上被利己主义的享乐所取代，而且缺少高级阶段的审美快乐的感受能力。

利己主义对利他主义的这种依赖超出了每个社会的范围，甚至遍及全世界。在每个社会内部，随着社会进化的发展（这意味着相互进化的增加，同时也意味着相互依赖的增加），不用说，这种依赖会越来越大；随着在商业交往中社会的相互依赖的增强，作为一种附属结果，每个人的内部福利会成为他人所关心的事。

尽管社会形态的利他主义缺乏父母式的利他主义的那些要素，尽管它不可能达到相同的层面，不过可以期待达到这样一个层面，即在自发性方面像是一种利他主义。在这样一个层面，对他人的幸福的关切是一种日常的需要。一般的利他主义在发展过程中不可避免地会抵制个人过度的利他主义。利他主义最终体现在三个领域。首先是家庭生活所承担的为延续生命所必需的，另两个领域是社会福利的追求和偶然性、疾病与不幸所提供的机会。

04. 绝对伦理和相对伦理

伦理思考中的大部分困惑，源自于对绝对正当与相对正当之间的区别的忽视。而这些困惑中又有许多困惑是由于这样一个在某个方面所做的假设，即在任何情况下，这两种正当的行为都是道德意义上的义务。

试考虑，一个健康的母亲与一个健康的婴儿的关系。在这两者之间，存在着一种相互的依赖，这是他们的快乐之源。在以自然的食物喂养婴儿的过程中，母亲得到了满足；而婴儿有了果腹的满足。如果这种关系停止了，双方都痛苦。因此，这种行为是让双方都感到快乐的，而阻止这种行为，就会让双方痛苦。所以，这是我们所称的绝对正当的行为。相反地，生产性的劳作作为日常生活的一般追求，那种不胜其烦会让它成为一种错误；结果带给劳作者和他的家庭极大的痛苦，因此错误越大，这种厌烦就越不会出现。这种行为是相对正当的行为。在许多情况下，根本就不存在正当的行为，而只存在这样一个事实，即没有一个人可以决定哪条道路是最小的错误。

假设，某个理想的人按照一般行为标准做事。对于他，就得依据他的本性得以实现的条件来定义。我们必须把理想的人看作是理想社会状态下存在的一种人。根据进化的假设，这两种行为是互为前提的。只有当它们共存的时候，才存在绝对伦理所描述的理想的行为，相对伦理把这种行为称作是一种应当坚持的标准，通过它，可以评估行为离正道有多远，或者错误的程度如何。

正义的公式是："每个人都有自由去做他愿意做的事，只要他不会侵犯他人同等的自由。"

必须承认，伦理意义上确立的完全的财产权的建立，正因为一系列的困难而十分危险。这些困难动摇了伦理意义上确立的完全的开发地球的权利，我们可以通过扫描存在于原始社会的事实来说明这一点，那些事实在文明社会早期的历史中可以追踪到，那就是：财产权根本上就来自平等自由的法则；只有在那一法则推导出来的其他权利不受尊重时，财产权也就无从推导出来。在我们的时代，有许多人寻求让这一权利无效。他们没有看到每一物种得以保存，正因为它适应了生命条件所需的活动这一自然法则的中止，这种中止必然引起生命的不适应，会让生命立即消失，或者渐渐消失。

心灵劳作的产品可真正地看作是人力劳作的产品，因而也是一种财产。

对某个东西的完全所有权，意味着他也有权把这权利转让给别人；既然部分或者整体的禁令，意味着发布禁令的权威所赋予的部分或者整体的所有权，因而也就限制或者抵消了那种所有权。

政府是维护权利的工具——在这边是在很大程度上，在那边是在较小程度上；但不论在多大程度上，它都只是一个工具；也不论在它那里那所谓的权利究竟是什么，它被称作工具乃是由于它在维护权利时的效率。我们承认，社会在不断进化这样一个事实，可是我们不能理性地设定社会本质的统一。一个不得不对别的政治体发号施令的政治体，根本上不同于只对它的构成单位发号施令的政治体。

当某个社会因为别的社会而遭遇危险时，它必需的强制机构就是一个整体，尽管它是来自绝对的正当，可它只是一种相对正当。充分发达的工业社会的必需机构就完全不同。首先它应当是这样一个整体，在那里，每个公民都平等地享有权力。但是，这不是一种合法的推论。因为，人们在一般情况下会因为其利益或可见的利益而发生动摇。因此，在工业社会被充分认识的平等是这样一个东西，在那里，没有个人的代表，只有利益的代表。

我们必须承认的一个事实是，由于人性当下的存在，对于所谓的平等的政治权利的拥有，并不能确保这种平等的权利可以得到维护。

妇女的直接参政权可立足于一点：妇女必须有选举权，因为在别的方面她们从男人那里得不到她们想要的。这就要在实践中争论一点，男人会同意妇女的选举权，要知道，男人会同意妇女的那些诉求，但不会同意妇女自己提出这些诉求。

作为对父母本能的一般描述，对无助者的爱，女人要比男人更为强烈，并且她们把在家庭内部的这一行为同样地延伸到家庭之外，远远超过男人，因而妇女必定比男人更热衷于公共活动。与那些高级的活动相比，这些公共活动常常不正确地被视为是低级的。

这两种性别目前的趋势是，认为公民有按照自己需要提出要求的权利，而他们的需要习惯上又是与他们的贡献成正比的；这一趋势在妇女身上要比在男人身上更为强烈。如果在政治中加以运作，它一定是一件费力不讨好的事。问题不在于权利的维护，那不过是这样一条原则有条理的实施，这原则是：每个人都应当接受他自己的行为引发的善或者恶的后果，这会引起比现在更大更多的不良后果。

05. 国家的职责与未来

父亲的地位总是意味着他拥有支配孩子和被抚养人的权利。在发展起来的国家中，政府的代理人现在不会支持那些他行使权威所面对的人；相反，倒是后者在支持他们。因此，国家功能的理论必须基于一种假定的父与子、政府与人民共同构成的关系，这个理论是虚妄的。国家职责这个概念，曾经适用于希腊的社会，如今被许多人说成是适用于现代社会的。

有人认为，政治伦理属于一种强制性的合作系统，它也可以运用于自愿的合作系统。如果我们现在问，什么样的理论适合于以自愿合作原则组织起来的社会？答案是，超越对正义的维护，不超越正义，国家就无所作为。

毫无疑问，绝大多数人会对这种论述感到吃惊，即否定不加限制的国家权力；也会对这样的论断感到不解，即当国家超越了所规定的限制时，它就会是一种违犯。

如同那些坚持“以牙还牙的神圣责任”、坚持不可能轻易接受宽恕伤害者这样的指令的人一样，我们也不要期待在党派的政治家当中，会对国家职责的理论引起关注。因为他们为了拉选票相互竞争，不惜承诺国家会提供数不胜数的帮助。事实上，这一理论会排除他们所喜欢的大多数计划。然而，我们必须指出，他们的计划与和谐的社会生活的基本原则是不协调的。

当人口的压力因为审慎的制约，尤其是因土地的减少而开始渐渐缩小时，当人们只有在博物馆才能看到远程步枪、大炮、炸弹以及其他具有大规模杀伤力的武器时，社会的同情心就有可能在我们现在难以想象的程度上增加。因为，进化的过程必然赞成自然的能够提高生活质量、增进快乐的所有变化，尤其是这种不需要付出多大代价就能获得的变化。

因为有更发达的情感语言，如声音的和面部的帮助，人性已经能够如此充分地进入他人的情感世界，并把这些情感添加到自己身上。未来的人性必定比现在的人性更伟大、更美丽。在这些人性中，精神生活的大部分就来自对他人的精神生活的参与。

因而，随着适应能力的加强，利他主义将越来越少地成为痛苦的安慰者，而越来越多地成为快乐的增进者。

随着时间的流逝，越来越多的非自私的目标会成为人性进一步进化的方向。最高的方向就是万民同乐。

三十三、伽利略：《关于两大世界体系的对话》

从1624年起，伽利略开始撰写《关于两大世界体系的对话》，原书名为《潮汐对话》，1630年定稿。表面上看，这本书保持了中立的观点，实际上却是在为哥白尼体系辩护，书中还有不少地方隐含了对教皇和主教的嘲讽。它讨论的话题，远远超出了仅仅以数学假设进行讨论的范围。这本书的文笔诙谐犀利，作者善于巧妙地运用讽刺手法，描绘和揭发论敌的荒谬，因此它被誉为意大利文学史上的伟大名著之一。

01．地球是运动的吗？

萨尔维阿塔斯（以下简称“萨”）：现在，让辛普莱莎斯提问。他不相信，地球也和其他行星一样，围绕着一个固定的中心运动。

辛普莱莎斯（以下简称“辛”）：亚里士多德、托勒密等都证明地球在黄道带中心，若地球做圆周运动的话，它就不可能总在黄道带中心。我最大的疑难就是一件东西不可能既在中心而又离中心很远。

萨：地球不可能在其围绕旋转的那个圆周的圆心上，这毫无疑问。但你所说的到底是哪个圆心呢？

辛：我指的是宇宙、世界、星空天体的中心。

萨：从来没有人能证明宇宙是有限的、有形的；而即便假设宇宙有限，是球形的，它有自己的中心，但谁又有证据让我们相信地球在其中心呢？

辛：亚里士多德曾用上百种方法来证明宇宙是有限的、球形的。

萨：亚里士多德之所以得出宇宙是有限的、球形的结论，主要是其根据宇宙的运动推理的；按照他的这种推理，我们也不妨根据各天体的圆周运动来探求适当的中心位置。亚里士多德以地球是世界中心为前提，才得出了一切天体绕地球旋转的结论。但假如他发现这两个命题中有一个是错的，天球并不旋转，或者地球并不是天球围绕旋转的中心，你能不能告诉我，他会放弃哪个命题？

辛：我同意逍遥派的观点。

萨：我问的是亚里士多德的看法而不是逍遥派的。逍遥派否认所有实验和对世界的一切观察，他们只是从属于亚里士多德的一些并不重要的人物；不仅如此，他们还拒绝看这些东西，认为宇宙就是亚里士多德描写的那样，而不承认真实的自然界的情况；而且，如果他们在斗争场中没有了这个权威的庇护，肯定会无比狼狈。因此请告诉我，亚里士多德自己会怎样做？

辛：其实我也不知道如何决定会比较好。

萨：既然如此，那我们就来讨论一下哪种选择会更合理，而即便是亚里士多德也会这样做的。假定亚里士多德那个宇宙是球形的、围绕其中心做圆周运动的观点是正确的，那么各星球绕宇宙中心运动和围绕另一中心运动，哪个更合理呢？

辛：我认为各星球绕宇宙中心运动要合理得多。

萨：但这些星球是围绕太阳运动的，而不是地球。因此，宇宙的中心是太阳，而不是地球。

辛：你怎么能证明星球运动的中心是太阳而非地球呢？

萨：因为时间不同，各行星与地球的距离也是不同的，因此我推论行星旋转的中心不是地球。譬如，金星离地球的距离，最远时是最近时的 6 倍，而火星最高时的高度是最低时高度的 8 倍。

辛：那么又有哪些迹象能证明行星环绕运动的中心是太阳呢？

萨：我们发现火星、木星、土星这三个外行星，总是在与太阳相冲时离地球最近，与太阳相合时离地球最远，而且这两个距离相差极大；火星在离地球近时，几乎要比其离地球远时大 60 倍；金星和水星时而在太阳之上，时而在太阳之下，但从不远离太阳，因此毫无疑问，它们也是在围绕太阳运动。

沙格里达斯（以下简称“沙”）：我认为地球的周年旋转是比其周日旋转更奇怪的现象。

萨：你说的没错。地球的周日旋转让宇宙似乎是沿反方向旋转，但地球的周年运动却让各行星的运动变得复杂。现在言归正传。我确定地球也和金、木、水、火、土五大行星一样，以太阳为中心而旋转。而月球在围绕着地球旋转的同时，也跟随地球在绕太阳旋转。五大行星以太阳为中心而运动是已经确定的事实，那么在一个运动球体中，说中心静止不动远远要比说远离中心的一点静止不动更加合理，因此，我们更有理由认为那个静止点是太阳而不是地球。因此可以认为太阳静止不动，而地球是有周年运动的。如果该结论成立，假设太阳和地球都是静止的，那么一年中就有六个月白昼，六个月黑夜。由此看来，地球也同样在作周日运动。同理，就能确定这个结论：宇宙不是以 24 小时的急速运动在旋转，而为什么各个恒星像太阳一样静止不动也清楚了。

沙：这是个简单而又能让人信服的说法。但在毕达哥拉斯和哥白尼刚提出这种说法时，相信的人为何会那么少呢？

萨：庸俗的人顽固地听不进任何琐碎的理由。如果你了解这点，就不会为相信的人少而奇怪了。我们无须记录那些笨人的蠢事，也不必为了使他们关心博大精深的理想而浪费力气。愚者的头脑是用任何实证都难以启发的。

沙：我有和你不一样的好奇。你奇怪的是很少人相信毕达哥拉斯假说，而更令我奇怪的则是居然有人相信他的观点。我真的很赞扬这些人，他们用卓越的才智接受了这个假说并认为是真理，这个假说能打动他们，让他们放弃以感觉经验所获得的东西，相信理性推断出来的东西，他们有如此灵巧有力的判断力。这理性让我无限钦佩，因为它强有力地打动了阿里斯塔克和哥白尼的心意，让他们不顾一切地坚决相信它。

沙：哥白尼体系还会遇到强烈的反对吗？

萨：肯定会的，因为反对它的还有很多明显的事实。因此，理性还需要比一般庸俗意识更高的意识的帮助。

沙：那么我们就向那些矛盾事实宣战吧。

萨：我已经准备好了。首先，哥白尼体系与火星本身就很不相容。因为我们实际看到的差别，与哥白尼体系所认为的火星离地球最近时应当比最远时大 60 倍不同，它反而会小。对金星也有不明白的地方，如果金星和月球一样是暗的，只能靠反光发光，那肯定会和月亮一样有盈亏之相；但事实上却没有。另外，月球只绕地球旋转而不是绕太阳旋转，这也不符合哥白尼体系的整个秩序。哥白尼自己也承认他的体系还存在一些重大疑问。但我所说的这三大难点并不是实际的难点。事实上火星、金星的大小变化是符合理论要求的，而且金星也与月球有着同样的形状变化。

沙：为什么哥白尼没有发现你发现的这件事呢?

萨：因为上帝在我们这个时代，赐给了人类一种智能工具，它能完善人类有缺陷的眼睛，能放大小的或者远的东西，甚至能放大到 40 倍。

沙：但是为什么肉眼能看到金星和火星，却无法分辨它们的大小和形状差异呢?

萨：若远处周围的物体发光，那么在我们眼里，它的实际尺寸就会大 10 倍、20 倍甚至 1000 倍，因此我们无法把它们实际的形状和大小分辨清楚。物体越小，其放大比例就越大。如果在直径 4 英寸（1 英寸约为 2.54 厘米）的圆上增加 4 英寸的光线，这个圆看起来就有原来的 9 倍；而如果是在直径 1 英尺的圆上添加 4 英寸的光线，该物体就会被放大到原来的 81 倍。而且物体的亮度越强，光线放大的倍数就会越大。如果用一根管子或望远镜看星星，就会切掉周围的光线，因此能更清楚地看清星星的真实轮廓。因而通过望远镜看金星，就能看见金星的各相与它在不同距离时的大小差别了。

沙：啊，如果尼古拉·哥白尼看到他的新见解得到证实，一定会非常高兴的!

萨：但是他的伟大思想在知识界拥有的声誉却如此小！感官否认了他的东西，但他又不断地去肯定，这真让我觉得惊奇。至于月球的运动，我们可以从望远镜中看到，有 4 个卫星也在围绕木星旋转，因此这也符合它的体系。

沙：哥白尼的学说纠正了托勒密假说里的缺陷。托勒密体系里的一些运动是畸形的、不规则的；但在哥白尼的体系里，所有物体都围绕它们的中心在均匀地运动。托勒密体系认为，天体一定会有从东向西和从西向东的两种方向相反的运动；哥白尼体系认为天体运动的方向都是由东向西的。另外，为了解释行星运动的不规则性，托勒密不得不采用极大的周转圆描述每个行星的运动；但在哥白尼体系中，却简单地用地球的周年运动解释了所有的不规则性。除此之外，太阳黑子也能证明哥白尼体系的真实性。

02. 太阳黑子及它所证明的东西

萨：我们的“博学者林萨斯”，即伽利略·伽利莱是第一个发现和观察太阳黑子的人，他也是第一个反对那些因过于胆小、猜疑而坚持认为天空不变的人；而且他还确定了太阳黑子是忽生忽灭的东西。他认为，黑子是绕太阳旋转的或是被太阳带着转的。黑子划出的弧线与黄道面平行，因此如果是太阳带着它转，其结论就是：太阳是绕着垂直于黄道的轴旋转的；他认为所有脱离那些平行路线的偏差都是由偶然变化导致的，正如云被地球旋转所带动而受到的影响一样。但当他更细密地观察太阳的一个非常大的黑子时，却发现它的路线不是直的，而是有些弯曲，于是我们的“博学者”脑中突然产生了一种奇想。他说：菲利普，我认为这件事非常重大，我们能据此做一个非常重要的推论，如果太阳的旋转轴与黑子路线暗示的不同，不与黄道面垂直的话。我意识到这将是个伟大的境界，于是再三请求他继续说下去。他告诉了我他的奇想，假设地球是沿黄道绕太阳运动，而太阳是在中心绕着与黄道的轴成交角的轴运动的话，那么不管太阳的轴如何固定，黑子的运动仍然会产生不一般的变化。首先，在随地球旋转的人眼中，太阳黑子好像每年只有两次按直线前进，其他时间其轨迹都是弧线。其次，每年六个月这些弧向上凸出，而另六个月则向下凸出。最后，黑子有六个月在露出时高于它消失时的平面，另六个月则比它消失时的平面要低，并且每两年间只有两天时间，它会出现和消失在同一个平面上。

沙：萨尔维阿塔斯，请恕我冒昧地打断您；但是我觉得，让您继续这么“信口开河”般地说下去，也是不礼貌的。坦白地说，您的结论没能给我一个明确的概念。

萨：当我刚听这些抽象解释时，和你的感觉一样；但他最后借助一个球把事情说清楚了。现在这里没有球，我就在纸上画一个圆。地球围绕太阳运动，太阳围绕和黄道轴成交角的轴旋转，现在我把太阳黑子应有的运动指给你看。根据数月连续的多次观察，已经非常精确地记录下太阳黑子在不同时间移动的路线，最后发现各个位置都能和这个运动密切吻合，从而也就证实了他的推想。

沙：辛普莱莎斯，假如萨尔维阿塔斯说的没错，那托勒密派和亚里士多德派就必须拿出更强有力的理由和正确的实验来证实他们的理论了。

辛：先生，等等。根据我的逻辑，我并不强迫自己相信哥白尼的假说。虽然哥白尼的假说能解释太阳黑子变化不定的路线，但并不能说没有其他的原因能造成这些变动。我确定太阳动而地球不动这一观点，除非你能确定，所有关于太阳绕地球转的假说都不能解释太阳黑子路线的变化。

沙：辛普莱莎斯这样坚持自己的意见，并巧妙地为亚里士多德和托勒密辩护；但萨尔维阿塔斯肯定也有他的反对意见。

萨：我也经常考虑这一点：假设地球静止不动，黑子的运动是得不到令人满意的解释的，因为这种假设只能强迫地认为太阳有四种动作，才能说明这种运动。第一，运动的黑子必须是由太阳带着旋转的。第二，交角必须在太阳的旋转轨道和黄道之间。第三，由于太阳黑子路线有斜度和曲度，因此这个交角也必须是变动的。因为交角和曲度会随着这些位置的变化而时大时小，因此必须肯定这些黑子围绕其旋转的那个轴本身就有其特殊的旋转形式，它的两极在另一个轴——就像我解释的，这个轴必须是太阳的轴——的两极附近划两个圆，圆半径等于这个轴的交角度数。由于这些黑子的路线上各不同的外相的周期正是一年，因此此轴的旋转周期必须也是一年。这个轴的旋转不是在已明确证明的最大交角和曲面的各点附近，而是在另一个与黄道轴平行的轴附近。最后，假如地球是固定不动的中心，那么太阳就必须在两个不同的轴上绕其中心做两种运动，一种是一年旋转一次，另一种则是不到一个月旋转一次，我认为这个假定很难成立，甚至可以说它不可能成立。

沙：这是我所听到的所有的天才论说中最能折服我的、值得理智地去赞美的伟论了。我想坚持旧说的人，一定从没听过或者根本就听不懂这些令人信服的论证。

萨：我不想谈论人们是否能信服这些理论，也不想解决这个大问题，我只是提出了哥白尼理论和托勒密理论所依据的那些自然事实。

三十四、达尔文：《物种起源》

达尔文多年来一直将研究的目光专注于对相当物种的考察方面。1859 年出版的《物种起源》即是其研究的结晶，该部巨著的副标题是：生存竞争中的优胜劣汰。这一理论首先陈述了进化的原因，最后提出了进化存在的根据。这一提出观点的方式无疑是经过深思熟虑的，因为在达尔文之前，人们由于看不到具有说服力的依据，而一直无法接受进化论。在达尔文的另一部巨著《人类的由来》中，我们能发现这是《物种起源》的逻辑结果。

01. 作者的进化观念是如何产生的

以一位自然学家的身份，我曾经乘坐“比格尔号”来到南美洲旅行。在这次旅行中，令我感到异常惊讶的，是那里的生物分布以及古今生物与地质的关系。对于这些事实的客观存在，也许提供了一种证明，证明了我国一位最伟大的哲学家所说的玄而又玄的问题：物种起源问题。1837 年，我返程归国后，一个灵感降临到了我的内心深处：耐心地积累和思索一切可能与这个问题有关的事实，就能够解决其中的难题。一位自然学家在探讨物种起源问题时，面前会出现很多问题，诸如生物的相互亲缘关系、胚胎关系、地理分布、地质层次以及其他类似的事实。这时，他可能会得出这样的结论：物种不是单独产生，而是像变种一样，由其他物种传留下来的。然而，即便有充分的证据，我们还是要说明这样一个问题，即世界上无数的物种如何变异到结构和互相适应完善得能使我们惊异的程度，这个问题不能说明，那上面的结论还是难以使人真正信服的。

一些自然科学家认为，唯一可能导致变异的原因是气候、食物等外界条件。在一定程度上说，这个结论是正确的，但如果认为动物的构造都是由外部条件造成的，那就是极端荒谬的了，这也是绝对化带来的误区。我们以槲寄生树为例。槲寄生的养料来自某些种树，种子的传播依靠鸟儿，进行异性授粉也必须借助某种昆虫。如果我们把这种寄生植物的构造和几种特殊生物的关系，都用外界条件、习性或是植物本身意志的影响来解释，那必然也是非常荒谬的。

因此，判别变异和互相适应的方法是极其重要的。在开始观察时，我发现通过细心研究驯养动物和栽培植物，似乎可以找到最佳机会来理解这个难以解决的问题。我向来是乐观的，失望从来不曾侵扰我。在这个及其他复杂问题上，虽然我们对驯养下的变异知识不甚了解，并且一直未曾改观，但是我们总可以抓到一条最好的线索。尽管当前的很多问题都还不能明确说明，并且长期以来依然如此，但我敢肯定：大多数自然科学家直到最近还坚持的观点——每个物种是分别单独产生的——是错误的，当然，这也是我过去的见解。我确信物种是可以改变的，如同任何一个物种都是它的已知变种的祖先一样，已灭绝的属的物种也是我们所称作同一属物种的祖先。我们知道，自然选择是最重要的变异方法，但并不是唯一的变异方法。

02. 植物界和动物界的变异与选择

世界上的生物必然或多或少地有些不同，对我们来说，尽管非遗传性的变异并不重要，但它们构造上存在着可遗传的变动，其数目和种类却不计其数。

我相信每一个豢养家都坚信遗传的规律性，并对此从没产生过怀疑。只有那些不注重实践的理论家才会持与之相反的观点。正如我们前面所说，一些构造上的变动可能会十分频繁，在这种情况下，如果父子两人身上都发生这种变化时，我们不能够轻易地断定遗传因素起到了多大的作用；但在另一种情况下，如果个体所在的条件并没有什么不同，但亲体由于环境的特殊原因而发生了概率只有几百万分之一的罕见的变异，同时，在它的子体身上也出现了同样的情况，那么，即便只借助于机会论，我们也可以非常肯定地认为这是遗传所导致的结果。

众所周知，同一种疾病可能降临在同一个家庭的多位成员身上。在科学意义上，构造的变动确实比较罕见，如果这种变动都被打上遗传的烙印，那么一些比较常见的普通变动理所当然也能被认为是遗传所致。这个问题向来争议很多，但最符合科学规定的应该是：所有问题的根源应该都在遗传因素那里，其他的想法则都是极其愚昧的。

到目前为止，我们只掌握了关于遗传规律的很小一部分，还有很多现象是我们无法解释清楚的。比如同一物种的不同个体或不同物种的同一特征的遗传或不遗传都是不确定的，有时这样，有时又那样；有些子女竟然出现了和他们的祖辈相似的一些特征；一种特性的遗传常常由一性传到两性，或只传到一性，同性之间的遗传更为多见，但也不是绝对的。

在遗传的选择方面，人类的实践产生了非常大的影响，这一点可以充分证明遗传的存在。为了满足多方面的要求，人类驯养了许多动植物，它们自身最终变得非常适应周围的环境。各种动物在刚被驯化之初，其实并没有像今天这样发挥这么强大和完美的作用。只要愿意，我们有许多这样的机会来验证这个结论。我们之所以在今天得到了这样一个结果，最重要的因素在于我们人类一代接一代的选择，并对其进行了积累。如果人类没有参与其中，物种也会发生自然的变异，只是不一定对人类的发展有益；而人类最大的贡献在于，充分考虑到自身的利益，将动植物的一些变异积累起来。因此我们可以说，为了服务于自己，人类制造了有用的品种。

在现实中，我们也能够找到人类在自然的发展上做出的伟大贡献的根据。在我国就有这样的突出例子，比如有几位著名的育种家倾尽毕生心血去研究良种羊和良种牛。良种动物在买卖市场上可以卖得高价钱，这就是英国育种家所获得的成就，并且它们已经被出口到世界各个地方，可以说是风靡全球。同样，园艺家们也进行了相似的研究。对比一下现在的花和仅仅是二三十年前所画的花，我们就能够发现他们所获得的惊人结果。

通过研究各种驯养动植物的起源，我们就可以很容易地得到相应的结论。生活条件的改变，对生物体制发生直接作用，而对生殖系统发生间接影响，这些都对变异的产生起着极其重要的作用。此外，某种来历不明的自发变异也在发挥着作用。身体各部分增加使用或不使用，也同样会产生某些效果。

这样一来，最终的结果将是谁也无法预料的。在一定条件下，一些品种的产生有很大一部分要归功于各种不同物种的杂交。一旦有某些品种在某个地方形成后，如果它们之间偶然发生了杂交，恰好选种这时也发挥了作用，那么，我们很容易就会得到新的分品种。但似乎一直以来，无论是在动物界还是在植物界，杂交的作用都明显地被人们抬到了一个过高的位置。但实际上，起到关键作用的因素应该是选择作用的不断积累，无论是有意识迅速地运用，还是无意识缓慢但更有效地运用。

03. 物竞天择，适者生存

我们要应用这些原理，首先要确定那些试验的对象有发生变异的可能性。实际上，令我们惊奇的是，变异无处不在。对于那些所谓的分类学者来说，自然界中随处可见的差异并不是值得特别关注的，但对我们而言，它们却是具有致命吸引力的，只是因为它们所具有的遗传性；这些变异使自然选择不断由可能成为现实，我们上面所说的人们为了使生物满足自己的需要而有意识地驯养它们，使得它们满足于人类的差异不断得以积累，其情况也是相同的。进一步说，如果我们不仅仅局限于眼前，变种无论怎样都和物种有着千丝万缕的联系；如果承认物种的前身是变种，并且它的最初形式也是作为变种而存在，就会很轻松地接受这个观点。反之，如果认为物种和变种之间毫无关系，物种是独立产生的，就会认为这个观点荒谬至极。

不同的适应关系遍布整个自然界，它们存在于每个个体的不同部分之间，各个部分对环境之间，以及一个生物对另一个生物之间。对此，我们甚至不禁要问：这些关系究竟是如何发展到今天如此美妙的地步的？我们发现，这种美妙的适应关系存在于世界上任何一个地方！

自然界中的各种变异，无论是多么轻微的，也无论是由哪种原因促发的，由于生存竞争无处不在，只要能够在一个物种的个体与其他生物以及自然生活环境之间的无限复杂的关系中，找到任何好处，它们便能实现自我个体的保存，并将这个特征传给自己的下一代。它们的后代也因此能够具有更大的生存机会，这是因为任何周期性产生的物种的许多个体，能够生存的只有一小部分。这个原理——只要有用，任何轻微的变异就能保存——就是我们称道的自然选择，从而说明它与人类的选择能力的区别和联系。按照赫伯特·斯宾塞常用的话来说，那就是“适者生存”，这样来形容倒是更贴切一些。

事实证明，通过这个选择，人类已经获得了很多显著的好处。另外，人们还把这些自然赐予的许多轻微但富有价值的变异选择性地累积了下来，从中获得更多适合人们的用途。

自然选择是一种力量，它随时都能发生作用。相对于这种力量而言，我们人类本身的力量是非常渺小的。大自然对人类的恩赐是巨大的，而无论我们花费多大的功夫所进行的创造，在大自然的生灵面前都是班门弄斧。竞争是生物生存的基本原则。在我看来，重要的不是仅仅了解或口头上承认竞争的普遍存在，而是记住它并严格地按照这个规律去办事。如果不用竞争的观点去分析大自然存在的一切现象的话，我们就会被一些假象所迷惑，甚至得出完全错误的结论。我们也许会认为，大自然永远都是和谐的，永远都充满了生机与活力，也绝不会发生食物危机。但事实上，还有一些隐藏在这些背后的真相——鸟儿为了生存下去，需要残杀其他生命，比如虫子和一些种子；同时，其他猛兽也在威胁着它们自己或是卵和后代的生命；它们的食物也不是很轻松就能够获得的，取之不尽、用之不竭的情况就更谈不上了。

生物的物种在不断增多，并呈现出逐年递增的趋势，广义来说，这是导致生存竞争出现的必然因素。

所有能繁衍后代的生物，都无法逃脱死亡的命运，但死亡的时间并不确定，也许会在一生的某一个时期、某一个季节或在某一年中。我们都知道，生物物种的数目是按几何级数增加的，如果毫无节制地发展下去，恐怕没有足够大的空间来容纳它们，因而必须有一些出生的个体是无法存活下来的。如此一来，竞争也就不可避免了。竞争无处不在，在同种的个体之间，异种的个体之间，个体与自然生存环境之间都可能存在着竞争。这个理论完全正确，它使得马尔萨斯学说更加具有说服力，也使我们观察动植物界时有了更加可靠的理论依据。对于大自然的规律，我们只能尊重，而不能把自己的意志强加于其中。虽然有些物种的数目可以暂时有所增加，但如果其他的物种也都这样无限制地繁衍下去，我们迟早会承受不了的。

如果没有人类的干涉，一种生物会在很短的时间内繁衍出很多后代。仅用很短的时间，一对生物所繁衍的后代便会布满世界的所有角落。这是绝对可能的。以人类为例，我们的繁衍速度是比较慢的，但仅用 25 年的时间就能增加一倍。这样，用不了 1000 年的时间，世界就会被人类占满。林纳曾经用一株一年生的植物举例，假设它一年只产两颗种子，这两颗种子的每一颗又会产下两颗种子，以这种几何级差的规则发展下去，20 年之后这株植物便会发展为 100 多万株植物。但实际上，它一年所产生的种子要远比两颗多得多。

在动物界中，迄今为止被认为繁衍速度最慢的是象。我曾花费了不少精力，去研究它可能出现的最慢的自然增加速度是多少。最可靠的估计应该从它 30 岁生殖开始算起，一直可以持续到 90 岁，期间它有 60 年的时间可以用来繁衍后代。在这 60 年中，它一共生 6 只小象。如果这个假设成立的话，经过 500 年，第一对象的后代将有 1500 万头。

到底是什么使物种不会无休止地增加下去，这一点我们很难知道。一般来说，动物的卵或一些非常幼小的动物由于生存能力比较差，往往不能存活下去，但也有特例。至于植物，损失的大部分都是种子。通常我们会根据一个物种的食物量来判断这个物种到底会增加到什么程度。出人意料的是，与我们想象的不同，决定一个物种的平均数量的，往往不是它们的食物量的多少，而是它们自身成为其他动物的食物的可能性的大小。还有一个很重要的原因是气候，尤其是一些恶劣的气候，例如，周期性发生的极冷或极旱的季节就可以使一些生物无法生存，从而使生物的数量得到有效控制。

在激烈的生存竞争中，所有的生物之间的斗争非常频繁，关系非常复杂，其程度令人瞠目结舌。为了生存，各种生物不断地进行你死我活的斗争，直到一方取得不同程度的胜利。但无论它们之间的斗争多么激烈，我们单单从表面上是看不出任何变化的，因为最终整个自然界的各种力量都会保持一种平衡，相当完美；不过事实是，只要两个生物之间进行斗争，且一方取胜，就会有一种生物得以保存，而另外一种就会消亡。但通常，由于这种变化并不非常显著，人类往往感觉不到，以至于某一生物突然灭亡的事实直到现在还不能被人类所接受。

生存竞争是随处可见的，其中更加激烈的是发生在同一物种的不同个体之间以及变种与变种之间的竞争，尤其是双方地位大致相同的关联类型之间的竞争。但至于生物之间到底是一种怎样的关系，我们也知之甚少。我们只是知道一个事实，即每一种生物都在以几何级数这样一个速度来繁衍自己的后代，数目不断增加。而且它在生命中的任何时期都必须为随时可能到来的竞争做准备。在某些竞争中，它极有可能会死去，但我们不必过于恐慌。因为竞争是永远存在的，一种生物战胜了另一种生物后，健康而充满活力的生命会存活下来并不断发展，消失的则是那些即将被淘汰的衰老的生命。

04. 生存竞争如何控制变异

接下来，我们还必须弄明白几个问题，如生存竞争是如何对物种变异发生作用的；虽然选择的原理对我们人类来说非常有效，但对自然界是否也同样适用呢？以我个人的观点，我认为这个原理将会发挥极大的作用。生物总是会发生变异的，无论是被驯养的生物，还是生活在自然状态的生物，它们都会因为变异而产生个体间的差异。只是在自然状态下，变异的速度比较慢罢了。遗传趋势也显示出它的极为强大的力量。从人类可以对生物进行驯养这个事实可以看出，人类可以在某种程度上按照自己的意志改变自然界，换句话说，整个生物体制在某种程度上具有可塑性。

动物在人类驯养的过程中会发生变异，但并不是人类创造的变异。人只能利用自然规律，而无法改变它。人不能毫无根据地创造变异，更不能阻止它的出现，我们所能做的只是把已经产生的变异积累下来。在人类的影响下，生物的生活条件发生了变化，生物的变异也就产生了。但实际上，即使没有人类的影响，生物的生活条件也会发生变化。

同样，还有一个事实是，不同的生物之间以及生物与自然生存环境之间，存在着十分复杂的关系，它们相互之间的配合也十分紧密。在这种情况下，一旦生存条件发生变化，如果每一种生物的结构都与其他生物有所不同，那它们之间便可以互相利用，这对每一种生物来说都是非常有益的。既然人类能够使生物按照有利于自己的方向发生变异，那么我们也有理由相信，随着生物之间生存竞争的愈演愈烈，对有利于各个生物某方面发展的其他变异同样也会一代接一代地发生。

如果我们确定这种变异的发生，同时又知道最终存活下来的个体数目远远低于出生的个体数目，那么，我们是否还会怀疑这样一个观点呢，就是如果一个个体有任何一方面是优于其他个体的话，那么相对来说，这个个体的生存和繁殖的机会就要比其他的要多一些。从另一方面来说，我们也几乎可以肯定，与之相反的一些变异，哪怕只具有微不足道的害处的话，都必将遭到无情的抵制或破坏。如果个体的差异与变异对自身生存有益，就会得以保存；如果有害，就被抵制或破坏。这种现象就叫作自然选择或“适者生存”。

在很多时候，人们不能正确地理解这个名词。如果变异对生物的生存既无益又无害，它就不会受到自然选择的影响。我们不确定自然选择能否引起变异性，当然，这里的变异指的是保存已经产生出来而在生物的生存条件下对它有利的变异。另一些人则指责我把自然选择看成了神或一种积极的力量，但试想一下，会有人反对一个作家说行星的运动是受引力的吸引控制这件事情吗？事实上，很难避免不把“自然”这个字人格化。已经肯定的事物秩序便是我所谓的“法则”，而许多自然法则的总作用与总产物就是我所说的“自然”。

人类利用的许多选择是有系统的和不经意的，但这些选择实际上能够而且已经产生了很大的功效，那么为什么自然选择做不到这一点呢？除非外表是有利于某一个生物的，否则自然就不会在意外在形式的；与之相反，人类只能作用于外表的和可见的性状。但自然却可以作用到甚至每一个内部器官、每一种体制的差异以及整个的生命机构。

人类和大自然都在进行选择，但其目的各不相同。人类是为了更加有利于自己的发展，而大自然则是为了世界上一切有生命的个体的发展。通过大自然对生物的自然选择，生物的每一种被选择的性状都得到充分发展。我们只会根据自己的需要，把不同生存条件下原有的生物集中到一起，让它们共同生长，但我们却万万做不到像大自然那样，充分锻炼每一种被选择出来的性状，并为其创造一种适合它生长的环境。我们以鸽子为例，鸽子有长嘴鸽子和短嘴鸽子，尽管它们有所不同，但人类在饲养它们的时候使用的却是同一种食物，并不区别对待它们。与此类似，长腿的四足动物之间也是不同的，但人类同样看不到这种差异，更不会针对这些差异进行有效的锻炼。人类会让长毛和短毛的羊在同样的条件下生存。人类既不会让最强壮的动物得以充分发展，也不会让最弱小的动物灭绝，只要是人类经过选择而产生的生物，他都会让它继续生存下去。人类往往会首先选择已经发生变异的生物，或是明显看出具有能满足他们自身需求的特性的生物。

自然界是极其脆弱的，体制或结构上存在的极轻微的差异，便能使自然界的平衡被破坏，并导致生存竞争的出现愈演愈烈。接着，变异便出现了，并得以保存下来。与大自然相比，人类是反复无常的，他往往不能把任何一件事坚持到底。所以我们说，大自然是万事万物生长的源泉，它在千万年漫长的时间内创造出我们今天所见的面貌。而我们人类在整个变化中所做出的贡献则是非常渺小的。我们不得不承认大自然创造出了比我们人类更加令人惊异的生物，在这一点上，我们永远都无法与之比肩。

打个比方来说，自然选择就好像是时时刻刻地在整个世界中仔细寻找极轻微的变异，期间，它淘汰了坏的，保存下了好的并积累起来。这个工作悄无声息，让人难以觉察，它随时随地一有机会便立即改进一个生物对生物和非生物对非生物的生存条件的关系。这些变化是如此缓慢，如果不是经过了很长的时间，其间的差异是不容易被我们看出来的。而此时我们对以往遥远的地质年代的知识又是那样贫乏，能够看到的只是古今的生命类型区别而已。

自然选择既可以使子代对亲代的生理结构改变，也可以使亲代对子代的生理结构改变。以社群性的动物为例，只要整个社群能在某一次被选择中得到利益，它便可以使整个社群的每个个体的结构适应于全体社群的利益。自然选择不可能只改变一个物种的结构，而不使它自身或者对其他物种赢得任何好处。尽管在很多自然学说中都曾出现过关于这种改变的叙述，但我却认为现实中还没有任何实例可以经得起相应的检验。

通常，如果是对动物的一生只起到一次作用但又非常重要的结构，自然选择便可以把它改变到任何限度。比如某些昆虫类的大爪子是用来打开茧子的，而某些未孵出的鸟类嘴上的硬尖是用来啄开蛋壳的。有人经过长期观察后发现，短嘴翻飞鸽的很多幼鸟死在蛋壳里的比能出来的比率还要大。于是，很多玩鸟的人便想方设法帮助它们孵化出来。但实际上，如果自然界为了这种鸟类自身着想而要使鸽的嘴变得很短的话，那么这改变的过程便一定是很漫长的。与此同时，自然界肯定对蛋壳里的幼鸟有很强烈的选择，嘴喙弱的必定要被淘汰掉。否则，处在容易破的蛋壳里的幼鸟将会成为自然选择的优胜者，大家都知道蛋壳的厚度也和其他各种结构一样是可以发生变化的。

任何一种生物都必然会遭到许多意外的破坏，但是这种破坏几乎不会影响到自然选择过程。举个例子来说，每年都有很多卵和种子被其他动物所吞食，它们必须发生某种能保护它们避免被吞食的变化，才能在自然选择过程中发生变异。而且相对于任何其他存留下来的个体而言，这些发生变化的卵和种子所产生的后代个体，很可能更能适应周围的生存环境。

同样，无论是否能够最好地适应环境，每年都会有大量的成熟的动物和植物遭受意外原因的破坏。而这种破坏即使在结构或体制上有某些在其他情形下对物种有利的变化，也不会有任何程度的减轻。

成熟的动物和植物所受到的破坏即使这样严重，但只要不因此而使在任何一个区域中能延续下来的数量完全压抑下来的话，那么那些最后生存下来的适应性很强的个体，如果变异性在任何一方面对它有利的话，就依然能够得到较大数量的繁殖。

我们确信，低等生物是否能够继续存在的问题根本不用怀疑，这是肯定的，因为自然选择并不总是进化的发展，它只是利用那些已经发生出来而又对在极复杂的生存条件下的生物有利的变异。

仅仅是时间的作用，并不能对自然选择起到什么正面或反面的作用。我提出这一点是因为有人曾错误地认为，我把时间认定为导致物种变化的首要因素。实际上，就好像是一种必然会发生的事情一样，所有的生命形态由于某种内在的法则必然会经历变化。

05. 性选择在生活中的作用

性选择是一种不依靠对其他生物或外界条件的生存竞争，而依靠一种性别中的所有个体之间因为占有异性而发生的竞争的选择。

因此，性选择不如自然选择那样强烈。在通常情况下，能获得最多后代的，是那些最强壮且又最能适应自己在自然界中的地位的雄性。在很多时候，它们能够获得胜利，依靠的并不是自身顽强的生命力，而是它们特有的武器。正因如此，没有角的雄鹿或没有后爪的雄鸡，是很少有机会留下许多后代的，甚至根本不会有后代。性选择由于常常是勇猛者胜出，所以必然能够产生勇猛、长后爪和长翼以及后爪脚有打击力的雄鸡，这种情形就像斗鸡的人会仔细选择最威猛和竞争力最强的雄鸡一样。

我不清楚这种斗争的法则究竟是从哪个古老的时代传下来的。曾有记载说，雄鳄鱼为了争夺雌性，会像印第安人跳战斗舞一样，激烈厮打、大声吼叫、围着绕圈。有人看到过雄鲑成天地厮打搏斗，雄锹形虫有时被其他雄性的嘴咬伤，或者某些昆虫的雄性仅仅为了占有蹲在旁边的雌性而拼命厮打，但显然，那只雌虫是一个冷眼旁观的观众，它只是在战争的最后选择和战胜的那只雄虫同行，而对于战争本身，它却丝毫不在乎。

在多配偶动物的雄性中，这种为了占有雌性的斗争可能是最激烈的。这些雄性似乎通常具有特别的武器。雄性肉食动物本来已经都具有很好的武器了，可是通过性选择的方式还可能给它们再添上一些特殊的防卫物，如狮子的鬣、鲑的勾颚等。“盾”也许和“矛”具有同等重要性。

相对而言，鸟类之间的这种竞争就比较平和一些，没有那么多的厮杀和搏斗。如果曾注意过这个问题的话，大家就都会相信，很多雄鸟赖以吸引雌鸟的，不是战争和搏斗的胜利，而是美丽的歌声。当然，这也是充满了激烈竞争的。圭亚那的野画眉、极乐鸟和其他几种鸟都集结成群，而雄鸟却一个跟着一个轮换着在雌鸟面前使尽浑身解数，十分卖力地表演，用最好的姿态显示它们的羽毛，而且还常常做出稀奇古怪的姿态。这时，雌鸟只站在旁边袖手旁观，最后选择一个最心仪、最富有吸引力的作为伴侣。

06. 物种是怎样经常改良的

在驯养动物的过程中，我们能够知道周围生存环境的改变能产生或至少能激起物种结构的变异，但由于效果很不明显，致使我们往往认为变异是自发产生的。变异性要受到很多相关法则以及相关生长、补偿作用、器官的增加使用和不使用、周围条件的一定作用的支配。我们不太确定驯养生物究竟能使生物发生多少改变，但我们却能够确定其改变程度是很大的，而且它们也可以遗传相当长一段时间。只要生活的周围环境不发生改变，我们就可以相信一个已经遗传了许多代的变异会继续遗传几乎无数代。我们也有证据可以证明，所有产生了的变异性都能够用在驯养条件下继续一个相当长的时期，并从不会中断，因为我们最古老的驯养生物的方式有时还会偶然产生新的变种。事实上，人类并不是导致变异性产生的原因，我们只是无意之中把生物放置在新的生存环境下，然后自然便在生物体制上发生作用，从而致使其发生变异。人能做的还有另一点，就是选择自然所带给它的变异，然后按照自己的需要，以一个方式把合适的变异累积起来，使得动植物能够对人类更加有益，或者更加适应于人类的爱好。人类在进行这项工作时可以是有计划的，也可以不打算改变品种而又在无意识中保存他们认为是最有用的或最具观赏性的个体。

如果有人在连续的几代物种中，每次都把那些普通人根本觉察不到的极其细微的个体差异加以选择，结果就一定会使一个品种的性状受到影响。无意识的选择过程是造成最显著和最优良的驯养品种的主要渠道。有很多人培养的品种是如此的优良，以至于我们有时会怀疑这到底是变种的还是别的完全另类的物种。通过这一小点，我们便能证明人类造出的品种在很大程度上具有与自然物种相同的性状。

我们不能否定这种在驯养条件下发生有效作用的原则在自然条件下也能够起到作用。能够在激烈的生存竞争中存活下来的，都是条件优越的个体和族类。这一点向我们证实了，这种选择方式是非常强大并具有永久性的。

在各种生物中，都存在生存竞争，这是生物高度几何增加率的必然结果。这种增加率已经由计算证明，并由许多动植物在许多特殊季节以及在新地区适应水土以后的迅速增加所证实。能够存活下来的个体数量要比出生的数量少。这个天平上的毫厘之差，便能决定哪些个体生存下来，哪些个体被淘汰，哪些变种数量会增加，哪些变种会减少或最后灭绝。

由于同一物种中的个体之间在各方面都有着持续的竞争，因而它们之间的生存竞争通常都非常激烈，即使是同一物种中的不同的变种之间，竞争也几乎同样激烈，相对而言，同一属中各种之间的竞争激烈程度则要稍逊一筹。从另一方面说来，生理结构和地理位置相差很远的生物之间的竞争也常常十分激烈。某些个体哪怕它的优势非常小，能胜过那些和它们竞争的个体，或者哪怕只是对环境的适应能力比同类稍胜一筹，也都能够在长远的进化过程中让生物界的平衡发生改变。

在雌雄异体的动物中，雄性之间的竞争，大多数都是为了占有雌性。那些身体最强壮的，或者在生存条件中取得胜利的雄性，一般都将留下更多的后代。但特殊的武器、防卫手段或自身特有的引诱力，通常也是决定其胜负的主要因素。在这些方面，哪怕只有非常微小的一点优势，都可能帮助它们取得最终的胜利。

地质学研究的结论告诉我们，每个地方都经过了巨大的物理变化。同样，我们会发现，生物在自然界中和它们在驯养环境下，已经发生同样的变化。假设任何变异性存在于自然界的话，那我们就不能怀疑自然选择能够发生作用这个事实了。

很多人认为，自然界的变异虽然存在，但数量不多。其实，这种观点是没有科学依据的。人类用驯养的方式培育出来的生物可能只是在外表的某些特征上有所变化，而且这种作用经常是在不经意间发生的，然而，这种方式却能使每一个单纯的个体在短时间内产生很大的变异并保存下来。我们必须承认物种本来就是存在着个体差异的，不仅如此，自然学家还认为有自然变异发生，这是不依人类的意志为转移的。这些观点都是有科学依据的，也都是非常有价值的，都应该被记录在分类学著作里。

直到现在，个体差异与轻微的变种之间的具体的区别，还没有确定的答案，同时，一些特征上更加明显的变种和亚种或种之间的差异的问题，也还没有结果。世界上存在很多不同大陆，每一个大陆又可能被障碍物切割为不同的部分，生活在其中的物种都是种类繁多的。一些有经验的自然学家把某些类型列为变种，同时其他自然学家又认为它们是存在着极为密切联系的不同的物种。

看过了上面的分析，我们不禁要问：生物界如果真的存在变异的话，即便它们发生得非常缓慢、非常不明显，可为什么就不能利用自然选择或适者生存、优胜劣汰的方式把那些有利的变异积累保存下来呢？并且如果人类费了很大心思能辨别出来哪些是对人类有用的变异的话，为什么不能选择出对生物本身有用的变异并使其保存下来呢？在宇宙漫长的发展过程中，这种力量一直都在发挥着作用，仔细地观察着每一种生物的生理结构和生活习性，把好的生物保存了下来，那些不适应的就抛弃掉了。它发挥作用会受到什么束缚吗？我觉得不应该有任何限制，因为它能使每一种生物都逐渐适应周围复杂的环境，这是多么神奇的一种力量啊。

在我看来，这些研究必定会对将来某些重要的研究有所帮助，为之开拓更大的空间。同样，赫伯特·斯宾塞先生也必然会为心理学的发展奠定良好的基础。这是一个规律，即每一种心理能力或能量的最终获得，都是要经过缓慢过渡的。

许多最杰出的学者似乎都完全认同这个观点，即每个生物种类都是单独被创造出来的。但是我却觉得，不管是过去的还是现今的，世界上的生物的产生和消亡，都是第二性的原因。同时，决定着个体的出生与死亡的，也正是这种原因，这种看法好像更符合自然界的规律。

我个人认为，地球上所有的生物都不是特殊的创造物，其实早在寒武纪第一个地质层形成以前，少数生物就已经存在了。它们的直系后代就形成了生物。这样说来，所有的生物都似乎是高贵的。由以往的情况可以推断，任何一个生物都无法做到这样一件事，即将自己的特征永久不变地延续下去一直到很久以后的后代身上。

在现实世界中，也很少有生物能够把某种特征延续到遥远的后代身上。因为从生物分类的方式看来，无论是每一属中的大多数物种，还是这些属中的所有物种，它们都在留下后代前绝迹了。分析原因后再想想将来，我们就可以这样大胆地说，各个纲中所有数量较大的或在某些特性方面占优势的群中广泛存在的物种，将会在自然选择中获得最终胜利，并繁衍出同样具有优势的新物种。

生存在遥远的寒武纪以前的生物，它们的直系后代逐渐形成了今天的所有生物。我们可以肯定，生物繁衍生殖的正常联系从来都没有停止，整个世界也不会因为某次灾难而消失。我们还可以有把握地预测未来的世界长久稳定地存在。自然选择的力量是为了全世界所有的生物着想的，为了它们能向更加有利于它们的方向变化，因而，世界上所有拥有生命的东西，都将会变得更加完整、更加美好和谐。

现在，请你闭上眼睛，想象自己正身处一个草木丛生、万物峥嵘的海岸上。这里有千姿百态的野草；色彩缤纷的鸟儿亮出美丽的歌喉，飞来飞去；各种各样的小虫子来来往往，好不热闹；无数条蚯蚓从湿漉漉的土地上爬过。我们不禁感叹大自然的心思是如此的缜密，可以创造出这样构造精巧而又各不相同的生命，它们之间的关系又是如此复杂，相互依存，紧密相连。所有这些现象都是在某些普通的法则指导下发生的。这些法则是很有趣的，令人不禁为之兴奋。从最广泛的意义上来说，这些法则可以被概括为以下几点：一是与生殖的增长同时发生；二是生殖中的遗传几乎包含在内；三是外部环境的直接或者间接作用以及使用或不使用等条件下所产生的变异性；四是能够引起生存竞争，但其后果又导致自然选择，引起性状分歧和较落后类型的消亡。

因而，在自然竞争中，我们得到了高等动物的产生。这是我们所能想象的最高目标。

起初，万能的造物主赋予某一个或某几个生命类型以生命和某些特殊的能力。当地球还在它固定的引力作用下，沿着以往的轨道转的时候，数不清的各种各样的最奇妙的生命类型，便从这样一个简单的开端上产生了，并世代延续下去。这种理论是如此高明，甚至令我们每一个人为之叹服。